KB248503

이미지 삼국지

이미지 삼국지 ⓒ 이규완 2002

초판 1쇄 발행일 · 2002년 1월 20일

지은이 · 이규완
펴낸이 · 이정원

펴낸곳 · 도서출판 들녘
등록일자 · 1987년 12월 12일
등록번호 · 10-156
주소 · 서울시 마포구 합정동 366-2 삼주빌딩 3층
전화 · 마케팅 (02)323-7849 편집 (02)323-7366
팩시밀리 · (02)338-9640
홈페이지 · www.ddd21.co.kr

값은 뒤표지에 있습니다. 잘못된 책은 구입하신 곳에서 바꿔드립니다.
ISBN · 89-7527-291-5(03810)

내가 흥하느냐 망하느냐, 이미지 전략에 달려 있다

이미지 삼국지

이규완 지음

들녘

성공 전략의 비밀을 밝힌다

세간에 삼국지를 세 번 이상 읽은 사람과는 이야기를 하지 말라는 금언이 있다. 그 사람은 당신의 심중을 한눈에 꿰뚫어보고 있을지도 모른다는 것이다. 삼국지에 담겨 있는 다양한 인물의 삶에 대한 통찰은 독자에게 예리한 혜안을 갖게 해준다.

삼국지는 읽을 때마다 감흥이 다르며, 시대 변천에 따라 주인공에 대한 평가도 바뀌는 등 현실세계와 함께 내용이 살아 움직이는 듯한 묘한 마력을 가지고 있다. 사람들은 인생의 성공과 실패의 허허실실을 실감한다.

삼국지에 대한 비평 또한 다양하다. 등장인물이 너무 많아 헷갈린다는 사람이 있는가 하면, 인간 군상을 너무나 선명한 이분법으로 갈라놓았다고 비판하기도 한다. 뛰어난 사람은 작은 성을 하나 얻어도 극찬하고, 용렬한 사람은 커다란 주를 얻어도 무가치하다고 폄하

한다는 것이다. 이러한 논란이 많다는 것은 그만큼 삼국지가 담고 있는 내용이 지극하다는 방증이 아닌가 싶다. 그러나 삼국지는 결코 최고의 내용을 담았다고 할 수 없다. 권모술수에서는 열국지에 뒤지고, 병법에서는 손자병법에 미치지 못한다. 그런데도 삼국지는 이와 같이 뛰어난 책들과 비교할 수조차 없을 만큼 독자들의 사랑을 받아오고 있다.

초등학교 때 나는 삼국지를 처음 읽었다. 그때는 등장인물들 중에서 불패의 장수 조자룡을 가장 좋아했다. 유비는 싸우기만 하면 지기 때문에 싫었고, 장비는 무식해 보여서 싫었다. 관우 역시 정이 가지 않았지만, 그가 타는 적토마만큼은 부럽기 짝이 없었다.

고등학교 때 입시를 준비하다가 지치고 힘들면 머리를 식힐 양으로 삼국지를 꺼내어 읽곤 했다. 당시 나는 유비가 분에 넘치는 평가를 받는다고 생각했으며, 간웅으로 일컬어지는 조조에 대한 평가가 불공평하다는 느낌을 받았다. 조자룡, 관우, 장비 등 장수들에게선 큰 매력을 느끼지 못했다.

최근에 삼국지를 다시 읽었는데, 등장인물 하나하나가 모두 주인공처럼 여겨졌다. 유비와 조조, 공명과 주유 더 나아가 무명소졸無名小卒에서 백성에 이르기까지 범상치 않은 느낌으로 다가왔다. 그리곤 그 인물들 각자의 생존 방식, 성공과 실패의 원인이 무엇이었는지가 몹시 궁금해졌다.

이렇듯 삼국지에 대해 내밀하게 생각을 모으다 보니 그간 스쳐 나갔던 아리송한 부분이 좀더 선명하게 드러나기 시작했다. 예를 들면 다음과 같은 내용이다.

18로 제후군이 동탁을 공격할 때 원소는 만장일치로 맹주로 추대

될 만큼 천하 제후들 중에서 명망이 높았고, 하북의 4개 주를 차지해 세력이 가장 강성했다. 원소의 단점으로 지적되는 우유부단함은 유비가 더 했고, 부하들의 분쟁이라면 손권 진영이 오히려 더 심했다. 그런데도 원소는 모든 것을 잃었고, 유비와 손권은 천하를 3분의 1씩 얻었다. 그 까닭은 대체 무엇일까?

조조는 후한 말 가장 배척받던 환관 가문 출신인데, 어떻게 위왕에 오를 수 있었을까?

조조는 동탁을 토벌하는 제후 연합군을 일으키고는 왜 맹주의 자리를 원소에게 내주었을까?

조조가 유비와 자신만이 당시의 영웅이라고 하자 유비는 천둥소리에 놀라는 시늉을 하며 스스로를 소인배로 위장했다. 그때 조조는 정말로 그를 소인배라고 생각했을까?

조조는 관우가 유비에게 가려고 오관을 돌파하며 여섯 명의 장수를 죽였는데도 왜 용서했을까?

유비는 둘 중에 하나만 얻어도 천하를 도모할 수 있다는 복룡伏龍과 봉추鳳雛을 차별했다. 공명을 얻으려고 삼고초려三顧草廬했던 유비였건만, 방통이 제 발로 찾아왔을 때는 왜 시골의 조그만 현령으로 내쳤을까?

공명은 백제성 근처에 바위로 팔진도八陣圖를 설치해놓은 다음 형주에서 촉으로 진출할 정도로 치밀한 인물이었다. 그런데 유비가 관우와 장비의 복수를 빌미로 오나라를 공격할 때 왜 동행하지 않았을까?

손권은 적벽대전을 앞두고 신하들에게 조조와 싸울 것인지, 항복할 것인지를 왜 물었을까?

　손권은 장수라기보다 문관에 가까운 노숙을 왜 대도독으로 임명했을까?

　손권은 왜 유비가 형주도 제대로 감당하지 못할 만큼 허약할 때는 공격하지 않다가, 막상 유비가 익주와 한중을 차지하여 강맹해진 뒤에야 형주를 공격했던 것일까?

　이와 같이 궁금증을 풀기 위해 나는 다각도로 모색해보았지만 시원한 해답이 나오지 않았다. 그래서 이미지 이론을 바탕으로 분석해보았다. 그러자 궁금증의 탑이 비로소 점차 허물어지기 시작했다.

　삼국지의 전체 줄기는 천하를 향한 군웅들의 쟁패기다. 이들은 간적들에게 장악당한 조정을 구하고 천하를 태평케 하겠다는 의지를 표명하고 나섰다.

　그런데 이런 주장은 구실에 불과하다. 그들은 한나라 황실의 쇠약으로 무주공산이 되어버린 중국대륙의 주인이 되기 위한 이전투구를 벌이고 있었다.

　후한 말기 중국은 힘의 논리만이 춤을 추는 황야일 뿐이었다. 권력자들은 자신이 차지하고 싶은 지역을 무력이나 회유로 얻은 다음 눌러앉으면 그만이었다. 그러다 운이 좋으면 조정에서 정식 임명장이 내려지고, 또 임명장이 오지 않더라도 개의치 않았다.

　어떤 면에서 삼국지의 등장인물들은, 요즘으로 말한다면 유권자의 표를 얻기 위해 치열한 유세전을 펼치는 것처럼 보인다. 조조는 환관당, 원소는 사대삼공당, 손권은 장수당 소속의 후보이고 유비는 무소속 후보였다. 조직의 힘을 이용할 수 없었던 유비는 삼국지라는 선거가 중반전에 이를 때까지 여기저기 기웃거려보지만 어느 곳에서도 공천을 받지 못하자 스스로 황숙당을 만들어 선거에 참여했다.

당시는 무력을 사용해 어느 지역을 차지하더라도 백성이 민의라는 표로 그것을 인정해주지 않으면 언제라도 다른 사람이 재선거를 요구할 수 있는 상황이었다. 조조가 위공으로, 위왕으로 올라가고 그 아들 조비가 위나라 황제가 되지만 백성들의 표를 얻지 못했기 때문에 결국 사마중달에게 나라를 빼앗기고 말았다.

그래서 조조, 유비, 손권 등은 백성의 지지, 즉 민심을 얻기 위해 온갖 기략을 총동원했다. 제대로 된 땅뙈기 하나 없는 유비가 상대적으로 부유한 원소나 조조, 유표, 손권 등과 당당히 어깨를 겨룰 수 있었던 것은 자신을 향한 표가 많았다는 확신이 있었기 때문이다.

삼국지는 외면적으로 일인자의 쟁투인 듯하지만 내용 중 대부분은 이인자인 참모들의 활약상이다.

유비의 참모인 제갈량이나 여포의 참모인 진궁, 조조의 참모인 순욱, 손권의 참모인 주유나 노숙 등은 삼국지 전편에서 커다란 역할을 담당하면서도 독자들의 비난을 결코 받지 않았다. 그들은 처음부터 일인자보다는 성공한 이인자로 존재하기를 바랐기 때문이다. 하지만 일인자의 자격이 없으면서 일인자가 되려 했던 이각과 곽사, 여포 같은 인물은 대중들의 비웃음을 샀다.

세상사에서 이인자가 자신의 자리를 지킨다는 것은 매우 힘들다. 이인자의 힘이 커질수록 일인자의 견제가 심해지기 때문이다. 삼국지에서도 조조의 기반이 안정되자 순욱이나 순유가 토사구팽兎死狗烹당하지 않았던가.

삼국지에서 성공한 사람은 조조, 유비, 손권 등이지만 우리는 실패한 사람들에게도 시선을 놓쳐서는 안 된다. 보통 우리는 성공한 사람의 장점보다 실패한 사람의 단점을 더 많이 가지고 있기 때문이다.

자신의 장점만 믿다가 패망한 군웅들, 즉 동탁, 원소, 유표, 유장, 여포, 원술, 공손찬 등이 바로 그들이다. 이들은 모두 주어진 환경을 이용하려고 했을 뿐, 그것을 자신에게 유리한 쪽으로 변화시키는 데 소홀했다는 공통점을 가지고 있다.

그 가운데 가장 특이한 인물은 원소다. 그는 삼국지에서 가장 유리한 조건과 배경을 가진 사람이었다. 명문거족 출신인데다 수많은 인물들이 그의 휘하에 있었다. 가슴속의 야망도 만만치 않았으며, 젊은 날 미래를 위해 작은 명예를 포기할 줄 아는 배포도 있었다. 하지만 그는 단 한 번의 잘못된 판단으로 돌이킬 수 없는 나락으로 떨어져버렸다.

이처럼 다양한 관점에서 삼국지 등장인물들의 흥망성쇠를 이미지 이론으로 분석하면 다음과 같은 사실을 발견할 수 있었다.

첫째, 세상일에는 핵심적 속성이 있고, 부수적 속성이 있다.

둘째, 목적과 수단을 구분할 줄 알아야 한다.

셋째, 현 단계에서 추진해야 할 일이 목적이건 수단이건 일관성을 가져야 한다. 예를 들어 핵심적 속성을 추구하면서 부수적 속성에서 이익을 취하려고 욕심내면 실패하기 쉽다. 또한 핵심적 속성을 추구하면서 부수적 속성의 필요성을 무시하면 허상만 따라다닐 가능성이 크다.

앞서 밝혔듯이 이 책의 목적은 다양한 삼국지 등장인물들의 성공과 실패의 원인을 이미지 이론을 이용해 분석하고, 그 안에 담겨 있는 성공 전략의 비밀을 캐내는 것이다. 삼국지에서는 자신의 목적을 달성하기 위해 치밀한 이미지 전략을 구사한 인물과 그렇지 않은 인물의 명암이 가장 극적으로 대비되기 때문이다.

또한 이 책은 성공을 준비하는 인물과 그렇지 않은 인물을 구분해 비교한다. 준비하는 자는 환경의 변화 속에서 자신이 원하는 것을 능동적으로 선택할 수 있지만, 준비하지 않는 자는 환경이 원하는 것을 수동적으로 따를 수밖에 없다.

제1부에서는 독자들의 이해를 돕기 위해 이미지 이론을 간략하게 설명하고, 제2부에서는 삼국지의 이미지 구조를 분석하여, 핵심적 속성과 부수적 속성을 추출한다. 또한 삼국지 전편에 걸쳐 주요 인물의 이미지가 어떻게 변화했는지를 그린다. 마지막으로는 성공한 인물과 실패한 인물의 특징이 두드러지게 나타나는 에피소드를 이미지 이론에 입각해 분석한다. 등장인물들의 에피소드 중에서 쉽게 납득되지 않는 부분을 이미지 이론으로 분석함으로써 삼국지가 각각의 인물들의 일관된 이미지 전략에 기초해 이루어진 작품이라는 것을 확인할 수 있다.

이 책이 나오는 데 도움을 주신 많은 분들께 감사드린다.

특히 많은 부분에서 부족했던 이 원고에 조언을 아끼지 않았던 남광우, 유재웅 학우에게 고맙다는 말을 전한다. 또 쓰는 사람이 아니라 읽는 사람을 위한 책을 만들어주신 들녘의 식구들과 이정원 사장님께 깊은 감사를 드린다.

오랫동안 이미지에 관심을 기울여왔으면서도 아내와 아이들의 마음속에 그려지는 나의 이미지를 제대로 챙기지 못한 것 같다. 그

10

래도 마음속에 따뜻하고 푸근한 이미지를 담아준 아내 영란과 아들
호승, 호재에게 이 책을 바친다.

2002년 1월
구덕산에서 태평양을 보며

Part 1

이미지란 무엇인가

성공하는 이미지를 구축하려면 시대가 요구하는 집단 이미지의 구조를 형성하는 핵심적 속성과 부수적 속성이 무엇인지를 먼저 알아야 한다. 그 다음에 자신이 어느 속성에서 장점이 있는지를 냉철하게 평가하고, 그 속성에서라도 우위를 점할 수 있는지를 판단해야 한다. 마지막으로 자신이 우위를 차지한 속성이 핵심적 속성인지, 부수적 속성인지를 판단해야 한다.

이미지의 힘 1

사람은 눈, 귀, 코, 혀, 피부를 통해 들어오는 자극으로 세상을 느끼고 알아본다. 그렇지만 눈이나 귀가 세상을 알아보는 것이 아니라 받아들인 자극을 종합하는 여섯 번째의 감각인 의식이 세상을 알아보는 것이다. 이것이 안이비설신+의(眼耳鼻舌身+意)의 과정이다.[1]

우리는 사람과 사물, 세상을 있는 그대로 정확하고 충분하게 알고 있다고 생각하지만, 실제로는 '안이비설신', 즉 오감을 통해 들어온 자극을 부정확하고 불충분하게 알고 있다. 사람이나 세상은 자신에 관한 모든 정보를 주지도 않지만, 오감은 주어지는 정보를 모두 받아들이지도 못하기 때문이다. 그렇지만 우리는 세상을 부정확하

---

[1] 불교에서는 안이비설신 외에 의를 여섯 번째의 감각이라고 설명하며, 반야심경에도 안이비설신의를 한 번에 처리한다. 그러나 서양의 심리학에서는 안이비설신과 의를 구분한다. 안이비설신과 의를 구분하건 구분하지 않건 안이비설신과 의가 하는 일이 달라지는 것은 아니다.

고 불충분하게 안다고 고민하지 않는다. 여섯 번째의 감각인 의식이 부족한 부분을 보충해 세상을 알 수 있게 한다고 여기기 때문이다.[2]

여섯 번째의 감각인 의식은 오감을 통해 들어온 자극을 종합하기만 하는 것은 아니다. 의식은 오감을 지휘해 원하는 정보만 찾거나 받아들이거나 기억하도록 한다.[3]

사랑에 빠진 사람은 자신의 연인을 남과 비교하지 않는다. 오감을 통해 들어온 애인에 관한 정보를 종합한 의(이미지)가 오감을 지휘해서 이미 만들어진 의에 부합하는 정보를 받아들이고, 그렇지 않는 것은 물리치도록 명령하기 때문이다.

그렇지만 연애를 하다가 상대방이 너무 변화하지 않으면 지루해하고, 그것이 쌓이면 사이가 멀어질 수도 있다. 그래서 우리는 살아가면서 가끔 파격적인 행동을 한다. 파격은 기존의 틀을 바꾸려는 것이 아니라 기존의 틀을 유지하려고 약간의 변화를 주는 것이다. 파격은 기존의 것을 아름답고 신선하게 한다. 기존의 것을 추하고 진부한 것으로 보이게 하는 건 파격이 아니라 파괴다.[4] 파격이 파괴로 변하면 기존의 틀이 붕괴되고 새로운 틀이 그 자리를 차지한다. 파격이 없거나 파괴가 되면 연인의 사이가 벌어진다. 마음이 조금씩

---

2) 게슈탈트 심리학에서는 불완전한 자극을 받아들이더라도 부족한 정보를 사람이 보완하고 완전한 자극이나 정보로 전환하여 해석하는 것을 완성closure이라고 한다. 자극을 해석하는 방식으로는 완성 외에도 가깝거나 비슷한 자극끼리 묶는 집단화grouping, 비슷한 것과 다른 것으로 이분하는 유사assimilation와 대비contrast 등이 있다.
3) 설득이론에서는 이러한 현상을 선택성selectivity이라고 한다. 선택성은 자신이 원하는 정보만 찾는 선택적 노출selective exposure, 원하는 정보만 지각하는 선택적 지각 selective perception, 원하는 정보만 기억하는 선택적 기억selective retention의 세 과정으로 이뤄진다.
4) 복잡성 이론complexity theory은 기존의 관계가 지루해지고, 진부해지는 것을 막기 위해 자신의 판단과 다른 정보를 찾거나 받아들이는 현상을 설명한다.

벌어지면 두 사람의 공간적 거리도 조금씩 멀어진다.[5]

　　마침내 의(이미지)는 오감에게 새로운 명령을 내린다.
　　"이미지가 바꼈다. 다른 사람을 찾아봐."

　　21세기는 정보사회가 정착되는 시대이고, 이미지image의 세기라
고 말한다. 정보사회에서도 대상object이나 실재reality는 중요하지만
이미지가 더 중요한 시대라는 것이다.

　　정보사회는 정보의 생산기술, 저장기술, 전송기술, 이용기술이 혁
명적으로 발달하면서 도래한 사회다. 위성과 광섬유로 연결된 세계
네트워크, 디지털화, 개인용 컴퓨터의 광범위한 보급 등으로 정보사
회가 가능해졌다. 세계 네트워크는 디지털화로 더 많고 좋아진 정보
를 전달할 수 있게 되었고, 정보를 보내는 사람과 받는 사람이 수시
로 역할을 바꿀 수도 있게 되었다. 정보를 주고받을 수 있는 영역이
넓어지면서 직접 체험보다 상징을 이용한 간접 경험에 의해 세상을
보는 경우가 빈번해지고 있다.

　　정보사회가 되었다고 이미지가 갑자기 중요해진 것은 아니다. 이미
지는 아주 오래 전부터 우리의 삶에서 중요한 위치를 차지해왔다. 그
동안 이미지라는 용어는 두 가지 뜻으로 사용되어왔다. 하나는 어떤
대상을 상징으로 나타낸 표현물(이하 메시지)이라는 뜻이고, 다른 하나
는 머릿속에 그린 대상에 대한 그림(의식)이라는 뜻으로 사용되었다.

---

5) 연인의 마음이 멀어지면 거리가 멀어지는 것을 비언어 커뮤니케이션non-verbal com-munication에서는 공간space 요인으로 설명한다. 공간에는 위치와 거리가 있는데, 심리적 친밀도에 따라 그것들이 달라진다는 것이다. 반대로 거리가 멀어지면 마음도 멀어진다는 말도 있다(out of sight, out of mind).

상징을 이용해 대상을 묘사한 메시지는 실재와 같을 수 없다. 실재와 다른 것을 실재와 같은 것으로 오해할 수 있다는 이유에서 메시지는 오랫동안 부정적 평가를 받기도 했다. 상징 중에서 대상을 가장 잘 묘사할 수 있다는 평가를 받는 언어에 대해서도 전통의 철학, 과학, 교육학 등은 부정적으로 평가했다. 언어는 절대진리를 담아내지 못한다는 것이다. 언어의 의미가 늘 불확정적이며 분명하지 않고, 사유를 담아내는 그릇으로 충분하지 않아, 인간의 사유가 언어에 의해 잘못 지배된다는 것이다. 언어는 주로 눈에 보이는 것을 묘사하거나 유추해서 표현하고, 비록 추상적인 생각을 표현하는 낱말들도 언어로 일반화하면 주체적인 깊이를 잃어버리는 경향이 있기 때문에 형이상학적인 깊은 생각을 표현하는 데 적합하지 못하다는 것이다. 언어와 메시지에 대해 이렇게 부정적으로 평가한 것은 일상생활에서 메시지가 사람에게 미치는 영향이 그만큼 컸기 때문이라고 할 수 있다.

머리나 마음속에 그리는 실재나 대상에 대한 그림이라는 뜻의 이미지는 의식, 태도, 신념, 가치 등의 말로 표현되면서 우리의 삶에서 빼놓을 수 없는 것이 되어왔다. 마음속에 그리는 이미지는 세상을 바라보는 눈이고, 살아가는 데 없어선 안 되는 삶의 기준이었다.

정보사회에서 전달되는 정보는 언어, 영상, 소리 등으로 만들어진 메시지이고 이를 통한 경험, 즉 간접 경험을 통해 마음속에 세상의 이미지를 그리는 경우가 많아지고 있기 때문에 정보사회에서 이미지가 더욱 중요해진다. 또한 그럴수록 이미지의 본질을 이해하는 것이 중요해진다. 정보가 없거나 모자라서 일을 못하는 것이 아니라 너무 많은 정보의 홍수에 빠져 일을 하지 못하는 사회가 정보사회다.

미국의 정치학자 월터 리프만Walter Lippman은 『여론*Public Opinion*』
에서, 사람들은 이미지를 바탕으로 반복적인 일상생활의 경험을 평
가하는 것이 상당히 편리하다는 것을 알고 있다고 지적했다.[6] 이미
지에 의존해 세상을 평가하는 것은 많은 정보로 인해 혼란에 빠지는
것을 막아주고, 정보를 모으고 평가하는 데 드는 노력을 줄여주기도
한다는 것이다.

정보를 골라내는 기준이 바로 이미지다. 사람들은 정보를 수집하
고 평가해서 자신의 의사를 결정한다. 그렇지만 언제나 필요한 정보
를 모두 수집하고 평가해서 의사결정을 하는 것은 아니다. 많은 정
보를 모으려는 것이 효과적이지 않을 때도 있고, 정보가 충분하지
않을 때도 있다. 또 정보를 모으고 평가할 수 있는 시간이 충분하지
않은 경우도 많다. 그런데 이렇게 정보가 충분하지 않거나 만족스럽
지 않은 상태에서 결정을 내려도 위험한 상황에 빠지는 경우는 그
리 많지 않다. 이미지에 의존해 살기 때문이다.

이미지와 현실의 사회적 구성

세상을 있는 그대로 보는 것인가? 아니면 보는 대로 세상이 있는
것인가? 세상을 있는 그대로 보고, 또 보는 대로 세상은 있을 것이다.
문제는 자기가 본 세상이 있는 그대로의 세상이라고 주장하는 것
이다. 자기가 아는 세상이 모든 세상이라고 주장하는 것이다. 스스

---

6) Walter Lippman, *Public Opinion*(New York : The MacMillan Company, 1961), p.88

로 힘이 있다고 생각하는 사람일수록 이런 사람이 많다. 또한 이런 사람이 그렇지 않은 사람보다 더 많은 것이 현실이다.

공기는 눈에 보이지 않지만 공기가 있다는 것을 의심하는 사람은 없다. 겉으로 보이지는 않지만 공기가 있다는 것을 알기 때문이다. 즉 보이지 않더라도 그것의 존재를 알면 있는 것으로 판단한다. 그러나 아직 공기가 있다는 것을 배우지 않은 사람은 공기가 있다는 것을 믿지 않을 것이다. 갓난아기는 밤이 지나면 새벽이 오는 것을 알지 못한다. 태어난 지 한 달이 안 된 아기는 달이 차면 기울고 그믐이 가면 보름이 온다는 것을 알지 못한다. 역사를 모르는 사람은 절대권력의 흥망성쇠를 알지 못한다.

현실을 나타내는 메시지가 현실과 같지 않고, 생각을 담은 메시지도 생각과 꼭 같은 것은 아니다. 말 한마디로 천 냥 빚을 갚는 경우도 있지만, 말로 표현할 수 없는 아름다움도 얼마나 많은가. 수석이나 분재를 보고 광활한 자연을 떠올리는 사람이 있는가 하면, 왜곡된 자연을 떠올리며 아파하는 사람이 있을 수도 있다. 또 수석이나 분재를 작은 돌이나 나무로만 보는 사람도 있다.

현실을 있는 대로 볼 수도 있지만, 현실은 보는 대로 있는 것일 수도 있다. 현실이야 사람이 어떻게 보든 그대로 있지만 현실의 의미는 사람마다 다르다. 그렇다면 현실과 이미지, 현실과 메시지, 메시지와 이미지는 어떤 관계를 맺고 있는가?

현실을 하나라고 생각하지만 사회학자인 루크만T. Luckman은 현실을 객관적 현실, 상징적 현실, 주관적 현실로 구분했다.7) 이들 세

---

7) Peter L. Berger & Thomas Luckman, *The Social Construction of Reality*(Garden City : Doubleday & Company Inc., 1966)

가지 현실은 서로 독립적으로 존재하면서도 밀접한 관계를 맺는다.

'객관적 현실objective reality'은 사람들이 실재한다고 믿기 때문에 그 존재를 의심하지 않는 것이다. 즉 있는 그대로의 세상이라고 할 수 있다.

'상징적 현실symbolic reality'은 상징을 이용해 객관적 현실을 표현한 것이다. 상징적 현실은 객관적 현실을 아주 근접하게 묘사한 것일 수도 있고, 전혀 그렇지 않은 것일 수도 있다. 따라서 상징적 현실은 객관적 현실을 직접적으로 또는 간접적으로 상정하고 만들어진다.

'주관적 현실subjective reality'은 사람들이 객관적 현실이나 상징적 현실을 직접 경험하거나 학습해 마음속으로 그리는 현실이다. 주관적 현실은 객관적 현실이나 상징적 현실 모두로부터 영향을 받을 수도 있고, 그 중의 하나로부터만 영향을 받을 수도 있다.

루크만이 설명한 세 가지 현실을 실재, 메시지, 이미지로 연결시킨다면 객관적 현실은 실재이고, 상징적 현실은 메시지이고, 주관적 현실은 이미지다.

아도니H. Adoni 등은 언론이 제시하는 상징적 현실(메시지)이 현대사회에서 사회구성원들의 주관적 현실(이미지)에 큰 영향을 미치고 있다고 설명한다.[8] 언론은 현대사회에서 환경변화에 대한 정보를 제공하고, 환경변화의 의미를 해석해주고, 환경변화에 대응하는 방법을 알려주는 역할을 하기 때문이다. 특히 언론이 전달하는 메시지는 객관적 현실(실재)이 수용자로부터 시간·공간·심리적으로 멀

---

8) Hanna Adoni and Sherrill Mane, 'Media and the Social Construction of Reality', *Communication Research*, vol.11, no.3(1984), pp.323～340

리 격리되어 있을수록 주관적 현실(이미지)의 형성에 더 큰 영향을 미친다고 한다.

실재가 우리에게 익숙할 때는 실재와 메시지가 유사한지 다른지를 쉽게 알 수 있지만, 익숙하지 않을 때는 그 차이를 구별하기 어렵다. 우리가 잘 아는 것에 대한 언론의 보도를 보면, 보도 내용이 사실의 일부만 말하거나 사실과 다른 점도 있다는 것을 쉽게 알 수 있다. 그러나 우리가 잘 알지 못하는 것에 대한 보도를 보면, 보도가 전부이거나 그것이 사실이라고 믿는 경우가 많다.

사회가 발달할수록 우리는 더 많은 것을 알아야 한다. 삶의 공간이 확대되고, 알아야 할 과거와 미래의 시간이 늘어나고, 알아야 할 사람도 늘어나고, 또 그 사람의 마음속도 옛날보다 더 자세하고 정확하게 알아야 한다. 그러나 알아야 할 것이 많아진다고 우리에게 더 많은 시간이 주어지지는 않는다. 우리에게 주어진 시간은 과거나 현재, 미래에도 일정하다.

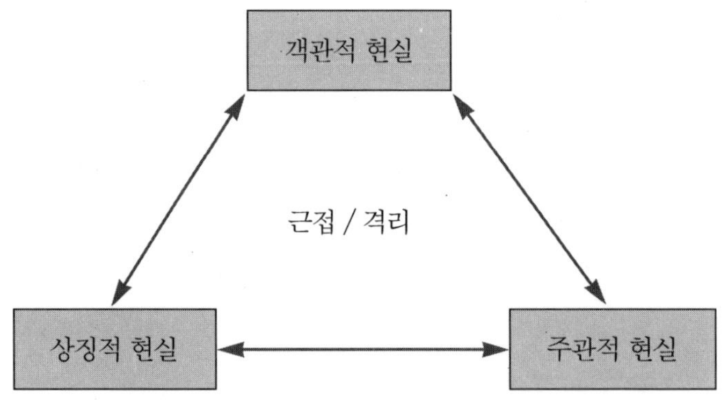

〈그림 1〉 객관적 현실, 상징적 현실, 주관적 현실의 관계

이미지와 지배

우리는 세상일에 실재(객관적 현실)나 메시지(상징적 현실)가 아니라 우리 자신의 이미지(주관적 현실)에 근거해 반응한다. 이미지는 세상을 보는 눈이자 세상을 평가하는 잣대다.

세상을 지배하려면 이미지를 지배해야 한다. 이미지를 지배할 수 있는 개인이 집단을 지배하고, 이미지를 지배하는 집단은 국가를 지배하고, 이미지를 지배하는 국가는 세계를 지배한다. 이미지를 지배하려면 이미지의 형성과 변화에 영향을 미치는 실재나 메시지를 장악해야 한다. 이미지에 대해 실재가 큰 영향을 미치면 실재를, 메시지가 큰 영향을 미치면 메시지를 지배해야 한다. 실재와 메시지를 지배할 수 있다면 가장 확실하게 이미지와 세상을 지배할 수 있다. 만약 메시지가 이미지를 구성하는 데 더 큰 영향을 미친다면 메시지를 먼저 지배해야 한다. 메시지를 구성하는 상징을 해석하고 이용하는 능력이 뛰어나고, 메시지를 전달하는 수단을 남보다 앞서 장악하는 것이 중요하다.

상징을 창조하고 해석하는 능력이 뛰어나고 상징적 현실을 전달하는 수단을 장악한 개인이 집단을 지배하고, 그러한 집단은 국가를 지배하고, 그러한 국가는 세계를 지배해온 것이 인간의 역사다.

상징적 현실을 지배하는 것이 세계를 지배하는 것이었기 때문에 새로운 상징이나 메시지를 생산·저장·전달하는 수단이 소개되거나 그것을 능숙하게 다루는 집단이 등장하면 그에 앞서서 상징을 지배하고 있던 집단과 싸움이 있었다. 그리고 새로운 집단과 기존의 집단이 싸워서 이기는 쪽이 지배집단이 되었다.

상징을 다루는 능력이 뛰어나고, 상징을 이용한 메시지를 생산하고 저장하고 분배하는 일을 해 세상을 지배해온 집단이 있었다. 종교인, 문화예술인, 학자, 관료, 언론인들이 바로 그들이다.

제사장은 신의 말을 전하는 것으로 세상을 지배했다. 말이 지배하던 시절에 문자는 새로운 상징이었다. 말을 사용하는 집단과 문자를 능숙하게 다루는 집단은 누가 세상을 지배할 것인지를 놓고 경쟁했다. 말을 통해 신의 계시를 전달하던 집단에게 문자와 책의 등장은 자신들의 권위에 균열을 가할 수 있는 중요한 변수였다. 또 제한된 사람이 문자와 책을 지배하던 시대에 많은 책을 만들어 널리 보급할 수 있는 인쇄술의 발달은 지배체제를 흔드는 위험 요소였다.

음향과 동영상을 이용해 상징적 현실을 생산하고 전달하는 라디오와 텔레비전의 발달은 문자를 이용해 상징적 현실을 생산하고 전달하면서 세상을 지배했던 집단에게는 커다란 위협이고 도전이었다. 텔레비전의 발달로 시작된 대중문화는 제한된 공간에서 제한된 인원만 즐기던 문화를 불특정 다수가 즐길 수 있게 했다. 대중문화와 엘리트문화간의 논쟁은 새로운 사회의 지배체제를 둘러싼 논쟁이었다. 대중문화에 대한 비판과 옹호는 상징적 현실을 지배하려는 세력간의 다툼이었다.

21세기 정보사회에서는 20세기에 있었던 대중문화 논쟁과 다른 양상의 문화 논쟁이 벌어질 것이다.

산업사회에서 메시지의 소비자였던 대중이 정보사회에서는 메시지의 생산자로 변신했고, 기업인과 광고인이 상징적 현실을 지배하는 새로운 집단으로 등장했기 때문이다. 이들은 전통적인 지배집단인 종교인, 학자, 관료, 문화예술인, 언론인과 상징적 현실의 지배를 놓고 한판 승부를 벌일 것이다.

산업사회에서 기업은 공장에서 제품을 생산하고 판매해 주주에게 이익을 올려주는 일을 했다. 기업이 제조원가에 적정이익을 더한 가격으로 제품을 판매하면 주주에게 이익을 제공하는 데 한계가 있다. 더구나 모든 공장의 설비와 노동자의 생산성이 비슷해지면서 최소한의 적정이익을 얻기도 힘들어졌다. 그래서 기업은 공장에서 생산된 제품에다 사회적 가치를 덧붙여 상품을 만들었다. 덧붙인 사회적 가치가 크면 클수록 더 많은 이익을 남길 수 있었다.

사회적 가치가 커지려면 상품을 물건이 아니라 상징으로 만들고, 소비자가 물건이 아니라 이미지를 사도록 해야 했다. 제품을 상품으로 만들고, 소비자가 이미지를 사도록 하는 일을 하는 집단이 광고인들이다. 20세기 전반까지 광고인은 제품을 소비자에게 알리는 일을 했고, 20세기 후반의 광고인은 제품을 상품으로 만드는 일을 했다. 21세기의 광고인은 상품을 이미지로 만드는 일을 한다.

21세기 정보사회에 상징적 현실을 지배하는 새로운 집단으로 등장한 기업인과 광고인은 이전에 세계를 지배했던 집단들과 커다란 싸움을 벌일 것이다. 기업인이나 광고인에 대한 언론인, 교육자, 종교인들의 비판은 이미 20세기 이전부터 있었다. 이들은 기업인과 광고인이 상징적 현실을 지배할 가능성에 대해 예의 주시했다. 기업인과 광고인에 대한 이들의 대대적인 공격이 바로 제품을 상품으로 만드는 단계에서 있었고, 그것이 대중문화 논쟁으로 나타났다. 그러나 결과는 제품을 상품으로 만든 기업인과 광고인의 승리였고, 20세기는 대중문화의 시대로 종결되었다.

21세기 정보사회에서 진행되는, 세계의 상징적 현실을 지배하려

는 경쟁은 위성방송과 인터넷의 네트워크와 콘텐츠를 지배하는 것
으로 나타나고 있다. 또한 그 경쟁의 당사자들이 국가를 넘어 기업
과 광고회사로 확대되고 있다. 바로 이러한 점들이 20세기와 구별되
는 21세기 정보사회의 특징이다.

이미지의 구조와 기능 2

　세상을 지배하려면 이미지를 지배해야 한다. 그러면 이미지란 도대체 어떻게 생긴 것인가? 어떻게 만들어지고, 어떻게 변하는지를 알아야 이미지를 지배하던지, 이미지의 지배를 받던지 할 것 아닌가.

　이미지는 실재에 대해 갖는 마음속의 그림이다. 또 실재에 대한 주관적 지식이기도 하다. 그러나 이미지는 대상의 있는 그대로의 모습을 마음속에 그린 것이 아니다. 이미지는 사람이 그리고 싶은 대로 그린 그림이다. 따라서 이미지가 실재와 같을 수도 있고 다를 수도 있다. 이미지가 실재와 같거나 다르거나 또는 전혀 관계가 없더라도 이미지는 대상에 대한 그 사람의 반응을 결정하는 근원이 된다.

이미지의 의미

　이미지를 실재에 대한 마음속의 주관적 그림이라고 할 때, 이미지의 구조에서 먼저 논의해야 할 것은 이미지의 대상, 즉 마음속의 주관적 그림이다.

이미지의 대상

　이미지의 대상은 크게 세 가지로 구분할 수 있다.

　첫째는 감각을 이용해 존재를 확인할 수 있는 것이다. 감각을 이용해 존재를 확인할 수 있는 실재란 결국 '안이비설신眼耳鼻舌身'을 통해 자극을 받아들일 수 있는 존재라고 할 수 있다. 시각, 청각, 후각, 미각, 촉각을 이용해 존재를 확인할 수 있는 모든 것이 포함된다.

　둘째는 감각을 이용해 존재를 확인할 수 있는 것을 추상화한 것이다. 이는 감각기관을 통해 존재를 인식하지만 그 존재의 의미가 외형적 특성에서 출발하는 것이 아니라 그 안에 담겨 있는 내용에서 출발하는 것이다. 예를 들어 예술작품, 의복, 건축 등은 그 자체가 감각기관을 이용해 확인할 수 있는 실재이지만, 그 안에 내포된 의미가 이미지의 대상이 되는 경우가 많다. 소설에서 확인할 수 있는 실재는 무게, 부피, 도안과 활자의 크기, 그리고 배열 등이지만 소설의 실재적 의미는 그러한 감각에 의존하는 것이 아니라 글과 그림 등의 상징을 이용해 추상화된 의미다.

　셋째는 감각을 이용해 존재를 확인할 수는 없지만, 존재하는 것으로 의심하지 않는 관념적 실재다. 관념적 실재는 감각기관을 이용해 확인할 수 있느냐의 여부에 관계없이 존재하는 것으로 믿어 의심치 않는 존재다. 예를 들어 충성, 행복, 사랑, 정의 등을 관념적 실재라고 할 수 있다. 관념적 실재는 그것의 구체적 표상으로 확인할 수 있는 경우도 있지만, 그런 경우에도 구체적 사실이 관념적 실재의 일부라는 믿음에 기인하는 것이지 그 자체가 관념적 실재를 대변하지는 못한다.

이미지의 대상을 세 가지로 구분했지만, 이들은 이미지에서 하나로 합쳐져 존재한다. 이미지의 영역에서 모든 대상은 감각적으로 확인할 수 있고, 어느 정도 추상화되어 있고, 관념적 실재로 마음속에 존재하기 때문이다.

마음속의 주관적 그림

이미지는 마음속의 그림이다. 또한 모든 존재가 다른 존재와의 관계 속에서 의미를 갖는 것처럼 이미지도 마음속에 존재하는 다른 이미지와의 관계 속에서 의미를 갖는다.

이미지는 절대적 의미와 상대적 의미를 함께 갖는다. 90점이라는 시험 점수와 반 등수는 하나이면서 서로 다른 것과 마찬가지다. 90점은 변하지 않지만, 더 나은 점수를 받은 학생이 있으면 2등 이하이고, 더 나은 점수를 받은 학생이 없으면 1등이다. 이미지도 그 자체로서 마음속에 자리잡는 절대적인 것이지만, 더 나은 이미지가 있느냐의 여부에 따라 이미지의 상대적 등수는 달라지게 된다. 애인이 예쁜 것도 사실이지만, 더 예쁜 여인보다 덜 예쁜 것도 사실이다. 그렇지만 더 예쁘다고 그 여인을 애인보다 더 사랑하지는 않는다.

이것이 바로 이미지다. 이미지는 주관적 그림이다. 동일한 대상에 대한 이미지라도 사람마다 다를 수 있다. 수석이나 분재를 보고 누구는 대자연을 그리고, 누구는 자연파괴를 그리고, 누구는 그냥 작은 돌과 나무를 그린다. 이미지는 그리고 싶은 대로 그린 마음속의 그림이다. 그러고는 자기가 그린 것대로 믿는 것이 이미지다. 이미지는 객관성에 기초한 주관적인 것이다.

주관성이란 자신의 의지에 따라 해석하고 반응하는 것을 말한다. 객관성이란 자신의 의지와 관계없이 누구나 동일한 해석과 반응을 보일 것을 기대하는 것을 말한다. 사회행위나 사회적 판단에서 주관성과 객관성은 서로 독립적이고 배타적인 관계에 있을 수 없다. 주관성과 객관성은 서로 상대적 의미이고, 또 서로를 바탕으로 해서 이루어지는 관계다. 이들이 서로 상대적이라는 것은 객관성을 인정하지 않으면 주관성이 존재할 수 없기 때문이다.

따라서 주관성과 객관성은 언어적 표현으로는 동전의 양면이지만 존재적 표현으로는 동전의 속이라고 할 수 있다. 동전에는 앞면과 뒷면이 있고, 또 옆면도 있지만 동전이 동전으로 존재하려면 동전의 속이 있어야 하기 때문이다.

이미지의 구조

이미지를 어떻게 나타낼 수 있을까? 이미지를 그리는 건 불가능하지만, 그래도 눈으로 봐야 믿는 세상이니 눈으로 볼 수 있도록 그리는 방법을 찾아보자.

스코트William Scott는 이미지를 인지적 · 정서적 · 행위적 요소로 구분해 설명했다.[9]

인지적 요소cognitive components란 대상에 대한 정보를 습득해 이루어진 대상의 다양한 속성들에 대한 이해, 즉 지식을 말한다. 정서적 요소affective components는 대상에 대한, 또는 대상의 개별적 속성에 대한 싫고 좋은 정도를 말한다. 행위적 요소active components는 인지적 요소와 정서적 요소에 근거해 특정 상황에서 대상에 대한 구체적 반응을 나타내는 것을 뜻한다.

이미지 구조는 인지적 요소의 구조에 정서적 요소의 구조가 덧씌워진 모양으로 그려볼 수 있다. 행위적 요소는 겉으로 드러나는 것이므로 굳이 따로 설명할 필요가 없다.

인지적 요소

어떤 대상에 대한 이미지의 인지적 요소의 구조는 두 가지로 구분된다. 개체 이미지와 집단 이미지가 그것이다. 국가에 대한 이미지를 예로 들면, 집단 이미지의 인지적 요소의 구조는 국가들 전체나 일부를 비교할 때 사용하는 이미지 구조이고, 개체 이미지의 인지적 요소의 구조는 특정 국가에 대한 이미지 구조다. 그리고 개체 이미지는 집단 이미지의 구조 위에서 움직인다.

이미지의 인지적 구조는 대상의 속성들에 대한 이해가 만나는 점들이 연결되어 형성된다. 모든 실재는 다양한 속성을 갖고 있다. 예컨대 세상에는 다양한 국가가 있고, 또 우리가 국가를 떠올리면 개별 국가의 영토, 국민성, 군사력, 경제력, 문화, 우리나라와의 관계 등 여러 가지가 생각난다. 이러한 것들을 종합한 것이 국가에 대한

---

9) Willaim A. Scott, 'Psychological and Social Correlates of International Images', in H.C. Kelman(ed.) *International Behavior*(New York : Halt, Rinehart and Winston, 1966), pp.71∼73

이미지의 인지적 요소의 구조가 된다.

스코트는 이미지의 인지적 요소의 구조를 다음과 같이 설명한다.[10]

대상 A, B, C가 있고, 이들의 속성을 1, 2, 3, 4, 5, 6으로 구분한다면 대상 A, B, C의 이미지는 각각의 속성들에 대한 이해가 만나는 점에서 형성된다. 즉 대상 A에 대한 이미지는 속성 1, 2, 3, 4가 만나서 형성되고, 대상 B의 이미지는 속성 2와 6이 만나서 형성되고, 대상 C의 이미지는 속성 1, 5, 6이 만나서 형성된다. 이때 이미지를 형성하는 속성의 수가 많으면 이미지가 풍성한 것이고, 적으면 이미지가 옹색한 것이 된다.

하나의 대상에 대해 3명이 갖는 이미지도 〈그림 2〉처럼 나타낼 수 있다. 즉 개개인의 성장 배경이나 현재 상황에 따라 동일한 대상에 대해 서로 다른 이미지를 가진다.[11]

〈그림 2〉를 우리나라에 대해 외국인 3명이 갖는 이미지를 각각 이미지 A, B, C로 나타낸 것이라고 가정하자. A는 우리나라의 속성 1, 2, 3, 4에 대해서만 알고 있는 상황에서 구축된 이미지이고, B는 속성 2와 6만으로 구축된 이미지이고, C는 속성 1, 5, 6만으로 구축된 이미지다. 외국인 3명이 모두 알고 있는 우리나라의 속성은 이미지 A, B, C에서 없다. 이미지 A와 B는 속성 2를, 이미지 A와 C는 속성 1을, 이미지 B와 C는 속성 6을 공통으로 갖고 있다. 이들이 우리나라에 대한 이미지 A, B, C를 바탕으로 우리나라를 평가한다면 그 평가가 동일하지 않을 것이다.

---

10) William A. Scott, 'Psychological and Social Correlates of International Images', in H.C. Kelman(ed.) International Behavior, p.79

11) Steven Penrod, *Social Psychology*(New Jersey : Prentice-Hall, 1983), p.173

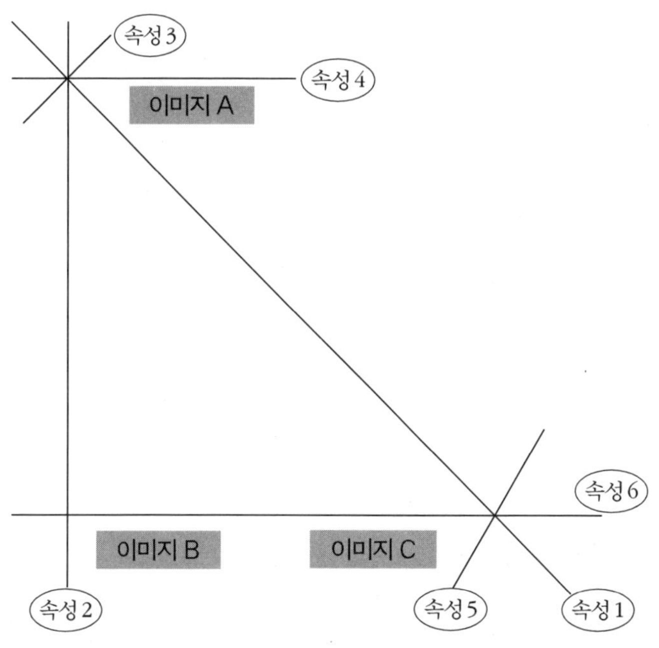

개체 이미지는 집단 이미지의 구조 위에 만들어지므로 특정 개체에 대해 많은 정보를 갖고 있지 않아도 이미지를 형성할 수 있다. 예를 들어 〈그림 2〉에서 이미지의 대상을 국가라고 하면, 국가 이미지를 구성하는 인지적 요소는 6개인데 국가 A는 그 중에서 4개, 국가 B는 2개, 국가 C는 3개의 인지적 요소만으로 이미지가 구성된다. 이럴 경우, 이들 3개국에 대한 이미지를 구성하는 사람이 국가 일반에 대해 갖는 이미지의 인지적 요소는 총 6개의 속성으로 구성된다.

국가 A, B, C의 개체 이미지는 국가 이미지의 인지적 요소 6개가 결합해 이루어진 집단 이미지의 구조 안에서 형성된다. 국가 A의 이미지는 6개의 속성 중에서 2개의 속성이 비어 있는 상태로 형성되는 것이 아니라 4개의 속성을 바탕으로 나머지 2개의 속성을 추론해 형성된다. 결국 집단 이미지의 구조를 형성하는 인지적 요소의 수가 많을수록, 그리고 개체 이미지를 형성하는 인지적 요소의 수가 적을수록 이미지와 대상의 차이는 커진다.

이미지의 인지적 요소의 수가 많을수록 이미지와 대상이 일치할 가능성이 높다. 아무리 단순한 대상이라도 수많은 속성을 갖기 때문에 절대적 의미에선 인지적 요소의 수가 많고 적음을 비교할 수 없지만, 상대적으론 많고 적음을 비교할 수 있다.

또 이미지를 구성하는 인지적 속성의 수가 많을수록 이미지는 안정적이고, 적으면 불안정해진다. 예를 들어 특정 국가에 대해 단 한 가지 속성만 아는 상태에서 만들어진 이미지는 더 많은 속성을 알고 나서 형성된 이미지보다 불안정하다. 이미지가 안정적이라는 것은 추가되는 정보로 이미지가 쉽게 변하지 않는다는 것이다. 따라서 이미지의 안정성이 낮을수록 이미지의 변화는 쉽게 일어난다.

정서적 요소

이미지의 인지적 요소는 이미지의 풍성함이나 정확성 등을 결정하지만, 대상을 좋고 나쁘게 평가하는 기준은 정서적 요소다. 예를 들어 국가 A, B의 이미지에서 국가 A의 이미지를 구성하는 속성이 4개이고 국가 B의 이미지를 구성하는 속성이 2개라고 해 국가 A를 국가 B보다 낮게 평가하는 것은 아니다.

대상을 좋고 나쁘게 평가하는 것은 이미지의 정서적 요소다. 그러나 인지적 요소가 없으면 정서적 요소가 존재할 수 없다. 결국 인지적

〈그림 3〉 집단 이미지가 구축된 상황에서 개체 이미지의 비교

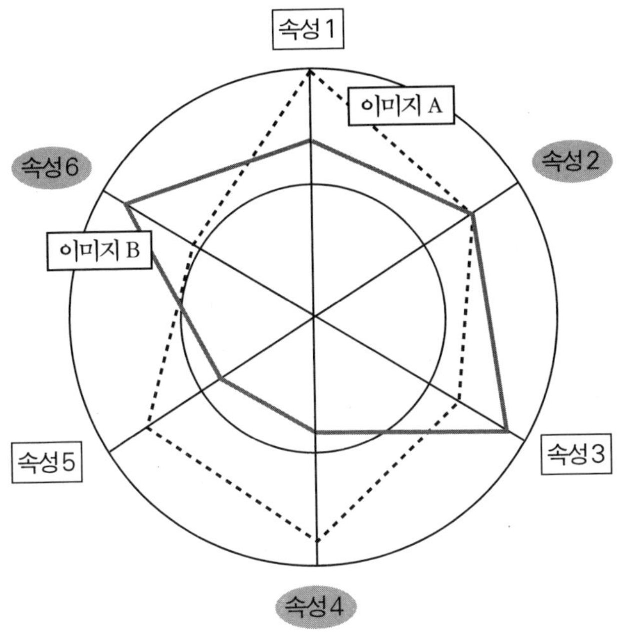

요소와 정서적 요소가 결합해 이루어진 이미지가 평가 기준이 된다.

〈그림 3〉은 이미지의 인지적 요소와 정서적 요소를 결합해 나타낸 이미지의 이차원적 구조다.[12] 그림은 2개의 동심원과 동심원의 중심, 그리고 중심과 원주를 연결하는 6개의 선으로 구성된다. 중심과 원주를 연결하는 선이 이미지의 인지적 요소이고, 원의 중심과 가운데 원 그리고 바깥의 원이 정서적 요소를 나타낸다. 정서적 요

12) 이규완, 「국제광고에서의 국가 이미지의 이용에 관한 연구 : 국가 이미지와 상품 이미지의 관계를 중심으로」(연세대학교 대학원 신문방송학과 석사학위논문, 1984), 27~28쪽

소는 인지적 요소를 나타내는 선 위의 한 점으로 나타나게 된다.

바깥의 원은 가장 긍정적인 평가이고, 원의 중심은 가장 부정적인 평가다. 가운데 원은 중립적인 평가를 의미한다. 이미지의 구조에서 인지적 요소 위에 있는 점들을 서로 연결한 것이 이미지이고, 이미지의 전체적 모양이 바깥 원에 가까울수록 긍정적인 이미지라고 할 수 있고, 중심에 가까울수록 부정적 이미지라고 할 수 있다.

핵심적 속성과 부수적 속성

원과 선이 결합된 틀은 집단 이미지의 구조이고, 그 안에서 실선과 점선으로 연결된 것들이 개체 이미지다.

〈그림 3〉을 국가 이미지로 보면, 국가 이미지에 대한 집단 이미지의 구조 위에 국가 A와 B의 개체 이미지가 위치한다. 국가 A와 B의 이미지는 모두 6개의 인지적 요소와 그에 따른 정서적 요소로 구성된다. 각 인지적 요소와 정서적 요소를 연결한 것이 이미지 A와 B다. 이미지 A와 B는 서로 다른 모양을 하고 있는데 이는 국가 A와 B에 대해 알고 있는 인지적 속성이 다르고, 그에 대한 정서적 요소도 다르기 때문이다.

그렇다면 국가 A와 B의 이미지 중 어느 것이 더 좋은 것일까? 이미지가 좋은 국가에 대한 반응이 좋을 것이므로, 이미지가 좋고 나쁨을 따지는 것은 중요하다.

대상에 대한 평가는 인지적 요소와 정서적 요소가 결합해 이루어지지만, 대상에 대한 종합평가는 그림에 나타나는 국가별 이미지의 면적이 넓고 좁음에 따라 내려지지 않는다.

더 중요한 인지적 요소가 있고, 덜 중요한 인지적 요소가 있다.

어떤 것이 더 중요한지는 주관적인 판단에 따라 달라진다. 대상의 수많은 인지적 요소 중에서 중요한 인지적 요소와 그에 대한 정서적 요소가 대상을 평가하는 데 크게 영향을 준다. 대상을 평가하는 데 중요하게 작용하는 인지적 요소를 핵심적 속성이라 하고, 덜 중요한 인지적 요소를 부수적 속성이라고 한다. 핵심적 속성과 부수적 속성은 대상에 따라 다르고, 같은 대상에 대해서도 사람마다 다를 수 있다.

〈그림 3〉을 국가 이미지를 나타내는 것으로 가정하고, 이미지의 인지적 요소인 속성들을 다음과 같이 가정하고 설명해보자. 국가 A의 이미지는 속성 1, 4, 5에서 국가 B의 이미지보다 바깥쪽에 있으므로 긍정적이고, 속성 3, 6에서 국가 B의 이미지보다 안쪽에 있으므로 부정적이다. 즉 국가 A의 이미지는 국가 B의 이미지에 비해 3개 속성에서 우월하고 2개 속성에서 취약하다고 할 수 있다.

그러나 국가 A와 B 중에서 어느 국가가 더 좋은가를 평가하는 것은 6개의 속성 중에서 어느 것이 핵심적 속성이고, 어느 것이 부수적 속성인지에 따라 결정된다.

자연환경, 군사력, 경제력 등이 국가를 평가하는 핵심적 속성이라고 생각하는 사람은 국가 A를 국가 B보다 좋다고 평가한다. 반대로 민족성, 정치제도 등이 국가를 평가하는 데 더 중요한 핵심적 속성이라고 생각하는 사람은 국가 B를 국가 A보다 좋다고 평가한다.

국가 A를 더 좋은 국가로 평가한 사람은 적어도 속성 1, 4, 5 중 일부나 전부를 핵심적 속성으로 여기고 있다고 할 수 있다. 반대로 국가 B를 더 좋은 국가로 평가한 사람은 속성 3, 6 중 일부나 전부를 핵심적 속성으로 여기고 있다고 할 수 있다.

속성 번호	인지적 요소	속성 번호	인지적 요소
1	자연환경	4	군사력
2	문화적 특성	5	경제력
3	민족성	6	정치제도

이미지는 핵심적 속성과 부수적 속성으로 구성된다고 했지만, 부수적 속성에도 끼지 못하는 수많은 속성들이 있다. 또 핵심적 속성 가운데도 더 중요한 것과 덜 중요한 것이 있고, 부수적 속성도 마찬가지다.

그렇지만 부수적 속성에서 아무리 뛰어난 평가를 받더라도 핵심적 속성에서 좋은 평가를 받지 못하면 전체적인 평가에서 우월한 결과가 나올 수 없다. 국민소득은 선진국과 개발도상국 등을 평가하는 중요한 기준이기는 하지만 국민소득이 높다고 선진국이라고 하지 않는 것은 국민소득이 국가를 평가하는 핵심적 속성이 아니기 때문이다.

이미지의 기능

이미지는 대상에 대한 평가 기준이고, 대상에 관한 정보를 받아들일 것인지 아닌지를 판단하는 기준이 된다.

이미지는 대상에 대한 평가 기준

이미지는 첫째, 여러 가지 인상을 조립한 종합물이다. 둘째, 실재와 다르지만 경험을 통해 믿을 만하다는 평가를 받는다. 셋째, 이미

지가 만들어질 때 실재의 다양한 요소 중 많은 부분이 제외되므로 단순하게 구성된다.[13]

앞서 밝혔듯이 이미지는 집단 이미지와 개체 이미지로 구분할 수 있다. 개체 이미지가 합쳐져 집단 이미지가 되고, 집단 이미지는 개체 이미지를 평가하는 기준이 된다. 또한 이미지의 단순화 과정은 집단 이미지와 개체 이미지를 형성하는 과정에서 반복적으로 일어난다.

집단 이미지와 개체 이미지의 관계를 자동차를 예로 들어 설명해 보자.

자동차의 이미지를 구성하는 속성은 여러 가지다. 가격, 크기, 연비, 안전성, 디자인, 제조회사, 사회적 평가 등 많은 속성이 어우러져 자동차에 대한 집단 이미지를 만든다. 이러한 집단 이미지를 바탕에 두고 하나의 자동차에 대한 이미지를 형성한다.

현대자동차 에쿠스의 개체 이미지가 집단 이미지에서 차지하는 위치를 가격은 비싸고, 크기는 크고, 연비는 낮으나 안전성은 높고, 디자인은 중후하고, 제조회사는 현대이고, 사회적 평가는 사회적으로 성공한 사람이 타는 차로 형성되고 있다고 하자. 그런데 에쿠스의 이미지를 아토스, 체어맨, 벤츠 등의 개체 이미지와 각각 비교했을 때 서로 다른 평가가 이뤄질 수 있다. 개체 이미지의 실질적인 평가는 집단 이미지의 기준보다는 비교되는 개체 이미지에 따라 이루어진다.

개체 이미지는 특정 대상에 대한 정보를 기초로 만들어지지만, 집단 이미지가 형성된 후에는 특정 대상에 대한 정보가 부족하거나 없더라도 집단 이미지에 근거해 개체 이미지를 형성하고, 그것을 평

---

13) D. J. Boorstein, *the Image*(New York : Atheneum, 1981)

가한다.

우리가 잘 모르는 국가의 이름을 들을 경우, 그 국가에 대해 아는 것이 없더라도 대략 어떤 국가일 거라고 추론할 수는 있다. 또 시장에서 낯선 상표를 보고 어떤 상품인지를 알 수 있는 것도 집단 이미지 때문이다.

이미지가 실재와 비슷하게 형성된다면 이미지에 근거한 평가가 틀릴 가능성이 낮아진다. 반면 이미지와 실재의 차이가 크면 틀릴 가능성이 높아진다. 그런데도 이미지가 대상에 대한 평가 기준이 되는 것은 우리가 평가 대상에 관한 모든 정보를 수용하고 종합해 판단하지 않기 때문이다. 그러기에는 세상이 너무 빨리 변하고, 새로운 정보가 너무 많은 데 비해 우리에게 주어진 시간과 에너지는 너무나 적다.

이미지는 대상에 관한 정보의 수문장

사람은 갖가지 경험을 통해 입수한 정보로 대상에 대한 이미지를 구성한다. 여기서 대상에 대한 새로운 정보를 받아들이면 기존의 이미지를 보강하거나 수정해야 한다. 기존의 이미지를 바꾼다는 것은 세계관과 자기가 아는 세상을 바꾸는 것이기 때문에 쉽지 않다.

이미지가 없는 대상에 대한 정보를 받아들이는 것은 쉽다. 그리고 이것으로 대상에 대한 최초의 이미지를 형성한다. 특히 특정 대상이 포함되는 집단에 대한 정보를 전혀 갖고 있지 않을 경우에는 개체에 관한 정보가 집단 이미지를 구성하는 기초자료가 된다.

경험과 정보가 이미지를 형성하지만, 한번 형성된 이미지는 새로운 정보를 받아들일 것인지를 판단하는 수문장이 된다. 이미 형성된

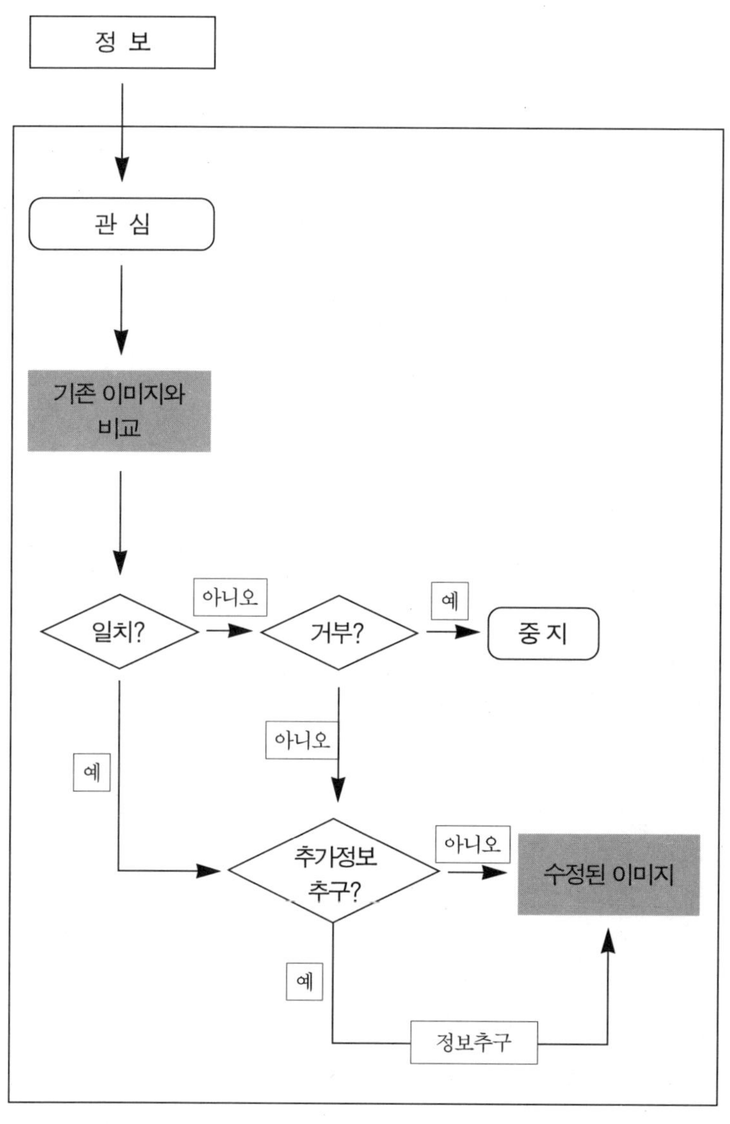
정 보
관 심
기존 이미지와
비교
일치?
아니오
거부?
예
중 지
예
아니오
추가정보
추구?
아니오
수정된 이미지
예
정보추구

이미지는 대상에 대한 정보를 찾고, 받아들이는 것을 결정하는 기준이 된다는 뜻이다.

그렇다면 사람이 정보를 찾고 수용하는 과정에서 이미지는 구체적으로 어떤 역할을 할까? 사람이 정보를 찾고 수용하는 과정을 정보처리과정이라고 하는데, 이 과정은 눈에 보이지 않는다. 마치 암실에서 일어나는 일과 같기 때문에 정보처리과정을 추론할 뿐이다.

도노휴L. Donohew는 이미지가 정보처리과정에 영향을 주고, 새로 들어온 정보가 이미지의 변화에 영향을 주는 과정을 <그림 4>처럼 설명한다.14)

특정 정보가 사람들의 관심을 끈다고 모두 수용되는 것은 아니다. 특정 대상에 대한 기존의 이미지와 비교해 일치 여부를 판단한 다음 해당 정보를 수용할 것인지를 결정한다. 기존 이미지와 일치할 때는 그 정보만으로 특정 상황을 판단하는 데 충분한지를 검토하지만, 일치하지 않을 때는 먼저 정보를 수용할 것인지 말 것인지를 판단한다. 만약 특정 정보를 수용하지 않기로 결정하면 기존의 이미지는 변화 없이 존속된다. 그러나 기존의 이미지와의 일치 여부와 관계없이 새로운 정보를 추가로 추구하도록 결정하면 복잡한 정보추구 행위를 거쳐 수용한 정보를 종합해 새로운 이미지를 구축한다.

---

14) Lewis Donohew and Leonard Tipton, 'A Conceptual Model of Information Seeking, Avoiding and Processing', in Peter Clarke(ed), New Models for Communication Research(Beverly Hills : SAGE, 1973), pp.243~268

이미지의 수정 3

누군가 이미지에 관심을 갖는다는 건 자신의 이미지를 좋게 구축하려는 것이다. 만약 이미지가 나쁘게 형성되어 있다면 그것을 좋게 수정할 수 있는 방법을 알기 위해서다.

이미지를 구축하는 것도 어렵지만 이미 구축된 이미지를 바꾸는 건 더욱 어렵다. 이미지를 수정하려면 이미지를 바꿀 수 있는 정보를 제공하거나 그러한 경험을 하도록 해야 하는데, 이미 생긴 이미지가 그걸 방해하기 때문이다. 그렇지만 변하지 않는 이미지는 없다. 이미지를 변화시키려면 이미지를 형성하는 과정을 반복해야 한다.

우리가 국가나 기업 이미지를 구축할 때 국가나 기업의 집단 이미지가 이미 형성되어 있을 가능성이 크다. 우리가 최초의 국가도, 기업도 아니기 때문이다. 결국 첫 번째가 아닌 경우에는 누구나 이미지를 처음 형성하는 것이 아니라 집단 이미지에 얹혀 있는 이미지를 수정하는 것이 처음으로 할 일이다.

이미지를 수정하려면 실재의 모습을 경험할 수 있도록 하거나 새롭고 정확한 정보를 제공해야 한다. 그러나 이미 형성된 이미지가 정보가 통과하는 문을 지키고 있기 때문에 이미지와 다른 정보를 제공하는 것이 쉽지 않다.

그렇다면 이미 만들어진 이미지를 바꾸려면 어떻게 해야 할까?

기존의 이미지 구조를 유지한 상태에서 이미지를 바꾸는 것과 이미지의 구조 자체를 변경시켜 이미지를 바꾸는 것으로 구분해 살펴보자.

기존의 이미지 구조를 이용한 수정

기존의 이미지 구조를 유지한 상태에서 이미지를 수정하려면 많은 노력이 뒤따라야 한다. 기존의 이미지라는 수문장을 통과할 수 있는 전략과 비용이 들기 때문이다.

이미지를 바꾸면 이익이 되는 정보를 제공

사람들은 기존의 이미지와 일치하지 않는 정보를 배척하는 경향이 있다. 이미지와 일치하지 않는 정보에 노출되거나 받아들이면 결국 이미지를 수정해야 하기 때문이다. 이미지를 바꾸는 건 지식체계나 세계관을 바꾸는 것이므로 많은 에너지가 들고, 그 과정에서 이미지가 안정될 때까지 심리적 혼란도 크다. 이러한 혼란과 에너지를 상쇄하고도 이익이 될 수 있는 정보가 아니면 새로운 정보를 받아들일 이유가 없다.

광고에 있는 쿠폰을 가져오면 가격을 할인하거나 경품을 주는 것도 이익을 주는 작은 예라고 할 수 있다. 얼마 전에 복권 당첨금액을 10억 원으로 확대했을 때 복권 판매량이 급격히 늘어났는데, 이것은 10억 원이라는 당첨금이 복권에 대해 부정적 이미지를 갖고 있던 사람들의 이미지를 바꾸었기 때문에 일어난 현상이라고 할 수 있다.

지도자의 역할이 일상적인 상황과 위기 상황에서 달라지기를 바라는 경우도 마찬가지다. 일상적인 상황에서 민주적인 리더십이 요구되었다면, 위기 상황에서는 권위적인 리더십이 요구될 수도 있다. 이러한 변화는 지도자의 역할에 대한 이미지를 상황에 맞게 수정하는 것이 더 이익이라는 걸 경험을 통해 알고 있기 때문이다.

누군가 다른 사람들에게 그들이 지니고 있는 이미지와 다른 정보를 받아들이게 하려면, 그 과정에서 발생하는 심리적 긴장감과 불쾌감보다 훨씬 큰 이익을 줘야 한다. 그런데 경쟁이 치열한 상황에서 이미지를 바꿀 정도로 큰 이익을 줄 수 있는 정보는 흔치 않다.

그래서 많은 경우에 자신의 이미지를 좋게 바꾸기보다 경쟁자의 이미지를 나쁘게 바꾸려는 유혹에 이끌린다. 이익이 되는 정보를 찾는 것은 어렵지만 손해가 되는 정보를 찾는 것은 쉬워 보이기 때문이다.

일관된 정보를 반복적으로 제시

이미지를 수정하는 일은 결코 쉽지 않다. 새로운 정보를 받아들여 이미지를 수정할 때 제공할 수 있는 이익을 찾기도 쉽지 않다. 이럴 경우에는 기존의 이미지와 일치하지 않는 정보를 거부하는 경향을 이겨낼 수 있도록 일관된 정보를 장기간에 걸쳐 반복적으로 제공해야 한다.

이러한 방법을 사용하면 이미지를 수정할 가능성이 좀더 커진다. 장기간에 걸쳐 정보를 반복적으로 제공하면 싫더라도 그 정보에 익숙해지고, 익숙해지면 친근감이나 신뢰감이 생기기 때문에 이미지를 수정할 기회를 얻을 수 있다. 이것은 미운 사람도 오랫동안 매일 보면 정이 드는 것과 같은 이치다.

또 다른 방법 중에는 정보로 융단폭격하는 것이 있다. 융단폭격은 사람들이 이용할 가능성이 있는 모든 통로를 활용해 정보를 제공하는 방법으로, 많은 인력과 시간과 돈이 필요하다. 과연 그 정도의 비용을 투입해 개선할 이미지의 장점이 있는지도 따져봐야 하고, 더욱 중요한 것은 그러한 비용을 투입할 능력이 있느냐이다. 이미지를 바꿔놓고 망한다면 그것은 소용없는 일이기 때문이다.

다른 점을 구체적으로 밝힐 수 있는 정보를 제공

이미지가 실재와 달리 크게 왜곡되어 있다면 잘못된 이미지를 바꿀 수 있는 구체적인 사실에 관한 정보를 제공해야 한다.

이미지가 실재와 다르더라도 이미 형성된 이미지와 다른 정보를 제공하면 사람들은 쉽게 받아들이지 않는다. 따라서 사람들이 이미지가 잘못된 걸 즉시 확인할 수 있을 정도로 구체적인 정보를 제공해야 한다. 아울러 잘못된 정보가 수용자에게 미치는 손해가 크다는 점을 덧붙여 이미지를 수정할 경우, 이익이 발생하거나 손해가 줄어든다는 확신을 줘야 한다. 잘못된 이미지가 손해를 초래하지 않거나 이미지를 수정하더라도 이익이 발생하지 않는데, 이미지를 바꾸려는 사람은 많지 않기 때문이다.

결국 기존의 이미지 구조를 유지한 상태에서 이미지를 수정하려면 앞의 세 가지 방법을 모두 사용해야 한다. 실재와 이미지의 차이가 크고, 실재보다 이미지가 부정적으로 형성되어 있고, 왜곡된 이미지를 단숨에 바꿀 수 있는 강력하고 구체적인 정보가 있어야 한다. 더구나 그 정보를 수용하는 것이 사람들에게 실질적으로 큰 이익을 줄 수 있거나 큰 손해를 막을 수 있는 것이어야 하며, 그러한 작업을 수행할 수 있는 인력, 시간, 돈이 충분해야 한다.

이미지의 구조를 바꾸는 방법

기존의 이미지 구조를 유지한 상태에서 이미지를 수정하기 어려울 때는 이미지의 구조를 바꾸려는 노력이 더욱 효과적일 수 있다.

이미지의 구조를 바꾸는 작업은 기존의 이미지 구조에서 자신에게 불리한 요소들이 중요하게 평가되고, 자신에게 유리한 요소들이 중요하게 평가되지 않거나 아예 이미지의 구조에서 빠져 있는 경우에 사용하는 방법이다. 이미지는 실재의 모든 면을 반영하지 때문에 자신에게 유리한 면이 이미지의 중요 속성에서 빠져 있을 수 있다.

많은 소비자들은 새로운 상품이나 기술이 주는 장점을 모르는 경우가 대부분이다. 새로운 걸 평가하는 기준이 과거의 것이기 때문이다. 따라서 이미지 구조에서 신제품의 장점이 빠져 있을 수 있고, 중요한 요인으로 평가받지 못할 수도 있다.

기존의 이미지 구조를 바꾸는 방법은 자신에게 유리한 인지적 요

소가 기존의 이미지 구조에 반영되고 있지 않다면 반영시키고, 반영
되어 있더라도 중요하지 않은 인지적 요소로 평가되고 있다면 중요
한 인지적 요소로 평가되도록 바꾸는 것이다.

이미지 구조에 새로운 인지적 속성 추가

기존의 이미지 구조에서 우위를 차지하는 것이 없으면 이미지 속
성의 중요성을 변화시키는 방법이나 비어 있는 자리를 차지하는 방
법을 사용할 수 없다. 이럴 때는 이미지의 새로운 인지적 요소를 기
존의 이미지 구조에 넣는 것이 유력한 방법이다.

이미지는 인지적 요소에 중요한 속성이 하나 추가되면 추가된 부
분만큼 변하는 것이 아니라 전체 이미지가 변하는 특성을 갖고 있
다. 아침에 일어나니 스타가 되어 있는 경우가 그렇고, 부정부패에
연루된 인물이 하루아침에 몰락하는 것이 그렇다. 이미지는 부분적
으로 바뀌는 것이 아니라 전체가 바뀐다.

이미지 구조에 새로운 인지적 요소를 추가하는 방법은 새로 추가
한 인지적 요소가 핵심적 속성이 되어야 성공할 수 있다. 좋은 아파
트의 이미지는 동선의 간결함, 주거공간의 안락함, 교통의 편리함,
통신의 편리함, 환경과 전망의 뛰어남 등 새로운 인지적 요소를 계
속 덧붙여가면서 확대되고, 새로운 인지적 요소가 아파트의 선호도
를 결정하는 핵심적 속성이 되고 있다.

이미지의 인지적 요소의 중요성을 바꿈

다음은 기존의 이미지 구조에서 인지적 요소들의 중요성을 바꾸
는 것이다. 즉 부수적 속성으로 평가되는 것을 핵심적 속성으로 평

가되도록 하는 것이다.

결혼 상대를 평가할 때 중요하게 보는 속성이 외모, 직업, 학력, 가문, 인간성, 사랑이라고 하자. 그런데 이 중에서 중요한 것으로 평가되는 것이 외모, 학력, 가문이고 덜 중요하게 평가되는 것이 직업, 인간성, 사랑이라고 하자. 그런데 지금 A라는 사람이 B라는 사람과 결혼하려고 하는데, B의 가족이 외모, 학력, 가문만 중요시하고 A가 지니고 있는 직업, 인간성, 사랑을 중요하게 평가하지 않는다면 A는 어떻게 해야 할까?

먼저 A의 외모, 학력, 가문 등을 B의 가족이 만족할 수 있는 수준으로 끌어올리면 된다. 그렇지만 이것들은 하루아침에 바꿀 수 없거나 아예 바꿀 수 없는 것들이다. 굳이 바꾸려면 성형수술을 하고, 학력과 가문을 속이는 방법밖에 없다. 그렇지만 이러한 거짓과 꾸밈이 오랫동안 비밀로 유지될 수 있을 거라고 기대할 수는 없다. 주변에 경쟁자와 비판자가 항상 있기 때문이다. 자칫 거짓이 들통나면 '거봐, 역시 생긴 것하고, 배운 것하고, 집안 내력은 속일 수 없는 거야'라는 말과 함께 이미지는 더욱 나빠지게 된다.

결국 자신이 상대적으로 유리한 직업, 인간성, 사랑 등이 결혼해서 행복하게 사는 데 더 중요하다는 것을 강조해 이미지의 각 속성에 대한 평가 기준을 바꾸는 것이 그나마 가능한 일이다.

한 우유 회사는 다른 회사들이 가격경쟁을 벌일 때, 우유의 품질을 내세워 성공했다. 우유의 품질이 높기 때문에 가격이 비싸고, 품질이 좋은 우유를 확보하기 어렵기 때문에 원하는 소비자에게 제때 공급할 수 없다고 자랑까지 했다. 비싸다는 약점이 장점이 되었고, 쉽게 살 수 없다는 약점이 장점이 되었다. 결과는 대성공이었다.

세계 광고계에서 1970년대 이후 지배적으로 활용되는 포지셔닝positioning 전략은 핵심적 속성과 부수적 속성을 바꾸는 전략이다. 이 전략은 자신의 장점이 시장에서 평가절하될 때 많이 사용한다. 경쟁자와 비교해 뛰어난 점이 있지만 소비자들이 그 부분을 중요하게 생각하지 않는다면, 그 부분이 다른 속성보다 더 중요하다거나 적어도 다른 것 못지않게 중요하다고 강조해 상품의 이미지를 바꾸는 것이다.

비어 있는 핵심적 속성을 차지

이미지의 핵심적 속성에서 월등히 유리한 평가를 받는 경쟁자가 항상 있는 것은 아니다. 의외로 핵심적 속성의 주인이 없을 수도 있다. 핵심적 속성의 비어 있는 자리를 발견해 남보다 먼저 차지하는 것도 경쟁사회에서 유리한 고지를 점할 수 있는 방법 중 하나다.

이러한 방식으로 성공한 대표적인 사례로 일본 자동차를 들 수 있다.

일본 자동차가 미국시장을 성공적으로 개척한 출발점은 연비가 우수하다는 점을 강조한 것이었다. 자동차에서 연비는 항상 중요한 속성 중 하나이지만 미국의 휘발유 값이 쌌기 때문에 미국시장에서 연비에 대해 신경쓰는 경쟁자는 없었다. 그러나 오일쇼크로 휘발유 값이 급격히 오르자 연비가 중요하게 부각되었고, 이어 연비 면에서 강점이 있었던 일본 자동차가 1등의 자리를 차지했다. 연비라는 핵심적 속성에서의 우위를 바탕으로 일본 자동차는 디자인과 성능이라는 속성에서도 이미지를 바꾸는 작업을 시도할 수 있었고, 이것의 성공으로 오늘날 일본 자동차의 이미지를 구축할 수 있었다.

작은 결론

이미지 전략의 핵심은 자신에게 주어진 상황이 어떤지를 분석해 자신에게 가장 적합한 이미지의 목표를 세우고, 그것을 일관되게 추진하는 것이다.

성공하는 이미지를 구축하려면 시대가 요구하는 집단 이미지의 구조를 형성하는 핵심적 속성과 부수적 속성이 무엇인지를 먼저 알아야 한다. 그 다음에 자신이 어느 속성에서 장점이 있는지를 냉철하게 평가하고, 그 속성에서라도 우위를 점할 수 있는지를 판단해야 한다. 마지막으로 자신이 우위를 차지한 속성이 핵심적 속성인지, 부수적 속성인지를 판단해야 한다.

일인자가 이인자보다 더 성공한 것이 아니다. 일인자는 일인자의 성공과 실패가 있고, 이인자는 이인자의 성공과 실패가 있다. 남들이 부러워하는 이미지가 결코 자기의 이미지일 수는 없다. 자기가 부러워하는 남의 이미지를 택해서는 결코 그 사람보다 나은 이미지를 구축할 수 없다.

삼국지의 이미지를 해부한다

삼국지 군웅들은 천하를 얻기 위한 이미지 전략을 전개했지만 기본 방향과 일관성에서 차이가 있었다. 그렇다면 성공한 이미지 전략과 실패한 이미지 전략의 차이점은 무엇이었을까?

성공한 인물들은 이미지의 핵심적 속성과 부수적 속성의 우열을 잘 알고 있었다. 그리고 부수적 속성에서 유리한 위치를 차지하기 위해 핵심적 속성을 희생시키지 않았으며, 이상을 위해 현실을 부정하지 않았다. 마지막으로 이미지 전략을 신중하게 수립하되, 선택한 전략을 일관성 있게 추진했다.

이에 비해 실패한 인물들은 한꺼번에 많은 것을 얻으려 했고, 핵심적 속성보다는 부수적 속성에 집착했다.

삼국지의 이미지 구조 4

천시는 준비하여 잡는 것이고, 지리는 빼앗아 지키는 것이며, 인의
는 베풀어 쌓는 것이다. 천시는 나누어 가질 수 없고, 지리는 나누어
가질 수 있으나 나눌수록 작아지고, 인의는 베푸는 것이므로 다툴
필요가 없다.

●●

천시天時는 누구나 원하는 것이므로 기다리기도, 잡기도 쉽지 않지만
지키기는 더욱 어렵다.

지리地利는 나눌 수 있고, 빼앗아 지키는 것이므로 내부의 적이 더욱
무섭다.

인의仁義는 내 것을 먼저 줘야 하고, 눈에 보이지 않으므로 가장 얻기
힘들다.

삼국지는 후한後漢 말 영제 즉위(서기 168년)부터 위魏, 오吳, 촉蜀

의 삼국시대를 거쳐 진쯤이 중국을 통일할 때(서기 280년)까지 112년 간의 중국 역사를 소설화한 것이다.

삼국지에는 수많은 영웅호걸들의 흥망성쇠가 적나라하게 담겨 있는데, 실제로 있었던 일을 근거로 했지만 독자들의 흥미를 위해 꾸며넣거나 특정 인물을 미화하고 과장하기도 했다.

삼국지는 인생, 경영, 정치, 군사 등 각 분야에서 원용할 수 있는 다양한 의미를 내포하고 있다. 그 안의 등장인물들은 자신이 원하 건, 원치 않건 간에 천하쟁패의 회오리 속에서 살고 있다. 천하를 도 모하는 사람과 향리를 지키는 사람, 무력으로 성공을 도모하는 장수 가 있는가 하면, 은둔하는 현자도 있다. 목숨을 초개처럼 여기는 지 사가 있는 반면, 눈앞의 이득만 좇는 소인배도 있다. 대장부와 졸장 부, 충신과 간신, 영웅과 패자들이 모두 있다.

하지만 삼국지는 그들의 성공과 실패에 대해서는 결코 판단하지 않는다. 다만 인간의 향기만 전해줄 뿐이다. 엄청난 무력으로도, 무 불통지의 선견지명을 갖고도 실패한 사람들이 얼마나 많으며, 지 난한 고난을 겪으면서도 성공의 꿈을 이룬 이들은 또 얼마나 많았 던가.

이미지 이론을 통해 바라본 그들의 성공과 실패의 경우는 실로 다 양하다. 좋은 이미지를 추구했지만 실패한 '원소', 선한 이미지를 얻 지 못했지만 성공한 '조조', 원하는 이미지를 얻어내어 성공한 '유비' 와 '손권', 자신을 일인자로 착각하다가 실패한 '원술', 나이 들어 소 심하게 살다가 죽은 '공손찬'과 '유표', 팔자대로 사는 것도 힘겨워하 다가 패망한 '유장', 자신이 누군지도 모른 채 살다가 죽은 '동탁', 얼 떨결에 횡재했다가 내분으로 목숨을 날려버린 '이각'과 '곽사'.

일인자를 지향한 이들이 이 정도일진대, 이인자는 또 어떠했던가. 원하는 이미지를 얻지도 못하고 비명횡사한 '방통', 원하는 이미지를 얻었지만 중도하차한 '주유', 원하는 이미지를 얻고 성공한 '제갈량'도 있다. 이들은 오로지 이인자들만의 천하를 움켜쥐려고 경쟁했지만 죽을 때까지 일인자의 의심을 받은 능력자들이었다.

일인자를 돕는 이인자로 만족한 인물로는 '장비', '조운', '하후돈', '노숙' 등이 있다. 이들과 달리 일인자에 가까운 이인자가 되려고 평생 동안 고생한 1.5인자 관우도 있다.

이미지 이론을 이용해 삼국지의 등장인물들을 분석하면 성공과 실패의 이유가 뚜렷하게 나타난다. 이미지 이론으로 본 삼국지는 시종일관 등장인물들의 이미지 구축 과정을 기록해놓은 이미지 전략서라고 할 수 있다.

삼국지의 이미지 구조

삼국지의 주요 인물들의 이미지 전략을 분석하려면, 먼저 삼국지에서 추구하는 이상국가의 이미지 구조를 그려야 한다. 그 다음 등장인물의 이미지를 이상국가의 이미지 구조 안에 그려넣고, 사건 전개에 따라 이들의 이미지가 어떻게 변하는지를 살펴야 한다.

삼국지의 이미지 구조는 등장인물들이 궁극적으로 추구했던 이상국가의 이미지가 어떤 속성들로 구성되는지를 밝혀낸다. 그것은 결국 삼국지의 인물들이 얻으려고 했던 이미지의 총체를 말해준다. 그들은 자신이 이상국가를 차지할 수 있는 인물임을 알리기 위해 치열하게 싸웠고, 그것은 이상국가의 구성요소 중에서 제일의 자리를 차지하려는 시도였다.

삼국지의 이미지 구조는 크게 두 개의 차원으로 구성된다. 하나는 혼란한 시대상이 원하던 이상국가의 비전이고, 다른 하나는 그것을 달성하는 데 필요한 현실적 수단이다. 하나는 국가가 지향하는 가치이고, 다른 하나는 가치를 현실화하는 수단이다.

이상국가는 풍요한 자연환경 속에서 백성을 아끼는 지도자가 하늘의 뜻에 따라 그들을 영도하는 국가다. 그러기 위해서는 외부의 위협을 방어할 수 있는 뛰어난 장수와 병력이 있어야 하고, 장수와 군대를 효과적으로 제어할 수 있는 전략가가 있어야 한다.

삼국지는 천시, 지리, 인의 등 여섯 가지 조건을 만족시킬 수 있는 이상국가를 지향한다. 천자天子의 상징은 그 여섯 가지 조건의 총체다. 천자는 하늘의 대리인이지만 직접 행동하지는 않는다. 휘하의 왕과 제후, 장수, 군사가 천자의 대리인이 되어 그것을 실천한다.

삼국지에는 하늘의 뜻을 대행하는 크고 작은 집단의 리더들이 등장한다. 주로 '주공主公'이라고 지칭되지만 경우에 따라 승상, 사군, 장군 등으로 불리기도 한다. 삼국지는 이들 개개인에게 이상국가가 필요로 하는 여섯 가지 요소들 중 일부만 부여한다. 때문에 군웅들은 다른 사람들이 가진 보물을 빼앗기 위해 싸운다.

후한 말의 시대적 혼란상을 배경으로 하고 있는 삼국지는, 천자가 어리석어 하늘이 천자에게 준 여섯 가지 보물을 잃어버린 데서 출발한다. 이름은 있지만 권력이 없는 허울뿐인 천자를 앉혀놓고, 수많은 영웅들이 보물찾기에 뛰어든다. 여섯 개의 보물을 모두 찾은 사람이 다음 제국의 대권을 잡는 게임이다.

보물을 잃어버린 업보 때문에 백성은 도탄에 빠지고, 천자는 신하에게 모욕을 당하며, 그 역신을 타도한다는 명목으로 또 다른 신하들이 들고일어나니 세상은 바야흐로 누란의 위기에 휩싸인다. 이들은 여섯 가지 보물을 찾아 천자에게 되돌려주어 천하를 편안케 한다는 포부를 밝히지만, 그것은 명목일 뿐이다. 그들은 저마다 그 보물을 얻어 천하의 주인이 되겠다는 야망을 품고 있다.

삼국지에서 천자가 잃어버린 여섯 가지 보물은 천시, 지리, 인의, 군사, 장수, 전략이다.

이 보물들로 이루어진 이상국가는 하늘의 뜻에 따라 다스리고, 땅이 주는 이익을 헤아려 십분 활용하고, 국가를 경영하는 법칙이 어질고 옳으며, 또 외부 공격으로부터 국가를 지키는 데 필요한 장수, 군사, 그리고 이들을 움직이는 전략이 조화를 이루고 있다.

그런데 이 여섯 가지 보물에도 등급이 있다. 상위등급에 속하는 보물이 천시, 지리, 인의이고 하위등급의 보물은 장수, 군사, 전략이다. 같은 등급의 보물은 서열을 정하기 어렵지만 연마 정도나 대소에 따라 가치가 다르다.

상위등급과 하위등급간에는 뚜렷한 차이가 있다. 군사는 인의를 이길 수 없고, 장수는 지리를 이길 수 없으며, 전략은 천시를 이길 수 없다. 때문에 하위등급의 보물을 많이 모은 자는 일시적으로 상위등급의 보물을 가진 자를 누를 수 있지만, 오래가지는 못한다.

이미지 이론에서 보면 천시, 지리, 인의는 핵심적 속성이고 장수, 군사, 전략은 부수적 속성이다. 핵심적 속성이란 중요한 평가 기준을, 부수적 속성은 보완적 평가 기준을 뜻한다.

이미지의 핵심적 속성

① 천시

천시는 하늘의 뜻에 따라 올바르게 움직이는 것을 말한다. 해야 할 일을 하고, 해서는 안 될 일을 하지 않는 것이 천시다. 하늘의 뜻은 우주만물의 조화다. 천시를 따르면 물이 높은 곳에서 낮은 곳으로 흐르듯 막힘이 없고, 탁하지 않다. 천시는 곧 대세의 흐름이다. 거기에는 새로운 국제질서도, 시민사회의 구조 변화도 포함된다. 이런 흐름을 거스르지 않는 것이 바로 천시를 잡는 것이다.

산업사회가 도래했는데 영지만 지키던 귀족은 도태했고, 정보사회가 도래했는데 공장에서 획일화된 제품만 생산하는 국가는 망하게 된다. 사회가 거짓이 통하지 않는 투명한 방향으로 나아가고 있는데도 권모술수를 유력한 수단이라 믿고 행하는 사람은 도태할 수밖에 없다. 이것이 천시를 따르느냐, 따르지 않느냐의 차이다.

중국에서는 황제를 천자라고 부른다. 하늘의 아들이라는 뜻이다. 한 국가의 우두머리에 대한 호칭에는 황제, 왕, 주공 등 여러 가지가 있지만 천자는 다른 호칭들과 전혀 다른 의미를 지닌다.

하늘은 절대진리이며 절대선이다. 하늘의 뜻에 따라 천하를 다스리는 대리인이 천자다. 그렇기 때문에 천자 역시 절대진리이며 절대선이고, 선악의 경계 밖에 있는 존재다. 그만큼 천자는 황제나 왕, 제후와 다른 절대적인 인물이다.

이런 까닭에 천자는 누구나 될 수 없다. 하늘의 뜻을 제대로 행할 자는 하늘만이 아는 법. 그래서 천자가 되거나 천자의 명을 받드는 사람은 하늘이 내며, 그 사람만이 천시를 얻는다. 삼국지에서 한조의 무력한 천자이나마 옆에 끼고 있는 인물이 권력자로 행세할 수 있는 것은 그가 천자의 명분을 대행할 수 있기 때문이다.

그런데 궁극적으로 그 자신이 천자가 되려면 하늘이 점지할 때를 기다려야 하고, 그것을 받아들일 수 있는 힘을 길러야 한다. 하늘의 움직임을 예측하고, 그에 맞게 준비하는 자만이 천시를 얻을 수 있다.

삼국지에서 천자의 명분을 이용한 권력자들은 십상시, 동탁, 이각과 곽사, 조조의 순으로 이어진다. 그들은 본래 천하를 다투는 군웅들 가운데 하나였지만, 천자를 볼모로 잡으면서 일약 군웅들의 선두에 선다.

천자의 명을 빌린 그들은 누구라도 역적으로 토벌할 수 있고, 벼슬을 내릴 수 있는 엄청난 권력을 갖는다. 천자가 실질적인 힘이 있고 없음을 떠나 천자는 곧 하늘이기 때문이다. 이는 외면적으로 그들이 천하의 질서를 바로잡는 위치에 서 있음을 의미한다.

천시는 천자로 상징되기 때문에 천자가 내리는 지위의 높고 낮음은 그 사람이 천시에 접근한 정도를 나타낸다. 예를 들어 4대에 걸쳐 가장 높은 관료를 냈다는 명문가 출신의 원소는 군웅 중에서 천시에 가장 가까운 인물이었다.

이런 까닭에 지방에서 독립적인 세력을 형성하고 있던 군웅들은 한결같이 천자로부터 목牧, 자사刺史 등의 관직을 탐낸다. 중앙정부는 공식 직위를 내릴 수 있는 권한을 지방 군웅들을 다루는 수단으로 삼기도 했다.

삼국지에서 후한의 천자는 어느 한순간도 주도적으로 천명을 전하지 못하고, 항상 신하에게 억눌리다 결국 쫓겨나는 신세가 된다.

그런데 이와 같은 천자의 불행은 자업자득이었다.

후한의 황제인 영제는 환관에게 나랏일을 맡기고 환락에 잠겼다. 황제의 사생활을 돌보는 환관이 갑자기 백성의 생활을 책임지게 되었으니 나라 경영이 올바로 될 리가 없었다. 천명을 받은 자가 행하지 않고 엉뚱한 자들이 활개치니 천시가 온전할 수 없는 것이다. 그와 함께 인의도 허물어지고 지리도 잃게 되어, 이후 천자는 허수아비 신세로 전락했다.

이렇듯 천시가 흔들리자 천하는 새로운 주인을 맞기 위한 혼돈 상태에 빠진다. 중앙의 권력자는 천자의 명을 빌미로 천시를 쟁취하려 하고, 지방의 제후들은 역적을 친다는 명분으로 천시를 노린다. 그러면서도 역적이 천자의 이름으로 내리는 공식 직위는 거절하지 않는다. 직위를 거절하는 것은 자신이 천자가 되겠다는 역천逆天의 야심을 백일하에 드러내는 것이기 때문이다.

천자를 옹립한 신하나 그를 공격하는 제후나 모두 천자가 되려는 야심을 갖고 있다. 다만 다른 신하나 제후들의 연합 공격을 분쇄할 힘이 생길 때까지 애써 욕심을 누르고 황실에 충성하는 척할 뿐이다.

천시를 잡은 자는 곧바로 지리를 차지한 경쟁자를 공격해야 한다. 왜냐하면 지리 없는 천시는 디딜 땅 없이 하늘만 쳐다보는 격이기 때문이다. 반대로 천시를 잡은 자는 천시를 흔들려는, 지리를 잡은 자들의 주공격 목표가 된다.

천시는 기다려야 가질 수 있다. 천시를 억지로 빼앗으려 해서는 안 된다. 준비하며 기다리다가 때가 되었을 때 움직여 거머쥐어야 한다. 천시를 확보하면 다른 보물을 향해 채찍을 휘둘러야 한다. 최선의 수비는 공격뿐이다. 그것을 무기로 지리를 빼앗아야 한다. 그

와중에도 인의를 쌓아야 천시가 흔들리지 않는다.

천시를 잡았으나 지키고 즐기는 데 골몰한 인물이 동탁이고, 천시를 잡자마자 지리를 얻으려고 신속하게 움직인 인물이 조조다. 그 결과 동탁은 망했고, 조조는 성공했다.

천시는 대세다. 대세가 실질적인 힘이 되려면 나라의 힘과 백성의 삶을 개선하는 실질적인 변화가 있어야 한다. 삼국시대에 나라의 힘을 키우는 것은 지리를 확대하는 것이었고, 백성의 삶이 나아지게 하는 것은 덕을 베풀어 인의를 쌓는 것이었다.

동탁은 천시를 잡았으나 그런 변화를 무시한 채 오로지 자신의 환락을 위해 힘을 낭비했다. 반면 조조는 지리를 확대하고 인의를 쌓으려는 노력을 게을리 하지 않았다. 다만 지리에 대한 추구가 두드러져 상대적으로 인의가 약해 보였을 뿐이다.

② 지리

삼국지의 주무대인 후한 말기는 중앙과 지방의 관료들이 독자적인 세력가로 탈바꿈하는 시기였다. 그들은 자신의 세력을 넓히기 위해 합종연횡을 거듭했다. 오늘의 적이 내일의 우군이 되고, 때론 그 반대의 경우도 허다했다. 그것은 주로 지리를 쟁취하기 위해서였다.

지리는 땅이었다. 땅은 경제력이자 백성이었고, 백성은 곧 군사들이었다. 혼란기에 전란의 와중에서 벗어날 수 있는 땅이면 농사를 지을 수 있어 좋았고, 피난민들이 몰려드니 징병이 용이했다. 그러므로 요지일수록 군웅들의 주목표가 될 수밖에 없었다.

세력가들은 자신들의 근거지가 어디냐에 따라 치열하게 다투기도 하고, 한 발짝 뒤로 물러나 관망하기도 했다. 자칫 소용돌이에 휘말리면 고래싸움에 새우등 터지는 격이 되는 경우가 허다했다. 때문에 거리상의 격리와 함께 자연적 장애물, 즉 강이나 산맥으로 가로막혀 있는 땅이라면 금상첨화였다. 그렇지만 중앙과 너무 멀리 떨어져 있으면 천시를 잡는 데 불리했다.

삼국시대의 지리는 중앙과 외곽으로 구분할 수 있다.

중앙 지역은 동탁, 이각과 곽사 시절의 도읍인 낙양과 장안으로, 대륙의 서쪽에 치우쳐 있었다. 이에 조조는 도읍을 허창으로 옮겨 중앙을 동쪽으로 확장시켰다. 중앙이지만 동쪽으로 치우쳐 있던 곳이 예주, 서주, 연주, 청주였다. 북으로는 황하를 경계로 하고, 남으로는 양자강을 경계로 한 이 지역은 지리적 이점 때문에 군웅들의 각축장이 될 수밖에 없었다.

조조는 황실을 장악한 덕분에 장안과 낙양을 손쉽게 얻었고, 도읍을 자신의 근거지인 연주, 청주와 가까운 허창으로 옮겨 예주를 확보했다. 중앙 지역의 확보는 천시를 뒷받침해주었고, 중앙의 남북에 위치한 군웅들의 연결통로를 차단하는 계기가 되었다.

이렇듯 만반의 준비를 끝낸 조조는 망설임 없이 중앙의 미평정 지역 정벌에 나섰다. 서주에 있던 여포를 죽이고, 서량과 여남은 물론 남양까지 취함으로써 황하의 남쪽과 양자강의 북쪽 땅을 확보했다.

외곽 지역은 중앙 지역에서 강과 산맥으로 분리된 곳이다. 거리상 중앙과 가까우면서도 전란의 소용돌이에서 한 발 비껴 있던 형주가 그 대표적인 지역이었고 나머지는 원소, 공손찬, 손권, 마등, 유장, 장로 등이 차지한 지역이었다.

원소는 공손찬을 멸망시키며 황하의 북쪽, 즉 하북의 주인이 되었고, 손권은 장강 너머에 터를 잡고 있었으므로 큰 위협 없이 힘을 기를 수 있었다. 마등의 근거지인 서량은 서쪽 끝에 있었으므로 그가 조조의 함정에 빠져 죽은 뒤에도 아들 마초가 그 힘을 유지할 수 있었다.

특히 서량은 동탁, 이각과 곽사 등이 장안에서 세를 과시할 때는 중앙정부와 지리적으로 근접했다. 서량태수였던 동탁이 천자를 잡고, 또 제후 연합군을 피해 도읍을 낙양에서 장안으로 옮긴 것도 서량이 지리적으로 중앙과 가까웠기 때문이다. 그러나 조조가 천자를 허도로 옹위한 후에는 변방이 되고 말았다.

무릇 천자가 힘이 있을 때는 제후들이 함부로 남의 땅을 넘볼 수 없다. 하지만 그 힘이 쇠약해지고 천시가 어지러워지면 저마다 자신의 영역을 확장하는 데 골몰하게 마련이다. 이 중에서 중앙에 자리를 잡고 천시를 무기로 삼은 자가 훨씬 유리하다. 따라서 외곽의 군웅들은 그가 쥐고 있는 천시의 정통성에 대해 갑론을박하는 것이다.

모든 땅은 천자의 소유였기 때문에 일단 확보한 지리를 지키는 최선의 방법은 천시를 약화시키기 위한 중앙정부에 대한 공격이다. 하지만 그 공격은 자신의 지리를 방어하기 위한 제한적인 공격이어야 한다. 자칫 무리하다가 내부에 허점이 생기면 다른 제후들의 공격 목표가 되기 때문이다.

지리를 지키는 데 가장 위험한 요소는 내부에 있다. 외부의 적은 간파하기 쉽지만 내부의 적은 보이지 않는다. 내부의 적은 바로 주어진 땅 안에서 은밀히 인의를 키우는 자다. 한 영역에 주인보다 인의를 높이 쌓은 자가 오랫동안 머물면 지리의 이점은 금세 허물어진다. 따라서 그런 인물을 받아들일 때는 지리를 내줄 각오를 해야 한다. 삼국지에서 덕망 높기로 소문난 유비를 받아들인 제후들은 예외 없이 땅을 빼앗겼다.

지리는 텃밭이다. 텃밭은 멀리 있는 밭보다 힘을 적게 들이며 수확을 얻을 수 있지만 다른 사람과 나누어 가질 수는 없다. 때문에 지리를 확보한 자는 이인자가 부상하는 것을 몹시 경계한다. 텃밭의 관리를 위임할 수는 있어도 소유권을 주지는 않는다.

또 텃밭은 방치하면 잡초가 자라 집 안까지 어지럽힐 수 있으므로 더욱 신경써서 가꿔야 한다. 텃밭만으로 생계 유지가 가능하면 다른 밭에 게을러지게 마련이고, 그럴수록 살림은 어려워진다. 반대로 땅을 차지하려는 욕심만 있고 가꾸는 데 소홀하면 새로운 땅을 얻을 수도, 지킬 수도 없다.

③ 인의

천시와 지리가 눈에 보이는 힘이라면, 인의는 보이지 않는 힘이다. 천시는 나누어 가질 수 없고, 지리는 나눌 수 있지만 그만큼 자신의 몫이 작아진다. 하지만 인의는 나눌 필요가 없고, 아무리 나누어도 자신의 몫이 작아지지 않는다.

인의는 온전히 얻고 쌓는 사람 개인의 것이다. 그것은 천자나 국가로부터 하사받는 것도, 자연환경에서 취하는 것도 아니다. 인의는 곧 백성의 신망이기 때문이다.

백성은 국력의 바탕이다. 백성들의 마음은 살기 좋은 땅과 덕망 높은 지도자를 따라 움직인다. 그런데 이 둘이 합치되지 않으면 후자를 선택하는 것이 인지상정이다. 그러므로 인의는 천시와 지리에 버금가는 위력을 지닌다.

삼국지에서 인의는 관용, 후덕, 올바름으로 나타난다. 인의의 대표적 인물로 원소, 유비, 유표 등이 거론되지만 결국 승리자는 유비였다. 그는 애써 얻은 지리를 포기하면서도 인의를 쌓는 데 게을리하지 않았기에 목표를 달성했다.

유비가 지리와 관직을 포기하는 결심을 할 때마다 인의의 탑은 높아만 갔다. 그가 땅을 버리면 땅이 생기고, 관직을 버리면 관직이 생겼다. 그 결과 유비는 촉과 한중을 얻어 마침내 황제에 오를 수 있었다.

인의는 쌓이는 것이다. 인의는 기다린다고 얻어지는 것도, 지킨다고 지켜지는 것도 아니다. 인의가 지리와 천시에 걸맞은 힘이 되려면 오랜 시간과 많은 희생이 필요하다. 따라서 인의는 가장 취하기 어렵다.

그러나 일정 수준 이상 쌓인 인의는 지리를 취하는 길잡이가 되며, 천시를 누를 수 있는 가장 효과적인 무기가 된다. 때문에 인의는 천하의 패권을 잡기 위한 가장 느리지만, 가장 안전한 방법이기도 하다.

또 인의로 취하는 지리는 빼앗는 게 아니라 얻는 것이다. 만일 인의를 가진 자가 무력으로 지리를 빼앗으면 인의가 훼손된다. 인의와 무력은 상극이다. 천시로 지리를 공격하면 천시가 확대되는 반면, 인의로 지리를 공격하면 인의가 위축된다.

따라서 이미지의 핵심적 속성인 세 가지의 위치는 천시가 가장 위에 있고, 지리와 인의가 그것을 받쳐서 천하를 안정시키게 된다.

이미지의 부수적 속성은 핵심 속성인 천시, 지리, 인의를 확보하고 지키는 데 필요한 현실적인 힘이다. 천시를 잡을 기회가 와도 힘이 없으면 도모할 수 없다. 힘이 없으면 남을 공격해 땅을 빼앗을 수도, 얻은 땅을 지킬 수도 없으며 아무리 인의가 높더라도 목숨을 부지할 수 없다. 때문에 장수, 군사, 전략이라는 세 가지의 부수적 이미지 속성은 천시, 지리, 인의라는 가치를 얻고 지탱할 수 있게 해 주는 중요한 수단이다.

서량태수 동탁이 소제를 폐위한 다음 헌제를 세워 권력을 잡았지만 여포에게 죽음을 당했다. 그런 여포조차 이각과 곽사를 피해 도망친 것은 군사력의 열세 때문이었다. 또 헌제가 조조를 부른 건 그가 청주를 기반으로 장수, 군사, 전략을 확보하고 있어 이각과 곽사를 능히 물리칠 힘이 있었기 때문이다. 당시 조조는 스스로 뛰어난 전략가였고, 휘하에 하후돈, 하후연, 조인, 조홍, 허저, 이전 등의 장수와 순욱, 순유, 곽가 등의 전략가, 청주군으로 불리는 정예병이 있었다.

④ 장수

삼국지에서 군웅들의 흥망은 전쟁으로 판가름난다. 그런데 전쟁의 승리 요건은 장수와 군사, 전략의 삼박자가 잘 어우러지는 데 있다. 거기에 부수적으로 군량미의 원활한 조달이 관건이 되기도 한다.

전쟁에는 전체적인 전략에 따른 수많은 전투가 벌어지는데, 당시 전투의 승패는 장수의 우열로 결정되었다. 삼국시대의 전투 양상은 양쪽 군대가 대치한 상태에서 장수들이 먼저 나와 자웅을 겨룬 뒤 승부가 가려지면 이어 군사들의 싸움이 이어진다. 장수끼리의 싸움에서 이긴 편이 사기가 올라 그 전투를 이기는 것이 보통이었다.

이런 까닭에 전쟁에서 이기는 지름길은 뛰어난 장수를 많이 확보하는 것이었다. 탁현의 선비였던 유비가 불과 5백 명의 의병으로 황건적 토벌에서 상당한 전과를 올린 것은 관우와 장비라는 뛰어난 장수가 있었기 때문이다.

하북의 주인 원소와 천시를 잡은 조조가 관도에서 맞붙었을 때 장수와 군사의 수에서 우위를 보인 원소보다 불리했지만, 원소군의 선봉장이었던 안량과 문추를 관우가 처치함으로써 겨우 힘의 균형을 이룰 수 있었다. 뛰어난 장수의 영향력이 그만큼 크다는 것을 알 수 있는 대목이다.

장수는 천시가 있을 때 더욱 위력을 발휘한다. 천시는 곧 대의명분이므로 천시를 등에 업은 장수는 항상 도덕적 우위에 서서 싸울 수 있다. 조조군이 다른 군웅들을 공격할 때 항상 천자의 명을 받들라고 외치면서 적의 기세를 꺾는 것도 천시의 보이지 않는 힘을 과시하는 방법이다.

장수의 힘이 효율적으로 발휘되는 경우는 천시에 따라 지리를 취하려고 공격할 때다. 반대로 천시를 잡으려는 자는 장수를 기르고 군사를 모아야 천시를 노릴 수 있다. 따라서 삼국지의 이미지 구조에서 장수는 천시와 지리 사이에 위치한다.

⑤ 군사

장수에게 아무리 산을 허물 만한 힘과 세상을 덮을 만한 기개가 있더라도 혼자 힘으로는 전쟁을 수행할 수 없다. 자신의 역량을 보조해줄 군사가 있어야 한다. 대군은 적에게 부담을 준다. 그렇다면 어떻게 해야 군사의 수를 늘릴 수 있을까?

우선 땅이 넓고 비옥하여 그곳에 사는 백성들의 수가 많아야 한다. 평상시의 백성들이 전시의 군사였기 때문이다.

한 나라가 대군을 유지한다는 것은 그만큼 부강하다는 의미다. 많은 군사의 의복과 식량을 공급할 수 있는 자원이 풍부하다는 증거인 것이다. 이러한 배후 자원이 부족하다면 아무리 군사의 수가 많아도 허장성세에 불과하다. 용맹스런 손견의 군대가 동탁군에게 패한 것도 원술이 군량미를 보내주지 않았기 때문이다.

적벽대전에 출동한 조조의 백만 대군은 너무나 위력적이어서 오의 손권이 항복을 고민할 정도였다. 이때의 군세는 조조의 근거지인 청주는 물론 원소의 하북과 형주의 군사를 더했기에 가능했다. 그만큼 당시 위나라의 국력이 막강했음을 알 수 있는 대목이다.

백성들 중에서 군사를 뽑는다. 그러므로 인구는 곧 군사력이다. 백성의 수는 풍요한 자연환경과 어질고 옳은 다스림에 기초한다. 따라서 이미지 구조에서 군사는 지리와 인의 사이에 위치한다.

⑥ 전략

삼국지에는 군사軍師라는 직책이 나온다. 군사는 군대의 움직임을 전체적으로 통솔하는 전략가다. 군사의 역할이 가장 돋보이는 나라는 공명과 방통을 얻은 유비의 촉나라였다. 그렇지만 상대인 위와 오에도 뛰어난 전략가들이 있었으므로 전략적인 면에서 삼국의 싸움은 일방적인 게임이 될 수 없었다.

삼국시대 초기의 전쟁은 뛰어난 장수와 군대의 규모로 판가름나곤 했다. 조정을 농락했던 동탁에게 수많은 제후 연합군이 달려들었지만 여포라는 장수 한 명 때문에 승리를 거두지 못했고, 조조는 원소와 싸울 때 원소군의 안량이란 장수를 당해낼 수 없어 고전했다.

물론 당시에도 진궁, 가후, 순욱, 정욱, 곽가, 심배, 전풍, 저수 등의 전략가가 군웅들의 전쟁을 도왔다. 하지만 이때는 전략가가 장수를 이끄는 것이 아니라 장수의 결정을 지원하는 정도에 불과했다.

그런데 시간이 흐를수록 전쟁에서 장수보다 전략가의 역할이 커져갔다. 청주에 있던 황건적 잔당을 소탕하면서 힘을 기른 조조가 천자를 옹립하는 것은 전략의 승리였다. 또 그가 다른 군웅과의 경쟁에서 남달리 앞서갈 수 있었던 것은 전략으로 장수를 이기는 방법을 택했기 때문이다.

삼국지에서 전략가의 중요성이 본격적으로 부각된 시점은 서서徐庶가 등장하면서부터다.

유비는 신야성에 머물고 있을 때 서서를 군사로 맞이했다. 당시 조조군의 장수 조인은 과거와 같이 힘만 믿고 달려들었다가 예상치 못한 서서의 작전에 휘말려 크게 패했다. 만일 과거의 전투처럼 양쪽 군대가 대치해 싸움을 벌였다면 유비는 결코 조인을 이길 수 없었을 것이다.

이때부터 군웅의 우열은 장수나 군사가 아니라 전략가에 의해 결정되기 시작했다. 그렇지만 서서는 공명이라는 불세출의 전략가를 주연으로 내보내기 위한 조연에 불과했다.

공명은 유비의 군사였지만 실제로는 그 이상이었다. 공명은 군사 문제는 물론 나라 안팎의 일을 모두 처리하는 재상의 직무를 수행했다. 그는 상황에 따라 적절한 전략과 전술을 사용해 최소한 지지 않는 전쟁으로 이끌어가는 천부적인 재능을 지녔다.

공명의 전략은 형주를 공격하는 조조군을 막고, 유비와 손권의 동맹을 이끌어냈으며, 적벽대전 이후 유비가 형주를 차지하는 장면

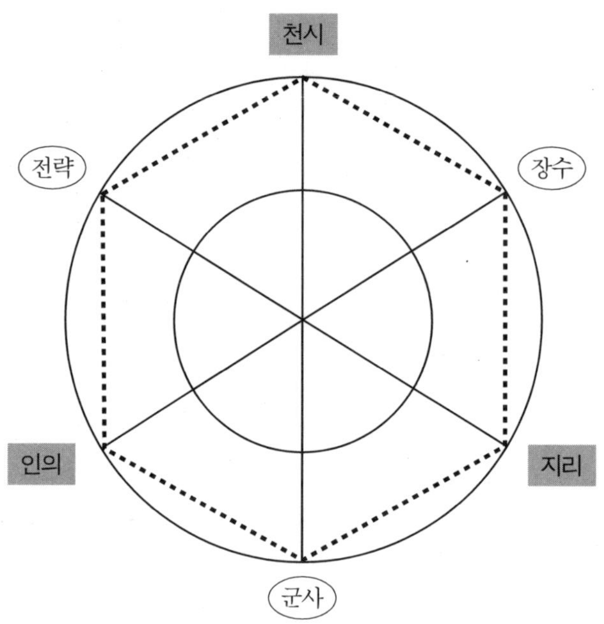

- 핵심적 속성인 천시, 지리, 인의와 부수적 속성인 장수, 군사, 전략은 천자에게 집중되어 있던 것인데, 삼국지의 시대적 배경이 되는 후한 말기에는 천자가 무능하여 이들이 제각기 흩어지게 된다.
- 그림의 바깥의 큰 원과 중간 원 그리고 가운데 점은 각각의 속성에서 각 인물들이 차지하는 위치를 나타낸다. 바깥 원으로 갈수록 유리한 위치에 있는 것을 의미한다.
- 결국 천자가 여섯 가지 속성에서 가장 유리한 위치에 있었는데 후한 말기에 전국의 군웅들이 여섯 가지의 속성에서 제각기 우위를 다투는 상황이 되었다고 할 수 있다.

에서 일관된 모습을 보여주었다. 그는 반드시 이기는 전략보다 어떤 경우에도 지지 않는 전략을 세웠다. 그것은 공명이 몸담고 있는 유비의 세력이 삼국 중에서 가장 미약했기 때문이다. 공명 출현 이후 삼국에는 수많은 전략가들이 등장해 저마다의 능력을 한껏 발휘한다. 주유, 방통, 노숙, 사마의 등이 바로 그들이다.

전략을 세우려면 먼저 전쟁 지역의 지리를 파악해야 한다. 지리를 파악한 다음에는 경쟁자의 마음을 읽어야 한다. 하지만 이런 전제조건이 충족되더라도 하늘의 도움이 없다면 궁극적인 승리를 거둘 수 없다. 하늘은 인의가 높은 자를 돕는다. 또 전략은 인의를 널리 펼치기 위한 것이었을 때 빛난다. 그러므로 삼국지의 이미지 구조에서 전략은 천시와 인의 사이에 위치한다.

땅을 이용하는 것이 전략의 처음이고, 사람의 마음을 읽는 것이 다음이며, 성패를 하늘의 뜻에 맡기는 것이 마지막이다.

지금까지 살펴본 삼국지의 이미지를 구성하는 핵심적 속성과 부수적 속성을 이미지 지도에 배치하면 〈그림 5〉와 같다.

이미지 형성을 위한 커뮤니케이션 환경

영웅들이 천하를 제패하기 위해 아무리 주도면밀한 이미지 전략을 세워서 실천했더라도 다른 제후나 백성들에게 자신의 이미지가 전달되고 형성되지 않으면 소용없다. 그런데 삼국지를 보면 주요 인물들의 이미지가 백성에게 뚜렷이 각인되었다.

이들이 서로 경쟁한 기간을 따져보면 겨우 20년 남짓이다. 신문

이나 텔레비전도 없던 시절에 어떻게 이들의 이미지가 그 넓은 중
국 대륙에 퍼져나가고, 개인별로 뚜렷하게 차별화되어 형성됐을까?

정보전달 수단

삼국시대의 정보전달 수단은 공식적인 통로와 비공식적인 통로
가 있었다. 공식적인 통로란 중앙정부와 제후 또는 제후와 제후들
사이에 지휘명령을 내려보내고, 상황을 보고하는 방법을 말한다. 비
공식적인 수단은 정부나 군사명령이 아니라 군대, 백성, 상인, 첩자
를 통해 이루어지는 정보전달 방법이다. 여기에는 문자와 언어의 두
가지 경우로 구분할 수 있다.

① 방과 격문

문자를 이용한 것으로는 '방榜'과 '격문檄文'을 들 수 있는데, 이
는 전령을 통해 각처로 명령과 명령서를 전달하는 방법이다.

삼국지에서 방은 소설 초반부에 나타난다. 유비, 장비, 관우가 탁
현에서 황건적을 물리치기 위해 의병을 모으는 방을 보고 나라의
장래를 걱정하며 도원결의하는 장면이다. 이와 같은 방은 벽에 걸어
놓는 글이기 때문에 중요한 사항을 간단히 적시했다. 한편 제후들
사이에 전투가 끝나면 백성들의 마음을 달래기 위해 방을 붙이곤
했다.

격문은 조조와 함께 나타난다. 그는 동탁을 암살하려다 실패한
뒤 각처의 군웅들에게 토벌군을 일으키자는 격문을 보냈다. 이와 같
은 격문은 정해진 사람에게만 전달되는 선동조의 글로, 그 범위가
그리 넓지 않았다.

방, 격문과는 달리 전령을 통해 직접 정보를 전달하는 방법도 자주 쓰였다. 조조는 동탁에게서 도망치다 중모현의 현령 진궁에게 사로잡혔는데, 신기한 것은 말을 타고 도망간 조조보다 그에 대한 체포령이 먼저 도착했다는 점이다. 이것으로 조조가 남의 이목을 피해 달리느라 시간이 지체되었다고 하더라도 당시에 이미 상당히 빠른 명령전달 체계가 갖추어져 있었음을 알 수 있다.

그런데 명령전달의 속도는 상황에 따라 달라졌다. 조조에게 의탁하던 관우가 오관육참을 하면서까지 유비를 찾아나설 때 조조측의 대응은 항상 조금씩 늦었다.

동탁 시절에 운용되었던 정보전달 체계가 붕괴된 것인지, 아니면 조조가 의도적으로 명령을 늦게 내렸던 것인지 알 수 없다. 아무튼 관우를 살려보내라는 조조의 명령은 조금씩 늦었다. 이는 아마도 조조의 이미지 구축 전략과 관련이 있어 보인다.

② 구전

구전口傳은 곧 소문을 뜻한다. 소문은 사실을 축소 또는 과장시키며, 옮긴이의 의도에 따라 수없이 각색되고 변조된다. 소문은 수많은 사람들의 입을 거치는 동안 그 시대 백성의 일반적 평가 기준에 적합한 방향으로 왜곡되는 경향이 많다. 사람은 이미 자기가 알고 있는 사실과 일치시키는 방향으로 주어진 정보를 첨삭하기 때문이다.

삼국지에서 군웅들의 이미지는 주로 이와 같은 소문에 의해 형성되었던 것 같다. 군웅들의 이미지가 제후들뿐만 아니라 백성들에게도 분명하게 형성되어 있었기 때문이다.

노쇠한 서주태수 도겸이 세 번이나 유비에게 서주를 맡기려다 거

절당하고 숨을 거두자 서주의 수많은 백성들이 몰려와 유비를 청했
다. 이는 서주의 백성들 사이에 유비의 '인의겸양'이 널리 퍼져 있었
음을 증명하는 대목이다.

또 원술을 공격하다 여포에게 서주성을 빼앗기고 조조에게 쫓길
때 유비는 유안이라는 사냥꾼의 집에 묵었다. 이때 유안은 귀인에게
대접할 만한 음식이 없음을 알고 자기 아내의 살을 베어내 이리 고
기라고 속여 진상했다. 궁핍한 시골의 사냥꾼들도 유비에 대해 알고
있었던 것이다.

③ 구전의 주체

소문을 유포시키던 주체는 제후, 장수, 군사, 첩자, 상인이었다. 그
중에서 가장 큰 구전 효과를 가졌던 집단은 군사였다.

삼국시대의 군사는 정규군과 임시군으로 나눌 수 있다. 정규군은
직업군인을 가리키고, 임시군은 전쟁할 때 임시로 모병해 만든 군대
였다.

군웅들의 이미지를 백성에게 전달하는 데 가장 중요한 역할을 한
집단이 임시군으로 모집되었다가 전쟁이 끝난 후 고향으로 돌아간
사람들이었다. 소집에서 해제되어 곧바로 생업에 복귀한 이들은 자
신들이 목도한 군웅들의 이야기를 입에서 입으로 전파했다.

세작細作, 즉 간첩의 역할은 군웅의 이미지 구축에 커다란 영향을
끼쳤다. 여러 군웅들은 경쟁자측에 세작을 파견해 정보를 입수했고,
유언비어를 퍼뜨렸다. 이런 활동은 전시에 빼놓을 수 없는 작전의
일환이기도 했다.

공명에게 패배한 사마의는 대세가 불리함을 깨닫고 세작을 촉에

파견해 장차 공명이 모반을 꾸밀 것이라는 유언비어를 퍼뜨렸다. 이에 유비를 이은 유선이 속아넘어가 공명을 소환해 촉군은 일을 그르쳤다.

또 적벽대전이 벌어지기 전, 방통이 조조에게 연환계를 제공했음을 파악한 서서가 적벽에서 몸을 피하기 위해 서량의 마초와 한수의 움직임을 들먹인 것도 세작을 통해 소문을 퍼뜨렸기 때문에 성공할 수 있었다.

상인의 역할도 만만찮았다. 삼국지에서는 상인의 활약상을 직접 그린 장면이 보이지 않는다. 하지만 상인은 전쟁 중에도 끊임없이 양쪽 진영을 넘나들 수 있는 존재였다.

관우가 지키던 형주의 봉화대를 점령한 것은 상인으로 변장한 오나라의 특공대들이었다. 이런 상황으로 볼 때 상인의 정보전달은 결정적인 계기로 작용하지 않았을지라도 군웅들의 이미지 형성에 영향을 주었을 것으로 파악된다.

차별화된 이미지를 가능케 한 조건

삼국지에서 군웅들의 이미지가 백성들에게도 선명하게 형성될 수 있었던 조건은 대략 두 가지다.

첫째, 각 지역의 군웅들간에 전투가 계속 벌어졌다.

둘째, 전쟁에 참여했던 사람들을 통한 증언 효과였다.

① 빈번한 전쟁

빈번한 전투가 이어졌다는 사실은 두 가지 의미에서 이미지 구축에 결정적인 역할을 한 것으로 분석된다. 빈번한 전쟁은 정보의 빠른 확산을 가져오는 매개체였고, 전쟁이라는 극한 상황은 복잡한 사건을 극도로 단순화시켜 사건이나 인물의 특징만 전달하게 하는 배경이 됐다.

제후들끼리의 전쟁은 각자의 근거지에서 군사를 일으켜 다른 제후의 근거지를 공격하거나, 천자가 있는 낙양이나 장안에 있는 역적을 토벌하는 방식이었으므로 군사들의 지역간 이동이 빈번했다. 동탁을 토벌하기 위해 18로 제후군이 동원되었고, 조조군도 이 전투에 참여했다. 또 전쟁에서 패한 제후의 군사들은 승리한 제후의 군대에 편입되어 다른 지방으로 이동했다. 전쟁터를 피해 이동하는 백성들도 정보확산의 통로였다.

전쟁은 군·관·민이 총동원되어 치르는 복잡한 사건이므로 방이나 격문, 구전만으로는 전체적인 실상을 제대로 전달하는 데 한계가 있다. 그러므로 전쟁은 극히 단순화시킨 몇 개의 상징으로 압축되어 전파될 수밖에 없다. 특히 실전에서 싸운 군사들은 전쟁의 전모를 파악할 수 있는 위치가 아니므로 더욱 그러하다.

군사들이 고향으로 돌아가 전달하는 전쟁 상황이나 군웅 개개인의 특성이란 정밀하기보다 단순하고 과장된 내용일 가능성이 크다. 따라서 이들이 쉽게 받아들일 수 있는 이미지를 구축하는 것이 더욱 효과적일 수 있다.

또한 복잡한 전쟁을 단순화·상징화하는 과정에서 기존의 이미지는 큰 영향을 미친다. 전시에는 기존의 이미지를 변화시키는 경우보다 이미 형성된 이미지를 강화하려는 경우가 더 많다.

따라서 삼국지에 등장하는 군웅들의 이미지는 등장 초기에 어떻게 묘사되느냐가 각각의 이미지 구성에 결정적인 영향을 미친다. 물론 삼국지는 군웅들의 이미지를 차별화하는 데 성공한 작품이기 때문에 등장할 때부터 이미지의 기본 골격이 잡혀 있지만, 독자가 삼국지를 읽는 동안에도 그러한 이미지를 수정하기보다 강화시키는 경향이 짙다. 삼국지 자체도 사건의 전모보다는 인물의 이미지를 단순화해 구축하는 데 효율적인 방법으로 구성되어 있다.

이미지 구축에 직접 연결되는 정보와 상징을 생산해 전달하는 전쟁이라는 상황을 고려할 때, 삼국지의 이미지 구조에서 여섯 가지 속성을 모두 추구하는 경우는 정보전달과 상징화가 제대로 되지 않았을 가능성이 크다.

이러한 경우를 대표하는 인물들 중 한 명이 원소였다. 개인의 실질적인 장단점에 대한 평가와 별도로 원소는 천하쟁패의 시작선상에서 다른 군웅들보다 여섯 가지 속성 전반에 걸쳐 유리한 위치에 있었다. 자신의 장점을 발판으로 원소는 그 중에서 어느 하나를 택해 강화하기보다 여섯 가지 속성 전체에서 우위를 유지하려는 전략을 택했다.

그러나 혼란기에는 단순한 이미지일수록 강렬하게 전파되는 점을 감안한다면, 원소의 이미지 전략은 경쟁자들의 전략에 비해 매우 비효율적이었다. 더구나 낙양에 근거를 둔 명문가의 후예이면서 하북의 4개 주를 기반으로 천하를 노렸기 때문에 그의 이미지는 전국으로 확산되는 데 한계가 있었다.

② 살아서 돌아온 군사들의 증언 효과

전장에서 생환한 사람의 입을 통해 전달되는 이야기는 증언 testimonial으로서 강력한 설득 효과를 지닌다. 때문에 증언은 이미지를 구축하는 데 강력한 영향력을 발휘한다.

　그들이 전달하는 정보는 단순화·상징화되어 왜곡되거나 과장되었지만, 그것이 증언의 형태로 제시되기 때문에 전쟁에 참여하지 않던 사람들에게 설득 효과가 매우 컸다. 더구나 생사고락을 함께 했던 군사들 사이에 형성된 상징은 고향으로 돌아오는 길에 하나의 합의로 공고해지기 때문에 설득 효과는 더욱 높아질 수밖에 없다. 따라서 경험자 사이에 합의된 증언 형태로 전달되는 정보는 군웅들의 이미지를 형성하는 데 중요한 역할을 한다.

이미지 변화로 본 삼국의 정립 5

삼국지의 이미지 구조는 천시, 지리, 인의라는 핵심적 속성과 장수, 군사, 전략이라는 부수적 속성으로 구성된다.

야심만만했던 주인공들의 궁극적인 지향점은 이미지 구조를 형성하는 각 속성에서 최상의 위치를 차지하는 것이다. 형식적으로 이미지 구조상 최고의 위치를 차지하는 인물은 천자다. 천자는 천시와 지리, 인의로 구성되는 핵심 속성에서 최상에 위치하고 국가 내의 모든 장수와 군사, 전략가들을 포용하기 때문이다.

하지만 삼국지의 천자는 이미지 구조에서 최고의 위치를 차지하지 못하고 이름뿐인 존재로 추락했다. 그 결과 각지의 군웅들은 천자가 비워놓은 최상의 위치를 차지하려고 치열하게 경쟁했다.

군웅들은 완벽한 천자의 이미지를 자신에게 부여하기 위해 싸웠지만 대부분 실패로 끝났다. 살아남은 자와 죽은 자의 이미지는 성공과 패배의 이미지로 깨끗이 판가름나고 말았다.

삼국지에서 성공한 자와 실패한 자는 무수히 많다. 성공한 자의 대표적 인물로는 조조·유비·손권을, 실패한 자의 대표로는 원소를 꼽을 수 있다. 조조, 유비, 손권 등은 출발 초기에는 이미지 구조의 각 속성에서 다른 군웅에 비해 결코 유리한 위치에 있지 못했다. 반면 원소는 누대에 걸친 명문가 출신이라는 점에서 초기에는 이미지 구조의 각 속성상 다른 군웅들을 압도하는 위치에 있었다. 그런데도 결과는 반대로 나타났다.

삼국지의 시기를 7단계로 구분해 조조, 유비, 손권(손견), 원소의 이미지 변화를 살펴보면 성공한 이미지 전략과 실패한 이미지 전략의 특성을 파악할 수 있다.

조조는 이미지의 핵심적 속성에서 천시를 가장 우선시했다. 조조가 중요하게 생각한 핵심 속성은 '천시>지리>인의'의 순서였다. 유비는 '인의>천시>지리'의 순서로, 손권은 '지리>인의>천시'의 순서로 자신의 이미지 전략을 추구했다. 따라서 이들의 관계에서 유비는 조조나 손권 모두와 동맹을 맺을 수 있는 위치였으나, 조조와 손권은 지리를 추구하는 측면 때문에 동맹을 맺는 데 어려움이 많았다.

유비가 인의를 가장 먼저 추구한 까닭은 천시와 지리가 주어지지 않았기 때문이다. 그리고 그는 지리보다 천시를 먼저 추구했다. 이러한 사실은 힘들여 얻은 땅을 버릴지언정 대의명분을 잃지 않으려 했던 장면, 조조와 함께 허도로 가서 천자를 만나 황숙임을 공인받음으로써 한 시대를 움직일 인걸의 위치를 차지했던 장면에서 잘 드러난다. 또 항상 도탄에 빠진 백성을 구하고, 기울어가는 한실을 바로 세운다는 주장을 되풀이했던 것도 인의를 바탕으로 천시를 추구하는 유비의 이미지 전략을 대변한다.

　손권이 지리를 먼저 추구한 것은 아버지와 형에게서 가업을 물려받은 제후였기 때문이다. 그로서는 물려받은 강토를 보전하는 것이 급선무였고, 이를 위해서는 내부적으로 인의가 바탕이 되어야 했다. 어느 정도 안정된 지리를 확보했던 손권이 천시를 추구했을 경우에는 한나라와 자신의 관계를 다시 정리해야 하는 어려움이 있었기 때문에 천시를 지리나 인의 앞에 둘 수 없었다.

조조 · 유비 · 손권 · 원소의 이미지 변화

황건적의 난, 그리고 영웅들의 이름 알리기

　－천시를 추구하는 조조와 원소, 인의의 기회를 엿보는 유비, 지리를 얻으려는 손견

　168년, 후한의 영제가 즉위했다. 당시 한나라 조정은 환제 시절부터 발호한 환관들의 횡포로 혼란스러웠다. 이는 천시를 가진 황제의 어리석음 탓이었으니, 자연 지리와 인의가 떠나갈 수밖에 없었다. 충신들은 벼슬을 버리고 낙향했으며, 백성들도 살길을 찾아 뿔뿔이 흩어졌다. 나라 안팎의 이러한 상황과 정비례해 환관들의 세력은 커져가고 나라는 날로 피폐해져갔다.

　4백 년을 이어온 한나라가 이렇듯 무너질 조짐을 보이자 지방에서 나름대로의 세력을 형성해온 군웅들은 바야흐로 천하제패의 꿈을 꾸기 시작했다. 아직은 미약하나마 천시가 머물러 있는 천자에게 충성하는 척하면서 스스로 주공이 되어, 장수와 군사를 모아 암암리

에 힘을 길렀다.

조조와 원소는 우선 천시를 얻기 위해 권력의 핵심인 낙양 근처를 맴돌았다. 손견은 지방에서 서서히 지리를 취하면서 중앙을 모색했고, 유비는 중앙에서 멀리 떨어진 유주의 작은 고을 탁현에서 황제가 되겠다는 꿈을 꾸고 있었다.

그런데 조조와 원소는 출신 성분부터 확연히 달랐다. 본래 하후씨였던 조조의 집안은 아버지인 하후숭이 환관 조등의 양자로 들어갔기 때문에 조씨 성을 갖게 되었다. 이런 까닭에 그는 돈으로 낙양의 벼슬을 얻었지만, 원소는 명문세가를 배경으로 손쉽게 복양의 장을 지냈다.

이런 까닭에 조조는 원칙에 충실하여 가문의 굴레에서 벗어남은 물론 어지러운 세상에 자신의 강렬한 이미지를 선보였다. 이에 비해 원소는 후덕함으로 백성들의 마음을 사로잡고, 이름이 알려지자 자리를 내놓고 낙양으로 돌아와 유력자들과 어울리면서 남들과 차원이 다른 인물로 커갔다.

황건적의 세력이 확산되면서 지방군만으로 막을 수 없게 되자 조정에서는 직업군인인 중앙군으로 토벌군을 편성해 출동시켰으며, 각 지방 관리들에게 방어책을 수립하라고 명령했다. 당시 지방의 관군은 수적으로나 질적으로 빈약하기 짝이 없었으므로, 유주의 자사 같은 인물은 방을 걸어 관군과 함께 황건적을 토벌할 의병을 모았다.

이러한 사태는 탁현의 촌락에서 웅크리고 있던 유비가 몸을 일으킬 수 있는 계기가 되었다. 유비는 중산정왕의 후예였는데, 실상은 그와 같은 혈통을 가진 사람은 부지기수였다. 하지만 유비가 그들과 다른 점은 혼란을 기회로 여겨 곧바로 행동했다는 것이다. 즉 유비의 성공은 그 자신의 남다른 시각에서 비롯되었다.

이는 의형제인 관우와 장비도 마찬가지였다. 이들은 황건적의 난을 토벌하는 의병대장이라는 이름으로 뭉쳤다. 게다가 좀더 폼을 잡기 위해 결의형제까지 맺었다. 별볼일없던 사람들이니 뭉쳐야 그나마 행세할 수 있을 게 아닌가. 만약 세 사람이 단순한 의협심으로 의병을 모았다면 유주와 청주의 황건적을 무찌른 다음 고향으로 돌아가 생업을 계속했을 것이다. 하지만 그들은 유비의 스승이자 당시 중랑장이던 노식을 찾아갔다. 이는 그들의 야심이 좀더 높은 데 있었음을 보여준다.

그때 노식의 휘하에는 조조와 손견도 소속되어 있었다. 낙양에서 유유자적하던 원소 역시 늦게나마 토벌군에 합류해 참모로 활동했다.

조조, 손견, 원소, 유비는 황건적 토벌에 나서면서도 각기 다른 이미지 전략을 펼친다. 조조는 자신이 뛰어난 장수라는 것을 알리고자 했다. 그리고 손견은 중앙에 용명을 드날리는 것으로, 유비는 세상에 이름을 알리는 계기로 삼았다.

유비로서는 이 기회에 중앙의 군웅들과 교류의 물꼬를 튼 것만으로도 대성공이었다. 이에 비해 원소는 이미 명망 높은 가문의 후예였고, 황건적 토벌로 얻으려는 개인적인 목표가 모호했기 때문에 별다른 소득이 없었다. 하지만 조조는 달랐다. 그는 환관의 후예라는 자신의 이미지를 바꿀 필요가 있었으므로 매우 색다른 방법을 구사했다. 자신이 이끄는 군대의 의복과 깃발을 모두 붉은색으로 통일해 누가 봐도 전장을 누비는 붉은 군대의 주인이 조조라는 이미지를 사람들에게 각인시켰다.

이는 강렬한 색깔을 이용해 이미지를 강화하려는 전략이었지만, 만약 싸움에서 진다면 이미지는 여지없이 추락할 수도 있었다. 하지만 조조는 유랑민이나 도적 무리로 이루어진 황건적에게 잘 훈련된 중앙군이 패배할 수 없다는 점을 간파했다. 과연 조조의 예측대로 전장에서 붉은색의 조조군은 황건적을 압도했고, 장수로서의 조조를 단연 부각시키는 계기가 되었다. 이 효과는 훗날 그가 연주와 청주를 얻는 데 큰 영향력을 발휘했다.

손견은 자신이 일개 지방의 장수가 아니라는 점을 부각시키고자 했다. 그는 자신이 직접 조련했던 정예병 1천 명을 이끌고 선봉장으로 나섰다. 그의 내심은 조조와 전혀 딴판이었다. 손견은 지방에서 자신의 세력을 확장하면서 서서히 중앙으로 진출하려는 속셈이었다. 그러려면 천하에 손견의 군대가 얼마나 강한지를 보여줘야 했다.

조조나 원소, 손견에 비해 유비의 시작은 초라하기 그지없었다. 하지만 그는 조급해하지 않았다. 어차피 자신에게는 아무것도 준비된 게 없었다. 다행히도 그에게는 관우와 장비라는 용장이 있었기에, 황건적 토벌 때 중앙에 자신의 이름을 알리는 데는 아무런 장애가 없었다. 한편 공적을 탐하는 세태에서 무조건 겸손하며 공적에 초연하면 자연스럽게 타인들과 차별화될 수 있었다. 유비의 심중을 알고 있던 스승 노식은 그를 휘하에 두지 않고 주전에게 보냈다. 제자의 이름을 더 많은 사람들에게 알리기 위한 배려였다.

결국 황건적의 난을 토벌한 뒤 조조는 붉은색의 이미지 효과로

황건적 진압 후 원소, 조조, 유비, 손견의 이미지 구조

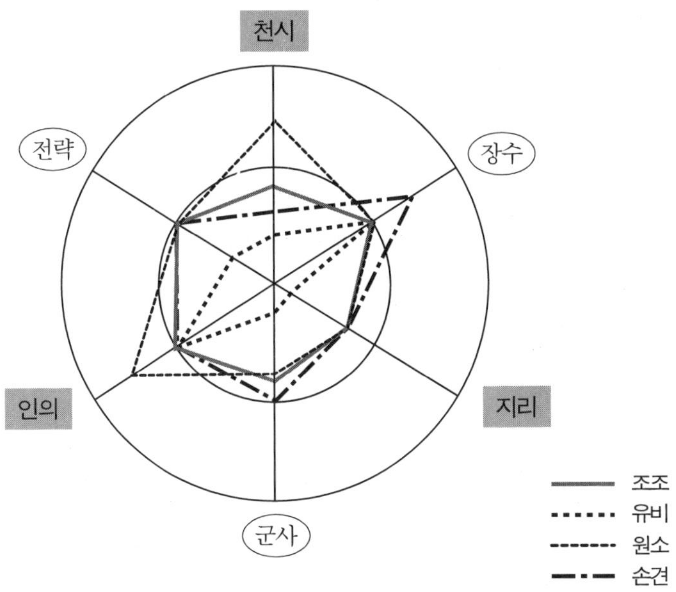

- 조조, 원소, 손견의 이미지는 큰 차이가 없는 상태에서 출발했다.
- 유비가 가장 불리했고, 그 다음은 조조가 불리했다. 가장 유리한 인물은 원소로 핵심적 속성인 천시와 인의에서 경쟁자보다 앞섰다.
- 손견은 부수적 속성인 장수와 군사에서 경쟁자보다 유리했지만 핵심적 속성에서 앞선 원소를 이길 수는 없었다.
- 조조는 원소나 손견에 비해 두드러진 이미지를 갖지 못했고,
- 유비는 이미지라고 할 수 있는 것이 없었다. 다만 인의를 이미지 목표로 삼은 정도였고, 관우와 장비의 도움으로 장수에서 경쟁자와 비슷한 수준을 유지할 수 있었다.

- 비슷하게 출발한 이들의 이미지는 전략에 따라 크게 바뀌게 된다.

자신의 이름을 드날렸고, 손견은 1천 명의 정예부대로 용장의 이름을 확고하게 다졌다. 또 유비는 중앙과 지방에 자신의 이름을 알리고, 겸손하며 탐내지 않는 사람이란 인상을 심어주었다.

이와 같은 여러 경쟁자들의 실속에 비해 원소는 얻은 게 별로 없었다. 조조, 손견, 유비 등이 나아간 만큼 제자리에 머물러 있었으므로 상대적으로는 손해를 본 셈이었지만, 여전히 원소는 가장 유리한 상황에 놓여 있었다. 그러나 군웅들의 천하쟁패에 대한 야심은 그때까지도 물밑에서만 움직이고 있을 뿐이었다.

동탁의 집권과 패망

―조조, 원소, 손견은 기반을 닦고, 유비는 이름을 알리는 데 힘쓴다

영제가 죽은 뒤 조정이 혼란한 틈을 타 서량의 군벌인 동탁이 피신 중인 소제를 앞세우고 입성해 재빨리 실권을 장악했다. 드디어 무력으로 천자를 억압하는 인물이 등장한 것이다. 이때부터 천하쟁패를 노리는 군웅들은 동탁 토벌을 부르짖으며 군사를 일으키니, 한나라는 통일제국으로서의 위치를 상실했다고 봐도 무방하다.

이 모든 것은 사실 영제의 착각에서 비롯됐다. 그는 십상시가 정사를 좌지우지하는데도 여전히 천자의 힘이 널리 미치는 것으로 오판했다. 영제가 죽은 뒤 등극한 소제는 나이가 너무 어렸으므로 모친 하 황후의 오빠인 대장군 하진이 실권을 잡았다. 하진은 십상시를 타도하려 했지만 하 황후의 비호로 뜻을 이루지 못한 채 십상시에게 죽음을 당했다.

이에 분노한 원소와 조조 등의 장수들이 들고일어나 십상시를 제거했다. 당시의 사태가 어찌나 어지러웠던지 천자가 황궁을 떠나 피

신할 정도였다. 일찍이 하진의 명으로 군사를 이끌고 낙양성 외곽의 백마사에 주둔하며 성내의 동향을 살피던 동탁은 우연히 천자 일행을 만나 함께 입성하는 데 성공했다.

그는 소제를 폐위시키고 아홉 살에 불과한 진류왕을 황제로 옹립했으니, 그가 바로 한나라의 마지막 황제인 헌제였다.

황제를 바꾸고 명실공히 최고의 실권자가 된 동탁은 태위를 거쳐 상국에 오르면서 무소불위의 권력을 휘두르기 시작했다. 그러자 위급함을 느낀 원소는 황급히 기주로 피신했고, 궐내에 머물던 조조는 동탁을 암살하려다 실패하고 달아났다. 그후 두 사람은 반동탁의 기치를 높이 세우고 연합전선을 구축하기에 이르렀다.

이로써 원소, 공손찬, 유표, 손견, 원술 등 18로의 군마가 모두 모였으니, 그 기세가 하늘을 찌를 듯했다. 이때 유비 역시 공손찬의 부대에 합류해 있었다. 이들은 연합군의 총대장으로 명망 높았던 원소를 뽑은 다음 본격적인 전투에 돌입했다. 하지만 동탁에게는 여포라는 탁월한 장수가 있었을 뿐만 아니라 제후들끼리도 저마다 생각이 달랐으므로 싸움은 지지부진하게 전개되었다.

이에 동탁은 심복인 이유의 건의를 받아들여 수백 년 동안 도읍이었던 낙양을 버리고 장안으로 천도를 감행했다. 그는 여포에게 명해 역대 황제들의 묘역을 파헤쳐 보물을 거두고, 낙양성은 물론 장안으로 향하는 모든 마을을 불살라버렸다. 이른바 초토화작전이었다. 이와 함께 연합군 내부에서도 분열이 일어나 동탁 토벌은 흐지부지되고 말았다.

이렇듯 극적인 방법으로 위기를 모면한 동탁은 스스로 태사에 오르며 조정을 완전히 장악한 다음 잔학무도한 정치를 계속했으며, 장안성 외곽에 황궁과 다를 바 없는 미오성을 짓고 환락을 만끽했다. 이미 헌제는 허수아비로 전락한 지 오래였다.

하지만 나라의 운명을 안타까워하던 사도 왕윤이 수양딸인 초선을 이용해 교묘하게 동탁과 여포 사이를 벌려놓았다. 결국 왕윤의 미인계에 넘어간 정원에 이어 여포는 또다시 양부인 동탁을 죽여 삼국지 내내 부끄러운 이름으로 남게 됐다.

졸지에 동탁이란 무소불위의 존재가 사라졌지만 기반이 없는 조정은 자립할 수 없었다. 여포 또한 그 권력을 유지할 세력이 없었다. 때맞춰 동탁의 수하인 이각과 곽사가 미오성에서 군대를 몰고 와 압박하자 여포는 어쩔 수 없이 도망쳐 원술에게 몸을 의탁했다.

왕윤의 계략은 기막히게 성공을 거둔 듯하지만 사태는 전혀 다른 방향으로 전개되었다. 호랑이가 사라지니 이리가 나타나는 격으로, 엉겁결에 권력을 쥔 이각과 곽사는 과거 동탁보다 더한 행패를 부렸다. 이에 조정은 더욱 피폐해지고 백성들은 혹독한 압제에 시달렸다.

이런 가운데 각지로 흩어진 군웅들은 저마다 천하쟁패의 꿈을 꾸며 세력을 강화하고 있었다. 조조는 연주 일대를 토대로 청주를 수중에 넣은 뒤 20만 명에 달하는 청주군을 양성했다. 원소는 기주를 손에 넣고 공손찬을 노렸으며, 장사태수 손견은 착실히 땅을 넓혀갔다.

평원현령으로 있던 유비는 조조가 부친의 원한을 빌미로 서주를 치자 태수인 도겸을 도와주었다. 이 인연으로 도겸은 유비에게 서주를 물려주려 했지만 인의를 중시한 유비는 계속 거절하다가 신하들과 백성들의 간청으로 못 이기는 척하고 서주를 접수했다. 그런데 당시 연주에 있던 여포가 조조에게 패하고 서주에 몸을 의탁하자

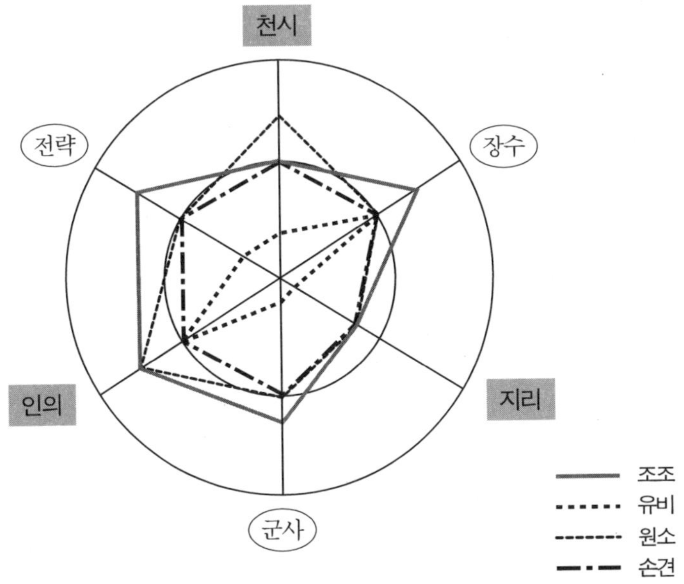

- 동탁이 패망하는 과정에서 이미지의 이익을 가장 크게 본 사람은 조조이다. 소설에는 이 시기에 조조가 여백사 가족을 죽인 것을 이유로 조조의 인의를 낮게 평가하지만, 동탁 토벌군 발족을 제기하고 속도를 앞세운 공격, 고향에서 장수들을 규합하는 등 조조는 이 시기에 경쟁자 중에서 가장 괄목할 만한 이미지의 성공을 거두었다.
- 조조에 비해 원소의 이미지는 이 시기에 큰 변화를 보이지 못했고, 그것이 나중에 조조가 천자를 옹위하게 된 큰 원인이 된다.
- 손견은 양자강 유역의 군벌로서 세력을 확장했지만, 이미지의 변화를 가져올 정도의 성공은 아니었다.
- 유비는 여전히 아무것도 없는 상태로 머물러 있었다.

유비는 제장들의 반대를 물리치고 그에게 소패성에 머물러도 좋다고 허락했다.

원술은 수춘성에 자리를 잡고 세력을 확장하고 있었으며, 형주의 유표는 양자강 중류의 패권을 놓고 손견과 충돌했다. 이 싸움에서 손견이 불의의 일격을 당하고 숨을 거두자 그의 아들 손책은 원술에게 귀의해 권토중래를 꿈꾸고 있었다.

이렇듯 무법자 동탁이 죽고 난 뒤 각처의 군웅들은 대권을 향한 직접적인 경쟁에 돌입했다.

허도 천도 후의 이미지

−조조, 드디어 천시를 잡다

얼떨결에 권력을 잡은 이각과 곽사는 정사를 돌볼 만한 능력조차 없는 일개 무장에 불과했다. 각자의 이권을 챙기기에 급급하면서 금세 두 사람 사이가 벌어졌다. 그 틈을 타 헌제는 몇몇 충신들의 도움으로 장안을 탈출한 다음 원래의 도읍지인 낙양으로 피신했지만 곧 발각되어 추격을 받게 됐다.

이때 헌제는 산동에 주둔하고 있던 조조에게 구원을 청했다. 호시탐탐 때를 노리고 있던 조조에게 천재일우의 기회가 도래한 것이었다. 당시 원소 역시 자신에게 천시가 가까웠음을 알고 있었지만 북쪽의 공손찬과 창끝을 마주하고 있었고, 부족한 지리를 확고히 하기 위해 천시를 잡는 것을 다음 기회로 미루었다.

천자의 교지가 떨어지자 조조는 책사인 순욱의 조언을 받아들여 지체없이 군사를 이끌고 낙양으로 달려갔다. 이때 조조에게는 수많은 책사들과 20만 명의 청주병이 있었다. 그는 우선 하후돈에게 정예병을 줘 신속히 낙양으로 이동, 헌제의 뒤를 쫓는 이각과 곽사의 군대를 물리쳤다. 그런 다음 조조는 본대를 이끌고 당당히 낙양에 입성했다.

당시 낙양은 동탁이 장안으로 천도하면서 폐허를 만든 상태였기에 조조는 황제를 설득해 도읍을 허창으로 옮겼다. 장안이나 낙양은 한나라 신하들의 근거지였으므로 동탁처럼 내부에서 공격받을 가능성이 높았다. 따라서 조조는 외부의 도발과 내부의 도전으로 비롯될 위험을 사전에 예방하는 차원에서 도읍을 옮긴 것이었다. 이미 아무런 힘도 없었던 헌제는 조조의 뜻을 따를 수밖에 없었다.

허창은 조조의 근거지인 연주, 청주와 가까우면서도 장안과 낙양 등 한나라의 중심부와 바로 연결되는 곳이었다. 천시를 가지고 있는 자는 다른 제후들의 공격 목표가 된다는 점을 잘 알고 있던 조조는 자신의 영역으로 천시의 중심을 이동시킨 것이었다.

실권을 장악한 조조는 권력 기반이 다져질 때까지 천자를 앞에 내세웠다. 그후 얼마 지나지 않아 자신의 체제가 안정되자 천명을 빙자해 다른 제후들에 대한 정벌작전에 돌입했다. 천시를 얻었으므로 다음 보물인 지리를 얻기 위한 움직임이었다.

우선 그는 중앙의 서남부를 차지하고 있던 유비와 원술의 싸움을 부추겼다. 조조는 유비에게 남양의 원술을 공격하게 했다. 고지식한 유비가 천자의 명을 받들어 관우와 함께 군사를 움직이자 조조는 원술에게 유비의 공격을 미리 알려주었다.

이때 소패성에 있던 여포는 서주성의 방비를 맡은 장비가 술에 취한 틈을 타 서주성을 빼앗은 다음 원술과 합세해 유비의 뒤를 공격했다. 당황한 유비가 광중으로 달아나자 원술은 여포에게 양미 5만 석, 말 1백 필, 금은 1만 냥을 주기로 약속하고 유비를 치도록 했다. 하지만 여포의 책사인 진궁이 유비와 함께 원소와 원술 형제를 공격해야 천하를 도모할 수 있다고 여포를 설득했다. 이에 여포는 유비에게 소패성을 내주며 회유했다.

그것은 객이 주인을 객사에 모시는 격으로, 참을 수 없는 모욕이었다. 하지만 유비는 흔쾌히 몸을 굽히고 소패성으로 들어간다. 하지만 얼마 지나지 않아 장비가 여포의 부하가 사오던 말 1백50필을 빼앗은 사건이 발단이 되어 여포는 유비에게 맹공을 펼쳤다. 견디다 못한 유비는 소패성을 버리고 조조에게로 도망쳤다.

이때 조조의 책사 순욱은 유비를 죽이라고 조조에게 간했고, 곽가는 곤궁하여 귀순한 사람을 죽이면 천하의 조소를 받을 것이라며 살려주라고 청했다. 이에 조조는 곽가의 의견을 받아들여 유비를 예주목에 봉하고 군사 3천 명과 양곡 1만 섬을 주었다.

한편 가족을 곡아로 피신시키고 원술에게 몸을 의탁한 채 호시탐탐 권토중래를 꿈꾸던 손책은 드디어 양주자사 유주에게 핍박받던 외숙 오경을 돕는다는 구실로 일찍이 부친이 낙양에서 얻은 전국옥새를 원술에게 건넨 뒤 군사 3천 명과 말 5백 필을 빌려 그의 그늘에서 빠져나왔다. 비로소 자유로워진 그는 의형제인 주유와 재회하고, 장소와 장굉을 얻은 뒤 유주를 공격해 승리를 거두었다.

원술은 옥새를 손에 넣자 천자라 자처하면서 손책에게 빌려준 군사를 내놓으라고 강요했다. 이에 화가 난 손책은 조조와 연합해 앞뒤에서 원술을 공격했다. 조조는 기마병과 보병 17만 명을 이끌고 유비와 여포를 끌어들여 원술을 압박했다. 그러나 원술의 군세도 만만치 않아 전쟁은 지리하게 진행되었다.

날이 갈수록 조조군의 군량미가 바닥을 드러내자 배를 곯은 군사들 사이에서 조조에 대한 원성이 불거지기 시작했다. 이래서는 도저히 싸움에서 이길 수 없다고 판단한 조조는 또 하나의 꾀를 생각해냈다.

그는 양곡을 관리하던 왕후에게 군사들에게 열 말씩 주기로 한 양식을 절반만 주라고 명령했다. 그뒤 군사들의 불평이 극에 다다르자 조조는 그동안 군량미를 도둑질했다는 누명을 씌워 왕후의 목을 베고 효수한 다음 얼마 남지 않은 군량을 군사들에게 공급했다. 이에 군사들은 조조에 대한 원망을 풀고 임전태세를 다졌다.

이튿날부터 조조가 병사들을 독려해 맹공격을 가하자 수춘성이 맥없이 떨어졌다. 원술은 회수를 건너 정신없이 도망치기에 바빴다. 조조가 그 뒤를 쫓으려 했으나 책사 순욱이 말리는 바람에 허도로 회군했다. 하지만 조조의 사후 처리는 주도면밀했다. 손책에게는 장강에서 움직여 형주의 유표가 망동하지 못하게 시켰고, 유비는 소패성에 진을 치고 여포와 형제의 의를 맺어 원술을 감시하게 했다.

그러던 어느 날, 여포의 책사인 진궁이 사냥을 나갔다가 유비가 조조에게 보내는 편지를 입수하게 되었는데, 조조가 도와주면 여포를 공격하겠다는 내용이 적혀 있었다. 이에 대노한 여포가 군사를 몰아 유비를 공격하니, 견디지 못한 유비는 소패를 버리고 허도로 도망치다가 마침 대군을 몰고 오는 조조와 합세했다.

드디어 조조와 유비는 거꾸로 여포군을 압박하며 연전연승을 거두었다. 여포는 여러 성을 잃고 하비성까지 쫓겨갔다.

곤경에 처해 있을 때는 외부의 공격보다 무서운 것이 내부의 분열이라고 했다. 여포도 예외가 아니었다. 어느 날 여포가 우연히 거울을 보다가 얼굴이 상한 것을 보고 반성하며 휘하 장병들에게 금주령을 내렸다. 그런데 부장인 후성이 도둑맞은 말 15필을 되찾은 기념으로 동료장수들과 함께 술을 마셨다. 이에 대노한 여포가 목을 베려 했지만 부하들이 말리자 태형 50대를 치게 했다.

그러자 후성은 그날 밤 여포의 애마인 적토마를 훔쳐 조조에게 투항하여 동료들이 성안에서 내응하기로 했다고 알렸다. 다음날 아침 조조군은 여포군이 숨돌릴 수 없을 만큼 맹공을 가했다. 한낮이 되어서야 조조군이 물러나자 지친 여포는 잠깐 눈을 붙였다. 이때 송헌과 위속이 재빨리 여포를 포박한 뒤 성문을 열고 조조에게 항복했다.

겁에 질린 여포는 조조에게 목숨을 구걸했다. 그러자 조조는 곁에 있던 유비에게 의견을 물었다. 이에 유비는 여포가 일찍이 양부였던 정원과 동탁을 죽인 일을 꺼내어 은근히 여포의 표리부동함을 지적했다. 이에 조조는 망설임 없이 여포의 목을 베어버렸다.

모든 일을 마치고 조조와 함께 허도로 돌아온 유비가 천자를 만나니, 헌제는 그가 중산정왕의 후손이며 족보상 숙질지간이 됨을 알고 크게 기뻐하며 좌장군 의성정후로 봉했다. 이에 사람들이 유비를 높여 유 황숙이라 칭송했다. 이런 갑작스런 움직임에 조조의 책사인 순욱이 걱정했지만, 조조는 여유만만할 뿐이었다.

그러던 어느 날 의대에 적힌 황제의 밀지를 받은 거기장군 동승이 유비를 찾아와 역적 조조를 제거하는 데 동참하라고 제안했다.

허도 천도 후 원소, 조조, 유비, 손견의 이미지 구조

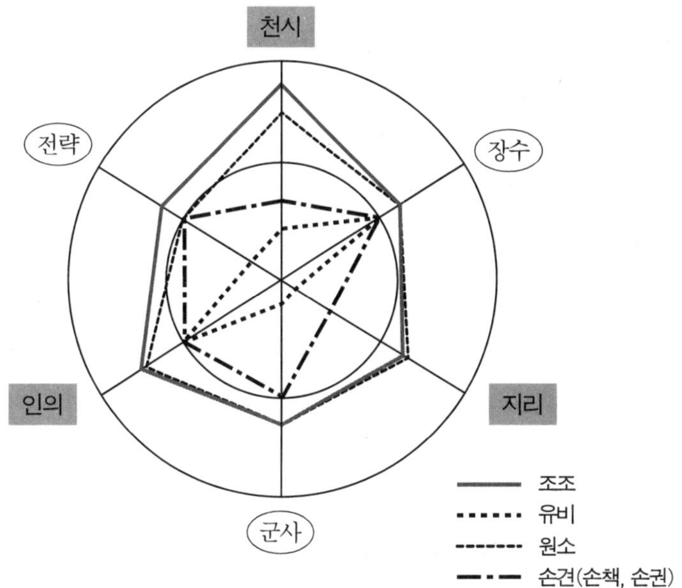

- 이각과 곽사의 패망 과정에서 가장 큰 이익을 본 사람은 조조다.
  조조는 천자를 옹위하면서 천시와 지리 그리고 인의 등 핵심적 속성 모두
  에서 큰 발전을 이루었다. 이 시점이 조조와 원소의 이미지가 역전되는 순
  간이다. 조조는 천시를 움켜쥘 시점을 노렸고, 원소는 자신에게 부족했던
  지리를 얻기 위해 황하 북쪽의 지방권력으로 전락하는 것을 마다하지 않
  았다.
- 원소는 자신이 천시와 인의에서 가장 유리하다고 믿었기 때문에 지리를
  얻는 데 치중했으나, 자신의 천시는 천자를 옹립하는 것과 비교되지 못하
  는 것임을 간과했다. 대세를 읽는 눈과 군사를 움직이는 전략에서 원소는
  조조에게 졌다.
- 유비는 여전히 큰 변화가 없다.
- 손견은 양자강 유역의 패권을 다투다가 죽었기 때문에 이미지가 그 전보
  다 불리해졌다. 손책과 손권은 불리한 상황에서 다시 기반을 닦아갔다.

유비는 그곳에 서명하면서도 동승에게 섣불리 거사했다가 일을 그르치지 말라고 충고했다.

조조의 견제를 눈치챈 유비는 의식적으로 자신을 방기했다. 후원에서 농사를 짓거나 말털로 모자를 만들며 세상일에 무관심한 듯 보이게 했다. 유비의 이러한 노력에도 불구하고 조조는 의심의 끈을 놓지 않고 있었다. 어느 날 조조는 잘 익은 매실주를 핑계로 유비를 자신의 후원으로 불러 심중을 떠보았다. 조조는 이 시대의 영웅은 자신과 유비밖에 없다고 했다.

그 말에 유비는 깜짝 놀라 젓가락을 떨어뜨렸다. 그런데 갑자기 천지간에 뇌성벽력이 울려퍼지니 유비는 안색이 새파래지고 사시나무 떨듯 몸을 떨었다. 이에 조조는 이런 소심한 유비를 너무 크게 생각했다며 희희낙락했다. 유비 역시 조조를 속이기 위해 극적인 연기를 펼쳐보이며 내심 하루빨리 허도를 탈출해야겠다고 마음먹었다.

다음날 조정에서는 공손찬이 원소에게 패하여 죽었으며, 원술이 흉년이 계속된 회남을 버리고 하북으로 간다는 소식이 들려왔다. 또 원소와 원술이 연합하면 하북을 쉽게 평정하기 어려울 것이니 속히 도모해야 한다며 유비가 원술을 공격하겠다고 했다.

이에 조조는 유비에게 선선히 군사 5만 명을 내주었다. 기회를 얻은 유비는 명을 받은 다음날 급히 군사들을 이끌고 허창을 벗어났다.

유비는 하북으로 이동 중이었던 원술의 대군을 급습해 엄청난 타격을 입힌 다음 허도로 돌아가지 않고 서주에 머물렀다.

관우 항복 후의 이미지

이때 원소가 30만 대군을 일으켜 조조를 치기 위해 여양으로 출발했다. 원소는 곽도의 의견에 따라 천자를 인질로 삼고 있는 역적 조조의 죄악을 낱낱이 적어 각주 각군으로 격문을 띄웠다.

그러자 조조는 깜짝 놀랐지만 금방 대응책을 마련했다. 그는 원소의 지략이 부족함을 알고 있었으므로 충분히 자신에게 승산이 있다고 여겼다. 원소의 군사가 대군이지만 훈련이 잘 되지 않은 오합지졸이고, 책사들이 많지만 서로 반목이 심하며, 장수인 안량과 문추는 용맹하지만 우둔하니 크게 걱정할 필요가 없다는 말이었다.

드디어 여양 땅에서 양군은 80리 밖에서 진을 치고 조우했다. 하지만 서로를 의식해 좀처럼 전투가 벌어지지 않자 조조는 다시 허도로 귀환해 양성의 장수張繡에게 유엽을 보내 회유했다. 과거에 조조는 장수를 공격했다가 미인계에 말려 크게 패한 적이 있었다. 그러나 조조는 예전의 조조가 아니었다. 장수는 책사인 가후와 함께 허도로 가 조조에게 항복했다.

장수의 항복을 받은 조조는 서주의 유비를 치고 싶었지만 서량태수 마등과 관도에 진을 치고 있는 원소가 걱정이었다. 이에 곽가는 원소는 의심이 많고, 부하들이 서로 투기하니 걱정할 것이 없다며 유비가 서주에서 중심을 잡기 전에 무찔러야 한다고 부추겼다.

조조는 곧바로 대군을 일으켜 다섯 갈래로 유비를 공격했다. 이에 유비가 원소에게 구원을 청하고, 책사인 전풍이 조조군을 궤멸시킬 기회라고 원소에게 진언했지만 원소는 아이가 아프다는 핑계로 섣불리 군대를 움직이지 않았다. 결국 조조군에게 대패한 유비는 입술을 깨물며 원소의 군막으로 피신할 수밖에 없었다.

유비군이 대패하고 홀로 떨어져 분전하던 관우는 작은 토산 위에서 군사를 정비해 조조군과 사생결단을 내려 했다. 그때 조조군의 장수인 장요가 토산으로 올라와 관우에게 투항을 권했다.

이에 관우는 조조가 세 가지 조건을 들어주면 항복하겠지만, 그렇지 않으면 싸우다 죽겠다고 말했다. 첫째, 조조에게 항복하는 것이 아니라 한나라 천자에게 항복하는 것이다. 둘째, 두 부인께 황숙의 봉록을 내리고 잡인들이 문 안에 들지 못하도록 할 것이며, 셋째는 조조의 은혜를 갚은 뒤 유비가 있는 곳을 알면 곧바로 떠나겠다는 조건이었다.

평소 관우를 흠모하던 조조는 무조건 승낙했다. 허도로 돌아간 뒤 관우에 대한 조조의 대접은 실로 극진했다. 하루도 쉬지 않고 주연을 베풀고 미녀 열 명을 보냈으며, 비단전포와 함께 여포가 타던 적토마를 하사하기까지 했다. 하지만 관우는 미녀들을 두 부인의 시녀로 보내고 비단전포 안에 낡은 옛 전포를 걸쳤으며, 조조가 보내온 선물에는 손도 대지 않았다. 다만 적토마를 받을 때만 그의 얼굴이 환해졌다.

이듬해 봄, 원소는 안량을 선봉으로 내세워 조조를 공격했다. 원소군이 움직이자 조조도 군사를 일으켜 백마에서 진을 쳤다. 하지만 안량의 무예가 너무나 막강해 대적하기가 힘들었다. 조조의 장수 중 송헌과 위속이 죽고, 맹장 서황조차 패해 도망칠 정도였다.

조조의 시름이 깊어지자 정욱이 관우를 추천했다. 드디어 조조의 은혜를 갚을 기회가 생긴 관우는 즉시 출전해 단칼에 안량의 목을 베었다.

한편 용장 안량을 잃은 원소는 문추를 내보내 복수를 꾀했다. 하지만 문추 역시 서황과 장요는 물리쳤으나 관우의 청룡언월도 앞에서 저승의 고혼이 되고 말았다. 이때 원소의 막사에 머물던 유비는

영 관우 항복 후 원소, 조조, 유비, 손책의 이미지 구조

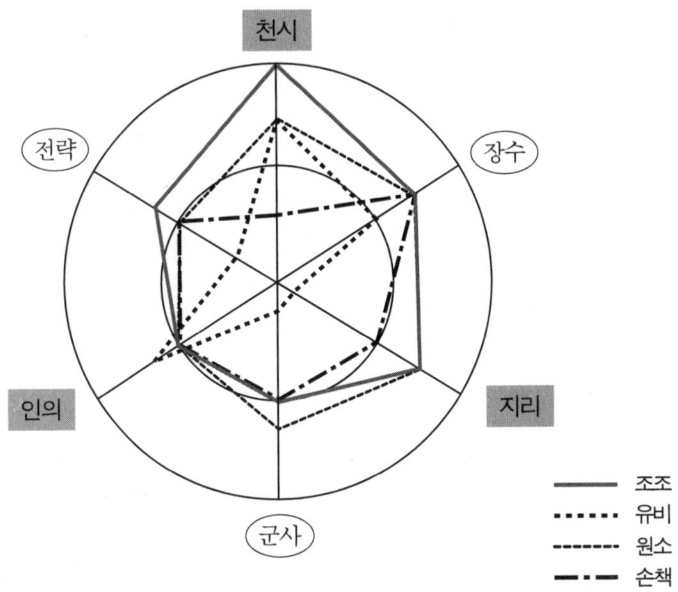

- 조조는 천자를 옹립한 후에 승상으로 천시에서 경쟁자를 압도하기 시작했다. 황하와 양자강을 경계로 하는 지리를 확보했다.
- 유비는 이 시기부터 본격적으로 천하를 다툴 인물로 등장한다. 황제의 숙부, 즉 황숙으로 인정받아 천시에서 원소와 비슷한 수준으로 성장한 것이다. 또한 중앙권력에 진출하여 자신의 어짐을 보여주어 인의를 목표로 하는 자신의 이미지 전략을 본격적으로 추구하는 기회를 갖게 된다.
- 원소는 공손찬을 멸하여 하북을 완전히 장악하여 지리를 확대했다.
- 손책은 원술에게 전국옥새를 주고 빌린 군사로 강동의 땅을 확보했고, 흩어진 장수를 규합하는 데 성공했다.

관우가 싸우는 모습을 보고 반가워했지만 아끼던 장수를 잃은 원소는 대노해 유비를 죽이라고 했다. 그러자 한 책사가 지금 군사를 물리고 유비에게 편지를 쓰게 해 관우를 우리편으로 끌어들이면 안량과 문추가 열 사람 있는 것보다 낫다고 진언했다.

그 말을 들은 원소는 마음을 돌려 철수를 단행했다. 가까스로 목숨을 건진 유비는 관우에게 편지를 보내 자신이 하북에 있다고 알렸다.

원소가 철수하자 조조도 더 이상 싸울 생각을 하지 않고 곧장 허도로 회군했다. 며칠 뒤 관우에게 유비의 밀서가 당도했다. 유비의 거처를 알게 된 관우의 행동은 단호했다.

그는 이미 낌새를 채고 자신을 회피하는 조조에게 하직편지를 보낸 뒤 두 부인을 데리고 길을 나섰다. 관우가 허도를 나섰다는 소식에 조조가 몹시 울적해하자 조조의 부하 장수들은 그동안의 은혜를 저버리고 냉정하게 돌아선 관우를 죽이라고 주청했다.

그런데 관우에 대한 애정이 지극했던 조조는 오히려 그의 앞길을 막는 장수가 있다면 큰 벌을 내리겠다고 선언했다. 그리고 경계심을 잔뜩 품은 관우에게 조조는 전포를 선물하며 석별의 정을 나누었다.

조조와 헤어진 관우는 이후 황하를 건너기까지 다섯 개의 관문을 통과하면서 앞길을 막는 위나라의 장수 여섯 명을 죽였다.

원소 패망 후의 이미지
─성공의 지름길이 패망의 대로였다

강동에 근거를 마련한 손책은 세력을 넓혀 여강과 예장을 얻은 다음 조정에 표를 올려 대사마 직위를 요청했지만 조조가 허락하지 않았다. 이에 앙심을 품은 손책은 허도를 공격할 뜻을 품었다. 이런 움직임을 조조에게 알리려던 오군태수 허공의 사자가 공교롭게도 장강에서 손책의 부하들에게 사로잡혔다. 밀고 내용을 알게 된 손책은 분노하며 허공을 죽이고 오군까지 취했다.

득의양양한 손책이 하루는 사냥을 나갔다가 주군의 복수를 하려는 허공의 식객 세 명에게 기습을 받았다. 뒤따라온 정보程普가 급히 구원했지만 손책은 치명상을 입은 다음이었다. 손책은 죽으면서 손권에게 후사를 물려준 다음 내부의 일은 장소, 외부의 일은 주유와 상의하라는 유지를 남겼다.

손권은 어린 나이로 오군의 자리에 올랐지만 당황하지 않고 장소와 주유의 조력을 받아 나라를 안정시켰다.

손권은 지리적 이점을 충분히 활용하려는 전략을 폈다. 그는 물산이 풍부한 강동을 굳게 움켜쥔 다음 황조와 유표를 공격해 장강 남쪽을 얻고 장차 이를 바탕으로 천하를 도모하려는 뜻을 품었다.

그는 또 원소와의 관계를 끊고 조조와 화친을 도모했다. 이에 손권과 함께 앞뒤에서 조조를 치려던 계획이 무산된 원소가 70만 대군을 일으켜 조조를 공격했다.

드디어 조조와 원소가 관도에서 대치했다. 이때 원소의 책사인 허유는 별동대를 만들어 텅 빈 허도를 치자고 제안했으나 원소는 조조와 동향인이라는 이유로 그를 내쫓아버렸다. 분개한 허유는 조조의 진영으로 찾아가 오소에 있는 원소군의 군량을 불살라버리자고 했다.

조조는 원소를 꺾을 수 있는 절호의 기회임을 간파하고 즉각 행동에 옮겼다. 그날 밤 원소의 군대로 위장한 조조군 5천여 명은 군량미가 쌓여 있는 오소로 잠입해 불을 질렀다. 갑작스런 화염에 놀라 오소의 수비대가 우왕좌왕하며 갈피를 못 잡았다. 이에 조조군이 총공격을 감행하니 원소의 대병력을 유지할 군량은 쌀 한 톨도 남지 않고 잿더미가 되고 말았다.

때가 이르렀음을 안 조조는 대군을 이끌고 총공격을 시작했다. 이미 사기가 떨어진 원소군은 지리멸렬 흩어졌다. 대승을 거둔 조조는 노획물을 장병들에게 골고루 분배했다. 또 허도의 신하들이 원소에게 보낸 밀서들을 발견했지만 모두 태우고 불문에 부쳤으니, 조조는 수하장병들의 신망을 한몸에 받게 되었다.

그러던 중 유비가 허도를 급습하려 한다는 보고가 들어왔다. 조조는 급히 조홍을 시켜 원소군을 막게 하고, 군대를 정비해 유비군의 앞길을 막아섰다.

유비는 관우, 장비, 조운 등과 함께 텅 빈 허도를 목표로 달려가다 양산에서 급히 달려온 조조군과 조우했다. 첫날은 먼길을 오느라 지친 조조군이 유비군에게 일격을 당했다. 하지만 조조는 희대의 전략가인지라, 며칠 동안 꼼짝하지 않고 수비만 하는 척하며 일부 병력을 우회시켜 유비군의 군량수송대를 포위했다. 또 하후돈을 시켜 유비의 근거지인 여남을 급습했다.

예상치 못한 상황에 당황한 유비는 야음을 틈타 철군하려 했지만, 주도면밀한 조조의 매복군에 의해 여지없이 궤멸되었다. 대패하고 돌아갈 곳이 없게 된 유비는 하릴없이 형주의 유표에게 가서 몸을 의탁하는 신세가 되었다.

이듬해 조조는 다시 군사를 일으켜 기주에 주둔하고 있는 원소군

원소 패망 후 조조, 유비, 손권의 이미지 구조

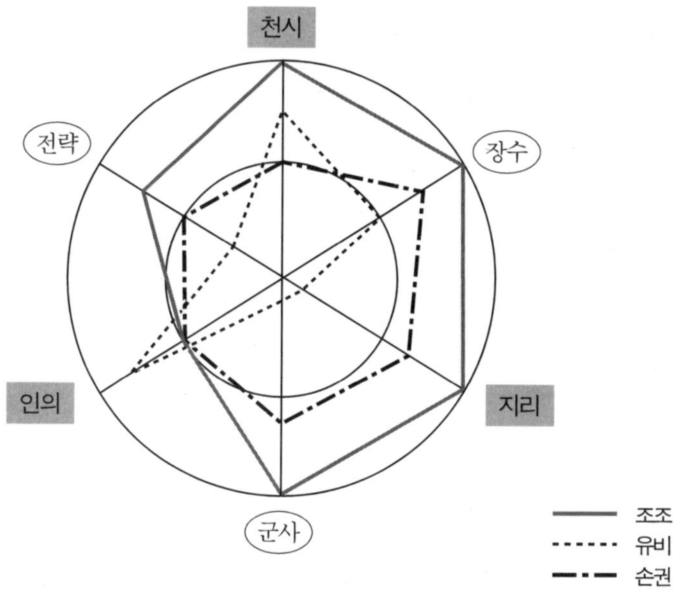

- 원소를 물리친 조조에게 대항할 인물이 없었다. 조조는 인의 부분에서 유비보다 불리한 점을 제외하고 모든 속성에서 경쟁자를 압도했다. 조조가 원소를 멸한 후에 가장 먼저 유비를 공격한 이유가 인의에서 유비가 조조보다 앞섰기 때문임을 이 그림에서 알 수 있다. 손권은 이미지상으로 조조가 함께 버티기만 해도 스스로 무너질 수 있는 특성을 갖고 있음을 알 수 있다.
- 손권의 이미지가 조조의 이미지에 묻혀 있는 이 특징이 적벽대전을 앞두고 손권 진영이 항복과 결사항전으로 나뉘는 이유가 된다.
- 유비는 이 시기에 서주를 둘러싼 공방에서 인의의 대표로 자리를 굳히게 된다. 유비가 형주의 유표에게 도망갈 때, 유표의 신하들이 유비를 곁에 두지 말도록 하는 것도 인의라는 핵심적 속성에서 유비가 월등했기 때문에 형주의 주인이 바뀔 수도 있음을 염려해서였다.

을 공격했다. 마침 원소는 병중인지라 아들 원상이 군사를 이끌고 나왔다. 그러나 원상은 조조의 적수가 될 수 없었다. 그는 첫 싸움에서 대패하고 도망쳐왔다. 이 소식을 들은 원소는 크게 놀라 기절했다가 깨어났으나 기력을 회복하지 못한 채 숨을 거두었다.

기세를 몰아 기주성을 공격해 함락시킨 조조는 원소의 무덤을 찾아가 제사를 지내고, 과거에 함께 싸웠던 일들을 회상하며 조의를 표했다. 그뒤 원소의 아들 원담은 기주성을 다시 빼앗을 기회를 엿보다가 남피에서 죽었고, 원상과 원희는 요동으로 도망쳤지만 태수 공손강에게 살해되었다. 이로써 조조는 숙적 원소의 영지였던 하북의 4개 주를 송두리째 차지했다.

적벽대전 후의 이미지

─천시와 인의의 대비

형주의 유표는 조조에게 패하고 도망쳐온 유비를 한실의 종친으로 후하게 대접했다.

신야성에서 유비는 백성을 어질게 다스려 인심을 얻었다. 형주의 유표가 병석에 눕자 후처인 채 부인은 자신의 아들인 유종을 후계자로 삼으려고 음모를 꾸몄다. 우선 그녀는 동생인 채모를 시켜 연회를 연 다음 유비를 끌어들여 암살하려 했다. 하지만 이적의 제보로 유비는 급히 서문을 빠져나와 단계檀溪라는 험한 개울을 건너 겨우 목숨을 건졌다.

도피하던 유비는 우연히 수경선생 사마휘의 집에서 하루를 묵으며 천하정세를 논했다. 이때 수경선생은, 유비가 고생하는 것은 좌우에 뛰어난 전략가가 없기 때문이라면서 복룡과 봉추 중 한 사람만 있어도 천하를 얻을 수 있다고 귀띔해주었다. 그 말을 듣고 신야성으로 돌아온 유비는 사방으로 수소문해 복룡과 봉추를 찾았지만 실패하고, 대신 단복으로 이름을 바꾼 서서라는 전략가를 얻었다.

그때 원소를 멸망시킨 조조군이 조인을 선봉장으로 물밀듯이 형주를 공격해왔다. 하지만 유비는 서서의 신출귀몰한 전략으로 조인을 물리치고 번성을 빼앗았다. 이에 서서의 존재를 알게 된 조조는 그를 수하로 두기 위해 그의 모친을 허도로 이주시킨 후 그녀의 편지를 위조해 서서에게 보냈다. 효성이 지극했던 서서는 어쩔 수 없이 유비에게 이별을 고했다. 사실 유비 진영의 내정을 속속들이 알고 있는 서서를 보낸다는 것은 자살행위나 다름없었다. 하지만 유비는 선선히 보내주었다.

이에 감격한 서서는 조조를 위해서는 어떤 일도 하지 않겠다고 말하며 수경선생이 말한 복룡은 제갈량이고, 봉추는 방통이라는 사실을 알려주었다.

유비는 어떤 일이 있더라도 공명을 군사로 맞이할 결심을 굳혔다. 그러나 공명은 관우, 장비와 함께 찾아온 유비를 외면해버렸다. 결국 유비는 얼굴을 붉히지 않고 세 차례나 찾아가 겨우 대면할 수 있었다.

유비의 정성에 감복한 제갈량은 드디어 군사의 자리를 맡기로 했다. 드디어 세상에 모습을 드러낸 와룡, 제갈공명은 유비에게 '천하삼분대계'를 역설했다.

당시 조조는 천자를 데리고 북쪽을 차지했고, 강동은 손권의 땅이므로 유비는 형주를 근거지로 삼고 서쪽의 익주를 차지해 삼국이 솥발鼎足처럼 서게 한 뒤에야 천하를 도모할 수 있다는 것이었다.

그뒤 유비가 공명을 군사로 삼고 사부의 예로 대하자 관우와 장비는 몹시 불쾌해했다. 그러자 유비는 관우와 장비에게 자신이 제갈량을 만난 것은 '물고기가 물을 만난 것과 같다(水魚之交)'라며 두 아우를 타일렀다.

당시 병상에 누워 있던 유표는 백성들의 신망을 한몸에 받고 있는 유비에게 형주를 맡아달라고 부탁했지만 유비는 완강히 사양했다. 공명 역시 형주를 얻으라고 권했으나 유비는 조카들이 있음을 들어 거절했다.

한편 채 부인은 유표의 장자인 유기를 노리고 있었다. 위험을 느낀 유기는 제갈공명의 꾀를 빌려 손권과 싸우다 죽은 황조를 대신해 강하를 지키러 간다는 명분으로 피신했다.

관도 싸움에서 숙적 원소를 제압한 조조는 208년 승상이 된 뒤 천하제패를 위한 본격적인 움직임에 들어갔다. 우선 그는 형주의 유표와 유비, 강동의 손권을 목표로 수군을 훈련시킨 다음 남쪽으로 진격했다.

그는 하후돈에게 10만 군사를 줘 유비를 공격했다. 하지만 공명의 전략에 의해 대패하자 그는 직접 50만 대군을 이끌고 정벌에 나섰다. 제갈량은 조조를 막으려면 형주부터 얻으라고 유비에게 권했지만 유비는 여전히 고개를 저었다. 이런 가운데 유표가 숨을 거두고 채 부인은 은밀히 유종을 형주의 후계자로 옹립했다.

드디어 조조의 대군이 형주로 몰려오자 겁에 질린 유종은 성문을 열고 무조건 항복하니, 조조는 아무런 희생 없이 형주를 얻었다.

기세가 오른 조조군이 걸림돌인 유비를 제거하기 위해 맹공을 펼치자 유비는 번성으로 도망치면서 관우, 장비, 조운으로 하여금 조조군의 선봉대를 공격하게 해 커다란 타격을 입혔다. 그러나 중과부적이라 번성을 포기하고 양양성으로 도망쳤다가 유종의 공격을 받고 다시 강릉으로 이동했다. 다급해진 공명은 관우를 강하로 보내 유기에게서 군사를 빌려오게 했다.

이때 유비는 자신을 따르는 신야성, 번성의 백성들과 함께 움직여야 했으므로 하루에 10리밖에 가지 못했다. 주위에서 백성들을 버리고 먼저 강릉으로 피신하라고 유비에게 권했으나, 유비는 자신이 죽더라도 백성들을 버릴 수는 없다고 하며 그들과 행보를 같이했다. 양양성에서 군대를 정비한 조조는 유비군의 느린 행보를 알아채고 5천 명의 경기병에게 그 뒤를 추격케 했다.

한편 유비는 유기에게 구원을 청하러 간 관우에게서 아무런 소식이 없자 공명을 강하로 보냈다. 얼마 지나지 않아 조조군이 유비 일행을 따라잡았다. 유비의 가족을 보호하던 조자룡은 감 부인과 미 부인을 잃어버렸다. 뒤늦게야 감 부인을 찾아낸 조자룡은 그녀를 유비에게 먼저 보낸 다음 미 부인과 아두를 찾아냈다. 그런데 미 부인은 자신 때문에 아두를 살리지 못할까봐 우물에 몸을 던져 목숨을 끊었다.

피투성이가 되어 적진을 탈출한 조자룡은 유비에게 아두를 바쳤다. 그러자 유비는 눈을 부라리며 아두를 집어던졌다.

"어린 자식 때문에 소중한 장수를 잃을 뻔했구나."

이와 같은 주군의 마음에 감격한 조자룡은 눈물을 흘리며 충성을 다짐했다.

관우가 유비를 구한 뒤 강변에 이르니 유기가 전선戰船을 가져와 기다리고 있었다. 유비가 그 배를 타고 하류로 내려가는데, 공명 또한 선단을 이끌고 왔다. 조조군의 공격을 염려한 공명은 관우에게 5천 군사를 줘 하구를 지키게 하고, 유비를 강하로 피신시켰다.

한편 형주로 돌아온 조조가 재차 유비를 공격하려 하자 책사 순유가 오나라와 손잡고 유비를 공격하라고 권했다. 이에 따라 조조는 오나라에 편지를 보낸 뒤 병력을 정비하니 자신의 병력과 형주군을 합쳐 백만 대군이었다.

이때 오나라의 손권은 조조의 제안을 받아들이자니 자신의 숙원인 천하제패를 포기해야 할 것 같고, 거절하자니 조조의 대군을 당해낼 자신이 없었다. 일단 그는 노숙을 유표의 조문사절로 보내 조조의 군세를 탐색하는 한편 유비에게도 가서 의중을 떠보게 했다.

당시 공명은 유비군이 조조군과 맞설 정도가 아니라는 것을 알고 있었기에 오나라와의 연합을 모색했다. 문제는 손권이 과연 자신의 제안에 응할 것이냐였다. 때문에 그는 노숙과 함께 오나라로 가서 손권을 직접 설득하기로 마음먹었다.

두 사람이 오나라에 도착했을 때 손권은 신하들에게 조조와 싸울 것인지, 항복할 것인지를 토론시켰다. 장소를 비롯한 대부분의 문신들은 투항파였고, 몇몇 장수들만 전쟁을 권하고 있었다.

나라의 운명을 걸고 전쟁을 치르기에 조조의 군세는 너무나 막강했다. 손권이 쉽게 결정하지 못하자 노숙은 공명과 손권을 만나게 했다. 손권의 부중으로 들어간 공명은 항복을 주장하는 대신들을 이치로 하나하나 설득해갔다. 하지만 그는 막상 손권에게는 조조의 위세가 등등하니 항복하는 게 좋겠다고 말했다. 이에 손권이 화가 나서 들어가자 공명이 웃으며 오주께서 조조군을 물리칠 방법을 묻지 않으니 항복하라고 권할 수밖에 없었다고 말했다.

공명의 말을 들은 노숙은 황급히 손권에게 달려가 그 말을 전했다. 비로소 손권이 화를 풀고 대책을 묻자 공명은 조조군이 먼길을 왔으므로 피로해져 있고, 수전에 약하다는 점을 지적했다. 때문에 유비군과 연합하고, 수전에 능한 오나라의 장점을 잘 활용한다면 백만 대군쯤은 쉽게 물리칠 거라는 대답이었다. 이에 손권은 안심하고 어지러운 마음을 접었다.

하지만 여전히 신하들의 의견이 분분하자 손권은 다시 갈등했다. 이때 오국태부인이 바깥일을 주유와 상의하라고 한 손책의 유지를 상기시켰다. 그제야 손권은 파양호에 있는 주유를 불러오게 했다. 그런데 주유는 벌써 조조군이 형주를 취하고 장강으로 진출했다는 말을 듣고 밤을 새워 달려와, 손권의 사자가 출발하기도 전에 도착했다.

여러 신하들은 선왕의 친구이자 명장인 주유의 의견에 주목했다. 그런데 주유는 항복을 원하는 신하에게도, 전쟁을 원하는 장수에게도 모두 자신의 뜻도 그렇다고 말했다.

그러나 다음날 주유는 대전에서 손권에게 군사를 일으켜 나라를 보전함이 마땅하다고 말했다. 이에 따라 손권은 주유를 대도독으로, 정보를 부도독으로 삼아 전쟁준비에 돌입했다.

이때 손권은 그때까지도 의견이 분분한 신하들 앞에서 자신의 보검을 빼어 탁자를 일도양단한 뒤 주유에게 건네주며 대도독의 명령에 따르지 않는 자를 참할 것이라고 선언했다. 드디어 오나라의 운명을 건 한판 승부가 벌어지게 된 것이었다.

거처로 돌아온 주유는 공명에게 조조군을 물리칠 계책을 물었다. 이에 공명은 공의 의견과 자신의 의견을 비교하자고 했다. 그리하여 두 사람이 손바닥에 각자 하나의 글자를 쓴 다음 동시에 펴보니 똑같이 '화火' 자가 쓰여 있었다. 곧 화공을 뜻하는 것이었다.

그런데 공명은 주유에게 우선 손권의 근심을 풀어주라고 권했다. 과연 주유가 손권을 만나보니 그는 조조의 대군을 걱정하고 있었다. 이에 주유가 조조의 주력은 20만 안팎에 불과하고, 그들은 수전에 약하다고 지적해주자 비로소 손권이 불안한 기색을 거두었다.

이렇게 해서 유비와 손권의 연합전선이 결성되었지만 이것은 또 다른 불씨를 안고 있었다. 조조를 치고 난 뒤에는 유비가 가장 강대한 적이 될 것임을 주유가 간파했던 것이다. 때문에 주유는 우선 수중에 있는 공명을 제거하려 했지만 노숙이 말렸다.

주유는 포기하지 않았다. 그는 손권의 속마음까지 읽는 공명을 죽이지 못한다면 오나라는 큰 위협에 처할 것이라는 점을 예견하고, 오나라 군대의 총사령관이라는 직위를 이용해 공명을 함정에 빠뜨리려 했다. 그러나 공명은 그런 흉계에 넘어갈 만큼 호락호락하지 않았다.

10만 개의 화살을 구해오라는 주유의 요구에 공명은 조조군의 대대적인 화살공격을 유도해 손쉽게 모아오는 등 인내와 지혜를 총동원해 유비와 손권의 동맹을 유지하려 애썼다. 그것만이 '천하삼분대계'의 기초를 마련할 수 있는 길이었기 때문이다.

장강의 양안에서 대치한 위와 오의 대군은 쉽게 싸움에 나서지 못했다. 조조측은 오랜 행군으로 피로와 질병이 누적돼 움직이지 못했고, 손권측은 상대편의 엄청난 군세에 기가 질려 함부로 도발하지 못했다.

그러면서도 양측은 은밀하게 움직였다. 조조는 먼저 주유와 동문 수학했던 장간을 오군으로 보내 적군의 정세를 정탐토록 했다. 그러자 주유는 친구를 역이용해 조조군의 수군을 책임지고 있던 채모와 장윤을 첩자로 오인토록 했다. 이 책략에 넘어가 두 사람을 죽인 조조는 마땅한 수군 책임자를 찾지 못해 전전긍긍했다.

주유는 이런 조조의 허점을 이용해 다시금 노장 황개와 함께 고육지계를 펼쳤다. 일부러 황개가 주유에게 항복을 권한 다음 대노한 주유가 심한 태형과 구타로 모욕을 주는 방법이었다. 이에 황개가 은밀히 조조에게 항복하려 한다는 뜻을 감택이 전했다.

이 모든 작전은 오로지 화공전법을 펴기 위해서였다. 황개가 항복을 가장하고 조조 진영으로 가까이 다가가기 위한 암계였던 것이다. 하지만 화공이 성공하려면 두 가지 조건이 더 필요했다.

첫째, 조조군의 선단이 밀집해 있어야 했고 둘째, 조조군 쪽으로 바람이 불어야 했다. 하지만 그때는 겨울이라 바람이 주유 쪽으로 불고 있었다. 때문에 섣불리 화공을 펼치다간 오군이 전멸될 위험이 있었다.

이때 조조의 군사들은 수전 훈련을 할 때 멀미가 심해 고통받고 있었다. 이에 방통이 큰 배와 작은 배를 한데 묶어 요동을 줄여야 한다고 건의하자 조조는 크게 기뻐하며 수하들에게 명해 즉시 시행토록 했다. 이로써 조조군의 고통이 줄어들었다. 조조 역시 화공을 의식했지만 겨울이라 서북풍밖에 불지 않는다는 점을 알고 있었으므로 안심하고 있었다.

한편 주유는 연환계가 성공했다는 보고를 들었지만 막상 원하는 바람이 불지 않아 고민에 빠져 있었다. 화공이 지연될수록 조조군은 물에 익숙해지고, 그만큼 오나라는 위험해질 것이었다. 그리하여 주유는 결전의 순간을 앞두고 꾀병을 부려 자리에 누워버린다. 공명은 그의 근심을 알아채고 찾아가 동남풍을 불러 드리겠다고 말했다.

터무니없는 제안에 주유는 반신반의하면서도 뜻대로 들어주었다. 만일 동남풍이 불지 않는다면 공명을 일거에 척살해 훗날의 근심거리를 제거할 심산이었다. 하지만 천문에 달통한 공명은 겨울에 가끔 바람의 방향이 바뀌는 이치를 알고 있었다. 때문에 그는 칠성단에서 기도를 하면서 때를 기다렸다.

과연 운명의 11월 20일, 오군의 깃발이 일제히 반대쪽으로 펄럭이기 시작했다. 공명의 말대로 동남풍이 불어온 것이었다. 바람까지 마음대로 부리는 제갈공명의 신기에 주유는 섬뜩하기 그지없었다. 그는 즉시 휘하의 정봉과 서성에게 공명을 죽이라고 명했지만, 두 사람이 남병산에 당도했을 때 공명은 이미 조자룡과 함께 배를 타고 하구로 떠난 다음이었다.

입맛을 다신 주유는 드디어 조조군에 대한 총공격령을 내렸다. 그는 즉시 감녕을 시켜 조조의 군량고를 공격하게 했고, 태사자를 황주로 보내 합비에서 달려올 조조의 원군을 막도록 했다. 또 여몽에게는 오림으로 가서 감녕과 접응接應해 조조군의 채책을 불사르게 했다.

한편 능통에게는 이릉의 경계를 끊고 있다가 오림에 불길이 이는

것을 보는 대로 곧 가서 접응하도록 했고, 동습에게는 바로 한양을
취하고 한천으로 진격해 조조의 진영 속으로 달려들어가 백기를 보
고 접응하라고 지시했다. 반장은 백기를 들고 한양으로 가서 동습을
지원하라고 했다. 그런 다음 황개가 화공을 펼칠 선단을 점검하여
출병시킨 뒤 전선 4척으로 후미를 지원하고, 자신은 중군에서 지휘
하기로 했다.

그의 군대 운영 작전은 다음과 같았다. 육상군은 조조군의 외곽
을 공격한 다음 중앙으로 진출하는 것이었고, 수군은 조조의 수군을
화공으로 무력화하는 것이었다. 그런 다음 육상군과 수군이 앞뒤로
파상공세를 펼쳐 조조군을 괴멸시키려는 의도였다.

이런 주유에 비해 공명은 얼마 안 되는 유비군의 병력을 감안해
패배한 조조군의 기치와 창검을 거두어 상징적인 승리를 거두려는
작전을 모색했다. 우선 조자룡에게 오림의 작은 길에 매복하다가 조
조가 도망칠 때 급습하도록 했고, 장비에게는 이릉을 가로질러 호로
곡에 매복토록 했다. 또 미축, 미방, 유봉은 비를 이용하여 조조군의
패잔병들을 생포하고 병장기를 빼앗도록 했다. 그런 다음 공명은 유
비와 함께 번구의 높은 곳에 올라가 전쟁을 관망키로 했다.

이렇게 모든 작전지시를 마치자 유일하게 임무를 맡지 못한 관우
가 공명에게 항의했다. 그러자 공명은 관우에게 화용도에서 기다렸
다가 조조가 도망쳐오면 반드시 조조의 목을 베어오도록 명령했다.
만일 명을 어길 시에는 관우의 목을 베겠다는 군령장까지 받아놓았
다. 그러나 공명은 이미 관우가 예전에 입은 은혜 때문에 조조를 살
려보낼 것임을 예상했다.

아무튼 공명의 전체적인 전략 목표는 목전의 승리만을 추구하는

주유와는 달리 대전이 종료된 뒤 형주를 차지하여 유비군의 내실을
다지는 데 있었다.

조조가 황개의 투항을 기다리고 있는데, 돌연 동남풍이 거세게
불어오기 시작했다. 정욱이 놀라 동남풍이 부니 방비하라고 했지만
조조는 개의치 않았다. 드디어 그날 밤 삼경에 황개가 따르는 무리
와 함께 항복하러 온다는 밀서가 당도했다. 이에 조조는 전쟁에 승
리한 듯이 기뻐했다.

이윽고 밤이 되자 장강에는 안개가 가득 퍼졌다. 그 또한 동남풍
과 함께 하늘이 내려준 기회였다. 조조가 대선에 올라 황개의 선단
을 기다릴 즈음 과연 황개의 배가 나타났다. 유황과 역청으로 가득
채운 황개의 선봉대는 불화살을 날리면서 다짜고짜 연환계로 묶인
조조의 선단으로 달려들었다.

이로써 적벽대전은 일방적인 오군의 공세로 막이 올랐다. 화공을
받은 조조의 수군은 배가 쇠사슬로 묶여 있었기 때문에 움직거리지
도 못한 채 화염에 휩싸였다. 조조군이 대혼란에 빠진 사이 오나라
군대는 전후면에서 총공격을 단행하니, 육지와 바다는 불바다로 변
했고 함성과 비명소리가 천지간에 진동했다.

이때는 이미 오림과 한천의 지원부대도 붕괴 상태에 빠졌고 내부
명령체계가 무너진 조조군은 전멸 상태로 치달았다. 조조는 어쩔 수
없이 패잔병들을 이끌고 육로로 달아날 수밖에 없었다.

밤새 도망치던 조조는 오경쯤 되어 오림 근처에 와 그곳 지리를
물었다. 화광이 점점 멀어지자 어느 정도 마음을 놓았던 것이다. 수
하의 한 사람이 오림의 서편이고 의도의 북편이라고 보고하자 조조

가 크게 웃으며 소리쳤다.

"저들이 운이 좋아 승리는 거두었지만 지모는 없구나. 나라면 반드시 이곳에 군사를 매복했을 것이다."

그 말이 채 끝나기도 전에 북소리가 진동하며 조자룡의 군사가 공격해왔다. 조조는 서황과 장합의 분전으로 겨우 도망칠 수 있었다.

날이 밝을 무렵, 바람과 함께 큰비가 쏟아졌다. 물에 젖은 생쥐꼴이 된 조조 일행은 두 갈래 길이 나오자 남군으로 가기 위해 남이릉에서 호로곡으로 가는 길을 택했다. 호로곡에 이르자 조조는 지친 군사들을 쉬게 하더니, 여기에 군사를 매복시켰다면 우리는 살아 돌아가지 못했을 것이라 말하며 또다시 크게 웃었다.

그런데 또다시 사방에서 함성이 울리며 장비의 군사가 습격해왔다. 깜짝 놀란 조조는 갑옷도 입지 못한 채 말에 올라 도망쳤다. 장비도 공명의 명에 따라 조조의 뒤를 끝까지 쫓지 않고 버리고 간 기치창검만을 거두고 신속하게 철수했다.

조조는 얼마 남지 않은 패잔병을 이끌고 처량하게 도주했다. 얼마쯤 나아가자 두 갈래 길이 나타났다. 척후를 보내 전방을 살피니 한쪽은 산길인데 연기가 피어오르고 있으며, 다른 쪽은 대로인데 아무런 동정이 없다고 보고했다. 그러자 조조는 연기가 나는 산길로 가자고 했다.

부하들이 그 까닭을 묻자 조조는 웃으며 적의 허허실실 병법을 자신이 간파했다는 것이었다. 과연 숲 속에서 아무런 조짐이 보이지 않자 조조는 안심하며 다시 공명과 주유를 비웃었다. 그때 큰 함성이 일며 관우의 군대가 조조를 포위하고 죄어들었다. 이미 빠져나갈 길이 완전히 막혀 있었다.

이제 조조의 목은 관우의 청룡언월도에 두 동강이 날 판이었다. 그러자 간웅 조조는 말에서 내린 다음 진흙탕에 꿇어 엎드려 도생을 청했다. 이에 일인자의 처참한 몰골과 지난날 허도에서 대접받은 일을 상기한 관우는 공명과의 철석같은 다짐을 저버리고 살려보낼 수밖에 없었다.

드디어 험지에서 벗어난 조조는 조인에게 남군을 굳게 지키게 하고, 양양을 하후돈에게 맡긴 뒤 허도로 돌아갔다.

적벽대전에서 완벽한 승리를 거둔 주유는 논공행상이 끝나기가 무섭게 남군으로 달려갔다. 조인이 지키던 남군성은 오군을 맞아 의외로 강인하게 맞섰다. 하지만 힘에 부친 조인은 공성계를 써서 대성공을 거두었다. 성밖에서 싸우다 패한 척 도망쳐 들어오자 승세를 얻은 주유군이 성안으로 밀려들었다.

이때 매복해 있던 궁수들이 화살세례를 퍼부었다. 이 역습으로 주유가 가슴에 화살을 맞아 중태에 빠졌다. 하지만 조인은 의기소침해져 있을 오군을 쫓다가 주유의 유인계에 휘말려 대패하고 말았다.

여세를 몰아 남군성으로 입성하려던 주유는 땅을 칠 수밖에 없었다. 남군성에는 이미 유비의 장수 조자룡이 입성해 삼엄한 경계망을 펼치고 있었다. 재주는 곰이 넘고 이득은 원숭이가 챙기는 격이었다. 그때 관우가 양양성으로 들어가고, 장비가 형주성을 차지했다는 보고가 들어왔다. 두 성의 병력이 남군의 조인을 구하려고 군대를 이동한 틈을 타 유비군이 재빨리 실리를 챙긴 것이었다.

이에 주유는 큰 소리를 지르며 기절했다. 애써 얻은 형주 땅을 너무나 허무하게 빼앗겼다는 분노와, 공명의 기지를 이기지 못한 분함

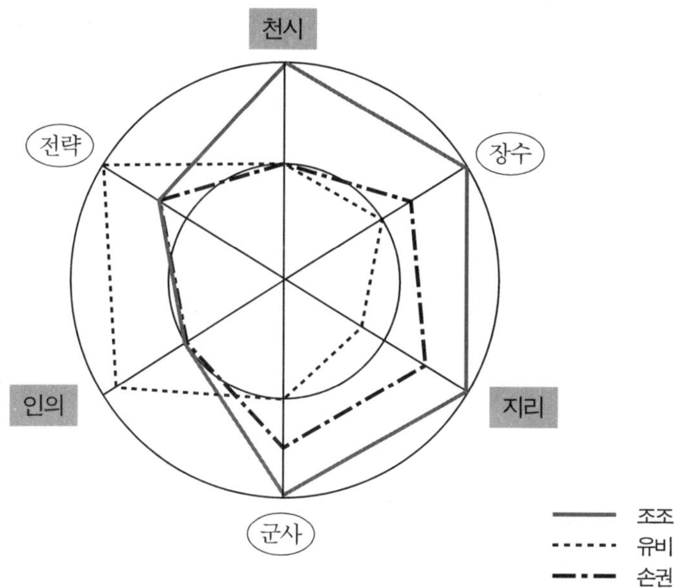

적벽대전 후 조조, 유비, 손권의 이미지 구조

- 적벽대전에서 가장 힘이 없었지만, 이미지상에서 가장 큰 이익을 본 인물이 유비였다. 유비는 공명을 얻었고, 형주의 절반을 빌려 주인 행세를 할 수 있었고, 그에 걸맞는 군사도 확보할 수 있었다.
- 조조는 적벽대전에서 실질적으로 얻은 것이 없었다. 다만 강건너까지 진출해있던 유표의 영역을 양자강 남쪽으로 몰아내고, 형주의 수군을 붕괴시켜 양자강의 경계를 확고하게 한 것이 유일한 전과였다.
- 손권도 큰 이익은 없었으나 조조를 물리치는 과정에서 전략의 상승, 군사와 지리를 부분적으로 확대하는 성과를 얻었다. 그러나 손권의 실질적 전과는 조조의 이미지에 묻혀 있는 자신의 이미지를 유비와의 동맹을 통해 조조가 함부로 공격할 수 없는 이미지 연합을 이끌어낸 것이다. 이러한 이미지 연합의 성과는 유비에게도 마찬가지였다. 이러한 이유 때문에 유비와 손권의 동맹은 상당기간 유지된다.

때문에 화살 맞은 자리가 덧나버린 것이었다. 혼절에서 깨어난 주유가 유비군을 치려 했지만 노숙이 말렸다. 관우가 조조를 살려준 데서도 볼 수 있듯 유비가 조조와 연합해 오를 치면 견디기 힘들다는 설득이었다.

한편 유비는 사자로 온 노숙에게 형주의 본주인인 유기가 죽으면 형주를 손권에게 돌려주겠다는 언질을 주었다. 이에 주유는 입술을 깨물며 오나라로 돌아갈 수밖에 없었다. 결국 유종이 조조에게 바친 형주는 유비의 차지가 되었다.

삼국 정립시의 이미지
―이미지 일관성 유지 싸움에서 유비가 먼저 패하다

형주를 차지한 유비는 마량, 마속 등 마씨 5형제를 초빙하는 등 인재를 널리 구했고 무릉, 장사, 계양, 영릉 등 형주 남쪽의 4개 군을 취해 세력을 넓혀갔다.

이때 삼국의 정세는 다른 두 나라의 연합이 두려워 모두 목만 내밀고 있는 형국이었다. 조조나 손권으로서는 유비가 상대편과 손을 잡지 못하도록 구슬려야 했다.

내내 형주를 빼앗긴 것이 분했던 주유는 오나라가 서쪽의 익주를 빼앗아 유비에게 주고 형주를 돌려받겠다고 제의했다. 익주를 공격하는 척하면서 형주를 공격하려는 계략이었다. 이에 유비가 공명의 계책에 따라 짐짓 허락하는 척했다. 그러자 주유는 쾌재를 부르며 서성, 정봉 등을 이끌고 형주성으로 달려갔다.

드디어 주유가 형주성에 이르자 조자룡이 성루로 나와 그를 조롱하고, 사방에서 유비군이 급습을 가하니 비로소 자신의 꾀에 스스로 당했음을 알아챈 주유는 심화가 폭발해 피를 토하며 쓰러졌다.

주유가 죽은 뒤 손권은 노숙을 대도독으로 임명하고, 주유의 장례를 성대하게 치러주었다. 이때 공명은 홀홀단신으로 오나라로 들어가 주유의 죽음을 애도했다. 그런데 공명이 너무나 애끓는 심사를 표현하자 적개심에 물들어 있던 오나라 장수들의 마음이 봄햇살처럼 따사로워졌다. 원망보다는 주유가 속이 좁아 죽음을 재촉한 것으로 느낄 정도였다. 주유의 죽음으로 일촉즉발의 위기에 놓인 유비와 손권의 관계를 공명은 기막힌 연기로 평소와 다름없이 만들어놓았다.

한편 노숙이 조조에게 연환계를 제시해 적벽대전의 승리를 예약해주었던 방통을 손권에게 천거했으나, 손권은 방통의 인물이 추하다고 해 중용하지 않았다. 이에 방통의 기재를 아까워한 노숙은 그를 유비에게 보냈다.

유비는 방통의 행색이 누추한 것을 보고 실망하며 그를 뇌양현이라는 조그만 고을의 현령으로 임명했다. 그런데 방통이 오랫동안 공무를 돌보지 않고 술만 마신다는 보고를 받자 유비는 장비를 보내 그를 잡아오게 했다.

그러나 뇌양현을 찾아간 장비는 밀린 일을 반나절도 지나기 전에 처리해버리는 방통의 능력에 혀를 내두르며 유비에게 돌아가 복명했다. 또 지방을 살피고 돌아온 공명이 그의 인물됨을 알리자 유비는 방통을 불러 자신의 무례를 깊이 사과하고 부군사 중랑장으로 삼았다.

조조는 주유가 죽은 뒤 유비와 손권의 사이가 벌어진 틈을 타 강남을 공격하려 했으나, 서량태수 마등이 허도를 공격할까 두려웠다. 고심하던 조조는 순유의 계책대로 벼슬을 미끼로 마등을 불러들여 죽였다.

마등이 죽자 조조의 힘은 서쪽 지역까지 미치게 되었다. 이에 한 중 땅을 차지하고 있던 장로는 조조가 공격해올까 두려워, 스스로 한녕왕漢寧王에 오른 뒤 군사를 일으키려 했다. 그러자 신하인 염포가 익주의 유장을 먼저 제압한 뒤 왕위에 오를 것을 간했다.

이와 같은 정보는 금방 익주의 유장에게 전해졌다. 유장이 전전 긍긍하자 장송이 나서서 조조를 설복하여 한중을 정벌토록 하겠다고 청했다. 장송은 익주의 험도가 자세하게 그려진 지도를 품고 조조를 찾아갔다. 그런데 조조는 그의 용모가 추하고 거만하다는 이유로 가까이하지 않았다.

조조의 냉대에 실망한 장송은 유비를 찾아갔다. 이미 그가 허도에 다녀온 사실을 알고 있던 유비는 형주의 경계로 조자룡을 보내 성대히 환영했다. 또 장송이 형주성으로 들어오자 익주에 대한 이야기는 털끝만큼도 꺼내지 않고 현인과의 인연이 길지 않음을 한탄했다.

이에 감동한 장송은 익주로 돌아가면서 비장했던 익주의 지도를 꺼내주고 장차 그곳을 취하라고 권했다. 또한 동료인 법정과 맹달이 형주로 오거든 의심치 말고 상의하라고 조언했다.

익주로 돌아간 장송이 법정과 맹달에게 조조의 교만함과 유비의 인자함을 비교하면서, 유비에게 익주를 바쳐 백성들을 편케 하자고 말했다. 두 사람의 전폭적인 지지를 이끌어낸 장송은 다음날 입궐하자마자 유비를 불러 장로를 막으라고 진언했다.

그러자 유장은 몹시 기뻐하며 법정을 사신으로 보내고, 맹달에게 유비의 서천길을 안내하도록 했다. 이때 황권이 나서서 익주를 유비에게 빼앗기는 일이라고 반대했으나 유장은 귀를 기울이지 않았다.

형주에 온 법정은 다시금 유비에게 익주를 취하라고 권했다. 유장이 같은 한실의 종친인 까닭에 유비가 마음을 정하지 못하고 있는데 방통이 들어와 결심을 재촉했다. 그러자 유비는 이렇게 말했다.

"그동안 나는 조조가 급하면 느리게 하고, 조조가 횡포를 부리면 인자하게 하고, 조조가 속임수를 쓰면 곧음으로 대해왔소. 조조와 서로 상반되면 대사가 이루어질 것인데 지금 작은 이익을 탐하여 천하의 신의를 잃는다면 웃음거리만 될 게 아니겠소"

그러나 방통의 설득으로 마음을 굳힌 유비는 공명에게 관우, 장비, 조자룡을 줘 형주를 지키게 하고 자신은 방통, 황충, 위연 등과 함께 5만 군사를 이끌고 서촉으로 나아갔다.

촉의 명장 장임의 용병술에 휘말려 낙성 공략에 나선 유비가 고전하고 있을 무렵, 드디어 장비와 엄안이 달려와 그를 구원했다. 장비를 통해 엄안의 공로를 들은 유비는 입고 있던 금갑을 벗어 하사했으니, 엄안은 더욱 감격해하며 충성을 다짐했다.

다음날에는 공명과 조자룡의 군대가 합류했다. 얼마 뒤 성도의 바로 앞에 있는 면죽관마저 함락되자 궁지에 몰린 유장은 한중의 장로에게 구원을 청했다.

장로는 당시 한중에 머물던 마등의 아들 마초에게 2만 군대를 줘 유비를 치라고 명했다. 그러나 마초가 공명의 꾀로 유비에게 합세하자 유장은 결국 성문을 열고 나와 항복했다. 유비는 패주인 유장을 따뜻하게 위로한 다음 그 일가족을 남군의 공안에서 살게 했다.

삼국 정립시의 조조, 손권, 유비의 이미지 구조

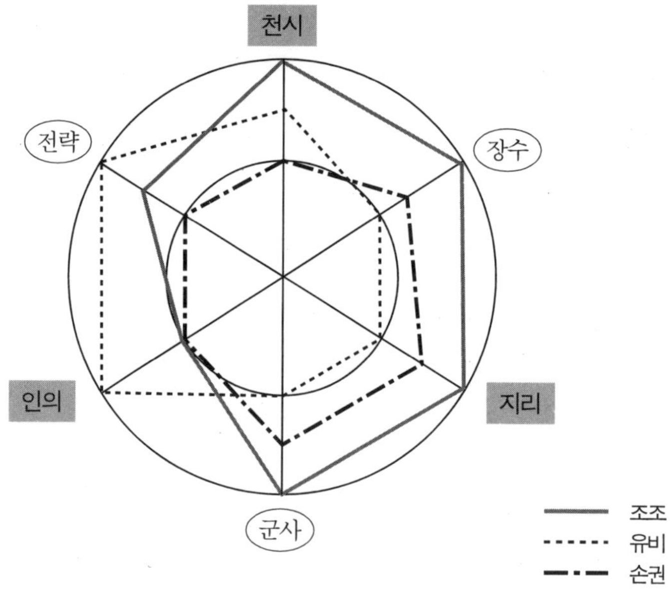

- 조조는 핵심적 속성인 천시와 지리, 그리고 부수적 속성인 장수와 군사에서 1위를 차지하여 부동의 1위임을 알 수 있다.
- 유비는 핵심적 속성인 인의와 부수적 속성인 전략에서 1위를 차지하여 2위의 자리를 차지하고 있다.
  유비는 2위의 이미지를 갖고 있지만, 조조의 이미지와 대칭되는 이미지를 갖고 있기 때문에 조조의 강력한 경쟁자로 평가받게 된다.
- 손권은 핵심적 속성과 부수적 속성에서 1위를 차지한 것이 없다. 더구나 손권의 이미지는 조조의 이미지에 묻혀 있다. 이것이 실제로 손권의 오나라가 2위의 힘을 가졌음에도 삼국지의 이미지에서는 3위로 평가되는 이유가 된다.

드디어 유비는 천하를 지탱하는 솥의 세 다리 중 한 다리를 얻었으니, 처음 공명을 만났을 때 들었던 천하삼분대계를 달성한 셈이었다.

한편 조조는 오와 촉을 치기 전에 한중을 먼저 공략하기로 했다. 그러자 한중의 장로는 맹장인 방덕을 내세워 저항했다. 하지만 조조는 교묘한 계책으로 방덕을 사로잡은 뒤 손쉽게 한중을 평정했다.
이렇듯 삼국의 경계가 정립되자 건안 21년, 조조는 위나라의 왕으로 등극했다. 이어 유비는 한중왕에, 손권은 오왕에 올랐다.

성공한 이미지 전략과 실패한 이미지 전략

불리한 여건에서 출발한 조조, 유비, 손권은 이미지 구축에 성공했는데, 가장 유리한 위치에 있던 원소는 왜 실패했는가? 천하를 꿈꾸던 인물들이기에 그들 모두가 자신의 이미지를 성공적으로 구축하기 위해 노력했다는 점은 자명하다.
특히 원소는 가장 강력한 도전자에서 패배자로 전락했으므로 성격적 결함이 강조되기도 하지만, 복양성을 포기하고 낙양으로 돌아와 유력인사와 교분을 맺는 부분을 보면 결코 무력한 인물이 아니었다.
따라서 삼국지에서 나타난 성공과 실패는 인물의 됨됨이보다 이미지 전략의 차이에서 비롯되었다는 분석이 더 큰 설득력을 얻을 수 있지 않을까 싶다. 즉 모두가 천하를 얻기 위한 이미지 전략을 전개했지만 그 방향이 잘못되었거나 일관성에서 차이가 있었다는 것이다. 그렇다면 성공한 이미지 전략과 실패한 이미지 전략의 공통점과 차이점은 무엇일까?

삼국지에 나타난 이미지 전략을 보면, 성공한 인물들은 다음과 같은 공통점이 있다.

첫째, 이미지의 핵심적 속성과 부수적 속성의 우열을 잘 알고 있었다. 곧 천시, 지리, 인의라는 핵심적 속성과 장수, 군사, 전략이라는 부수적 속성의 차이다. 부수적 속성에서의 우위는 단기적인 승리를 가져다줄 수 있지만, 그것을 영속시킬 힘을 갖지 못하는 반면 핵심적 속성에서의 우위는 단기적으로는 실패하더라도 장기적으로는 성공의 바탕이 된다는 점이다.

둘째, 부수적 속성에서 유리한 위치를 차지하기 위해 핵심적 속성을 희생시키지 않았다.

셋째, 이상을 위해 현실을 부정하지 않았다. 궁극적으로는 핵심적 속성 모두에서 최상위의 위치를 차지하려는 목적을 갖고 있었지만, 목적 달성을 위해 현실적으로 선택할 수 있는 핵심적 속성 하나에서 1위를 차지하고, 그 다음에 다른 속성을 확보하는 전략을 택했다는 점이다. 이들은 궁극적인 목적과 현실적인 가능성을 구별할 줄 알았다고 할 수 있다.

넷째, 이미지 전략을 신중하게 수립하되, 선택한 전략을 일관성 있게 추진했다.

이에 비해 삼국지에서 실패한 인물들의 이미지 전략은 두 종류로 구분할 수 있다.

첫째, 한꺼번에 많은 것을 얻으려 했다. 무리하게 여섯 가지의 이미

128

지 속성 모두를 거머쥐려고 했다가 실패한 원소가 대표적인 인물이다.

둘째, 핵심적 속성보다 부수적 속성에 집착했다. 대표적인 인물로는 동탁, 여포, 공손찬 등을 들 수 있다.

이외에 웅지도 없고 전략도 없이 망한 인물들도 있다. 얼떨결에 실권자가 되었다가 쫓겨난 이각과 곽사가 여기에 해당한다.

성공한 전략

성공한 인물들은 3개의 핵심적 속성 가운데 하나를 선택해 1위를 먼저 확보하려는 이미지 전략을 구사했다. 또한 자신이 추구하는 핵심적 속성의 우위를 해치지 않는 범위 내에서 부수적 속성의 보강을 추구했고, 부수적 속성에서 손해를 보더라도 그것이 핵심적 속성의 우위를 보강할 수 있는 경우에는 부수적 속성을 과감히 포기했다.

결국 성공한 인물들은 천하를 얻는 데 핵심적 속성과 부수적 속성의 우열을 구별해, 제일 먼저 취득 가능한 핵심적 속성에서 우위를 점하려는 전략을 구사했다.

조조는 실질적 실세와 허구적 실세의 차이점을 꿰뚫고 있었기에 핵심적 속성들 가운데 천시를 가장 먼저 추구했다. 환관 가문의 후예였던 조조는 환관과 관료의 실질적인 영향력의 크기와 영속성에서 차이가 있음을 잘 알고 있었다. 환관의 힘이란 천자의 총애에 바탕을 두기 때문에 항상 허공에 떠 있듯이 불안정했다.

이로 미루어볼 때 허구적 실세란 권력자와의 관계에만 의존하는 힘이다. 권력자의 의사에 존재 유무가 결정되는 환상적인 힘인 것이다. 때문에 허구적 실세를 추구하는 자는 권력자의 비위를 맞추는 데 급급할 뿐, 힘의 근원이 되는 백성의 마음에는 별 관심이 없다. 그러므로 허구적 실세가 강해질수록 세간의 비판도 무성해지게 된다.

반대로 실질적 실세는 천자라는 권력자의 권위에 의존하기는 하지만, 백성들의 지지라는 독자적인 가치를 갖는 힘이었기에 천자의 총애와 관계없이 일정한 영향력을 유지할 수 있었다. 그러므로 실질적 실세를 추구하는 자는 권력자가 아니라 백성을 항상 염두에 두고 일을 추진한다. 때문에 단기적으로 권력자로부터 외면받을 위험성은 상주하지만, 장기적으로는 권력자가 스스로의 필요 때문에 그의 힘을 빌리지 않을 수 없다는 점에서 허구적 실세와 전혀 다르다.

이 같은 두 실세의 차이는, 환관의 영향력은 확대될수록 비난을 받지만, 관료의 명성은 높을수록 백성의 신망을 얻는다는 질적인 차이로 간단히 비교될 수 있다.

조조는 선대로부터 물려받은 허구적 실세를 포기하고, 관료로 진출해 실질적인 힘을 얻으려고 노력했다. 실제로 그는 평화시와 혼란시에 요구되는 실질적 실세의 덕목을 구별할 줄 알았다. 젊은 날 조조가 인물평의 명인 교현에게 '치세의 능신能臣이요, 난세의 간웅奸雄'이라는 평을 듣고 즐거워했다는 고사는 이를 뒷받침한다.

평화시의 덕목은 인의를 바탕으로 천자에게 충성하는 것이었지만, 혼란시의 덕목은 천자를 옹위할 수 있는 힘이었다. 따라서 조조는 낙양을 벗어나 머물 때도 군사를 기르고, 장수를 구하는 일을 게을리 하지 않았다.

결국 천자를 옆에 두어 핵심 속성 중 가장 우위에 있는 천시를 차지하게 된 조조는 천시를 바탕으로 지리를 확보하고, 그 다음에 인의를 보완하는 이미지 전략을 사용했다.

한편 손권은 양자강으로 중앙에서 격리된 강동 81군이라는 지리를 움켜쥐고, 천시와 인의를 노리는 전략을 선택했다. 그는 부친 손견과 형 손책에게서 오나라의 제후 자리를 물려받았다는 점에서 다른 사람들과 출발부터 달랐다.

불과 18세에 오의 주인이 된 그에게는 형인 손책처럼 군사를 움직이기보다 이미 확보한 지리를 지키는 일이 더 시급했다. 손견과 손책의 시대에는 중앙권력의 혼란이 극심해 여러 군웅들이 강동에 관심을 기울일 여유가 없었지만, 그가 전면에 등장했을 때는 중앙에서 벌어지던 권력투쟁이 상당 수준에서 정리된 시점이었다.

손권은 선대의 인물들이 강동의 넓고 풍요로운 지역을 확보해놓았지만 중앙정부로부터 실질적인 지배자로 인정받은 경우가 거의 없다는 점을 중시했다. 즉 군대를 동원해 지리를 확대하는 것보다 중앙권력이 천시의 위력으로 오나라 내부의 인물을 충동질해 반란을 도모케 하는 사건을 예방하는 것이 급선무였다.

적벽대전 이후 조조가 주유에게 손권과 같은 수준인 남군태수의 자리를 내려주는 경우도 이러한 의도가 감추어진 것이었다. 물론 당시의 일은 손권의 청에 의한 것이었기에 내부적으로 큰 문제는 없었지만, 그는 내부의 음모에 항상 대비해야 하는 처지였다. 따라서 손권은 우선 지리를 추구해야 할 이미지 속성으로 삼았고, 인의를 차선으로 추구하면서 천시를 노리는 이미지 전략을 추진했다고 할 수 있다.

유비에게는 처음부터 천시와 지리에 대한 선택의 기회가 없었으므로 오랫동안 인의를 쌓는 데 승부를 걸 수밖에 없었다. 때문에 그는 인의를 쌓기 위해서라면 관직이나 애써 얻은 땅조차 미련 없이 버리는 모험을 마다하지 않았다.

이런 상황에서 제갈공명은 유비에게 군웅들의 쟁투에서 벗어나 있던 익주(촉)를 취하는 천하삼분대계로 지리의 약점을 보강했고, 그것을 바탕으로 한나라를 중흥시킨다는 대의명분으로 천시의 약점을 보강하는 이미지 전략을 제시했다. 즉 유비의 이미지 전략은 인의를 바탕으로 지리를 확보하고, 마지막으로 천시를 쟁취하는 과정이었다.

이미지 전략에서 천시를 최종적인 목표로 삼은 점에서 유비와 손권은 동맹을 맺을 수 있는 연결고리가 있었다. 지리를 강화할 필요가 있었던 유비와 인의를 보강해야 했던 손권의 이미지 전략은 조조와의 적벽대전과 그후 형주를 매개로 한 거래에서 상호이익이 되는 쪽으로 교섭할 수 있는 근거를 갖고 있었다.

즉 유비는 형주라는 지리적 기반을 얻은 반면 손권은 유비의 형주 확보 전략에 번번이 속아넘어가면서도 인의를 강화하고, 내부 결속을 다졌다. 하지만 유비에게 형주라는 지리의 이점이 완화되고, 손권에게도 유비를 통한 인의의 보완이 불필요해지자 두 진영은 그동안의 동맹을 깨고 형주 쟁탈전을 벌였다.

이러한 유비와 손권의 상호보완적 특성 때문에 제갈공명은 익주를 취하러 출발하면서 관우에게 손권과의 관계를 갈등으로 보지 말고 호혜적인 관계로 유지해줄 것을 주문했다. 손권에게 인의라는 당근을 계속 제공하는 게 형주를 지키는 요체임을 설파했던 것이다.

두 번째의 성공 전략은, 삼국지의 성공한 인물들은 핵심적 속성의 우위를 바탕으로 부수적 속성을 거두어들이는 방법이었다. 때로 그들은 부수적 속성을 포기하기도 했다. 그 대표적 사례로 '삼고초려'를 들 수 있다.

제갈공명은 등장하자마자 조조, 유비, 손권의 역학관계를 한번에 바꾸어놓았다. 당시 유비는 조조나 손권에 비해 너무나 미미한 존재였다. 그러므로 유비는 공명에게 자신이 최고의 위치에 있는 인의라는 부분을 반복적으로 제시하는 것 외에 달리 보여줄 게 없었다.

세 번째로, 그들은 자신의 이상을 위해 현실을 부정하지 않았다. 조조는 자신이 당시 비난을 받던 환관의 후예임을 부정하기보다 차별화하려고 노력했다. 유비 또한 자신이 무명의 의병대장이라는 점을 부정하지 않았다. 대신 겸손하고 의로운 인물임을 알리는 데 주력했다.

손견 역시 지방의 평범한 장수로서 명망을 쌓기 위해 중앙 무대로 진출한 점을 숨기지 않았다. 그럼으로써 그는 차근차근 오나라의 기반을 마련할 수 있었다.

마지막으로, 그들은 한번 선택한 이미지 전략을 일관성 있게 추진했다.

세 영웅은 천시, 인의, 지리를 중시하는 이미지 전략을 평생 동안 바꾸지 않았다. 또한 빠르기, 느리기, 신중하기라는 행동 원칙도 평생 동안 계속됐다. 이러한 이미지의 일관성이 무너지거나 행동 원칙이 어긋났을 땐 실패를 맛보기도 했다.

조조가 적벽대전에서 패배한 이유는 빠르기를 포기했기 때문이다. 우선 유비와 손권이 동맹을 맺고 전쟁에 대비할 시간적 여유를 준 것. 또 큰 배와 작은 배를 쇠사슬로 묶는 연환계를 택한 것이 문제였다. 하지만 조조가 적벽대전에서 큰 피해를 입지 않은 것은 그가 확보하고 있던 천시가 해를 입지 않았기 때문이다. 더구나 조조는 오림과 화용도를 거쳐 허도로 도망치면서도 의연하게 행동해 적벽에서 입은 이미지 손실을 만회했다.

유비는 천시를 목표로 얻은 촉이라는 지리를 관우, 장비와 맺은 개인적 의리로 훼손시켰기에 결국 오나라 정벌에 실패하고 백제성에서 생을 마감했다. 본래 세 사람의 도원결의는 그것이 천시를 밝히기 위한 것이고, 백성을 위한 결의였기에 아름다웠다. 그러나 관우, 장비의 복수를 내세운 전쟁은 백성을 위한 것과 거리가 멀었으므로 천하의 지지를 얻지 못했다.

손권은 천시에 대한 열망이 강했지만, 적벽대전에서 조조의 잠재력을 실제로 확인한 다음부터는 지리를 지키는 데 열중했다. 그는 외적과의 싸움에서도 내부 반란을 진압할 만한 병력을 남겨두고 출동시키는 조심성을 보였다. 손권이 화려하지는 않았지만 가장 오랫동안 생존한 이유가 바로 여기에 있었다.

실패한 전략

삼국지에서 실패한 인물들의 이미지 전략의 중요한 특징은 평화시와 혼란시를 구분하지 못해 이미지 구조의 여섯 가지 속성을 한꺼번에 개선하려 했다는 점이다. 그들에게는 또한 부수적 속성에서의 우위에 의한 단기적 성공을 핵심적 속성에서의 우위에 의한 성공과 구별하지 못하는 치명적인 약점이 있었다. 그 결과 부수적 속성만으로 일인자가 되려고 한 전략적 실수가 발생하기도 했다.

원소는 황건적의 난에 이어 동탁을 토벌할 때까지만 해도, 삼국지의 인물들 중에서 여섯 가지 이미지 속성 모두에서 가장 우위에 있었다. 때문에 원소는 현재의 이미지를 확대한 전략을 택했다. 이것이 평화시라면 분명 성공을 보장해주었겠지만, 당시는 극심한 혼란기였다. 이것이 그가 실패한 이유였다.

혼란시에는 다양한 속성에서 우위를 차지하고 있는 인물들과 경쟁해야 한다. 하지만 원소의 이미지 전략은 결국 어느 하나의 속성에 전력을 경주할 수 없었고, 시간이 흐를수록 각각의 이미지가 분명한 여러 경쟁자보다 뒤처질 수밖에 없었다. 전체적인 이미지가 아무리 우위에 있더라도 핵심 속성에서 경쟁자를 꺾을 수 없었던 것이 바로 원소의 약점이었다.

원술은 동탁을 토벌하기 위한 제후 연합군이 성과 없이 해산한 뒤 남양으로 내려와 기반을 다지는 데 매진했다. 같은 시기에 조조는 산동 지방의 황건적을 평정하며 세력을 확대했고, 원소도 하북 4개 주를 놓고 공손찬과 겨루는 상황이었다.

이와 같이 시작은 경쟁자들과 마찬가지였던 원술이 실패한 이유는 자신의 목적을 달성하기 위한 이미지 전략 자체가 없었다는 점이다. 원술은 줏대 없이 상황에 따라 원칙을 변경했는데, 가장 큰 실수는 손책에게서 얻은 전국옥새를 가지고 스스로 황제를 칭한 일이었다.

그는 전국옥새를 소유한 자가 곧 황제라는 착각에 빠져 있었다. 하지만 그것은 힘을 갖춘 천자가 소유했을 때만 의미 있는 것이었다. 결국 그는 허구적 실세를 실질적 실세로 오인했기에 경쟁자들에게 공적으로 몰렸다.

동탁과 여포는 장수라는 부수적 속성의 우위만으로 천하를 얻을 수 있다고 착각해 실패한 인물들이었다. 동탁은 용맹이 뛰어난 여포를 부하로 삼으면서 권력을 확실하게 장악할 수 있었지만, 역으로 그를 지나치게 믿었기 때문에 처참한 최후를 맞았다.

또한 여포는 자신의 용맹만으로 천하를 종횡할 수 있다고 믿었지만, 그 허점은 하비성에서 조조와 대치할 때 착각이었음이 드러났다. 결국 그는 천시나 지리, 인의를 한 줌도 갖지 못한 채 도부수에게 목이 잘리는 신세가 되고 말았다.

북방의 군벌 공손찬은 군사력을 바탕으로 천하를 차지할 꿈을 꾼 인물이었다. 동탁을 공격할 때만 해도 공손찬은 제후들 가운데 가장 강력한 군사력을 보유하고 있었다. 그러나 요동반도와 이웃해 있는 유주에 터를 잡고 있던 공손찬은 기주를 차지한 원소가 중앙으로 향하는 통로를 막아서자 천시로 가는 길이 막혀 하릴없는 신세가 되었다.

삼국지 : 최후의 생존자들

삼국지는 168년 후한의 영제가 즉위하면서부터 280년 진이 중국을 통일할 때까지 112년 동안의 역사를 사건 중심으로 엮은 소설이다. 그 중에서도 184년부터 220년까지 36년간 벌어진 조조, 유비, 손권의 쟁패전이 이 소설의 핵심이다.

184년에 발생한 황건적의 난은 군웅들이 세상에 자신의 이름을 본격적으로 알리는 계기가 됐다. 이때 동탁, 원소, 원술, 유표, 손견, 공손찬, 조조 등이 일어섰고, 색다른 인물 유비는 의병을 이끌고 스승인 노식의 객장으로 참여해 겨우 명함을 내밀었을 정도였다.

그 중에서 앞서나간 동탁은 184년에 발생한 황건적의 난을 진압한 뒤, 십상시의 발호를 제압한 공으로 승상이 되어 황제를 농락하다가 여포에게 죽음을 당하는 192년까지 8년간 권세를 누렸다. 또 황건적의 난을 평정할 때 중간급 장수들이었던 원소, 조조 등은 동탁을 토벌할 때는 주도적인 장수로 삼국지의 전면에 등장했다.

원소는 조조가 깃발을 올린 동탁 토벌군의 우두머리로, 동탁을 낙양에서 장안으로 쫓아내는 데까지는 성공했지만 18로 제후군을 하나로 합치는 데 실패해 대권을 잡지 못하고 기주를 얻는 데 그쳤다.

조조는 동탁 토벌전에서 가장 공격적인 자세를 취함으로써 황실 보호라는 명분을 얻고, 뛰어난 전략가임을 내외에 과시하는 성과를 얻었다. 그뒤 조조는 산동 지역으로 옮겨와 향후 천하를 경영할 기반을 다진다. 이때 조조는 친인척이었던 조인, 조홍, 하후돈, 하우현 외에도 순욱, 순유, 곽가, 정욱 같은 책사와 이전, 허저 등의 용장을 얻었다.

유비는 여전히 천하를 떠돌며 기회를 엿보았다. 그런 가운데 피아를 구분치 않고 제후들과 교분을 쌓으면서, 인의라는 대명제를 달성하기에 최선을 다했다. 당시 그는 공손찬, 조조, 원소, 여포, 유표 등 대부분의 군웅들과 관계를 맺고 있었다.

비슷한 인물 중에 여포가 있었지만, 여포는 이중인격자라는 허물을 뒤집어쓴 반면 유비는 인격자라는 명성을 얻었다. 이런 유비와 달리 손권은 애초부터 물려받은 땅을 지키는 전략으로 가장 먼저 기반을 갖춘 인물이었다.

삼국지의 시작과 끝을 아울러보면 처음 동탁을 토벌할 때 모인 군웅들은 18명이었다. 그런데 결국 남은 인물은 조조, 유비, 손권뿐이었다. 당시 유비는 공손찬의 객장이었으므로 18명의 군웅들 중에서 16명이 패망했던 것이다. 또 18로 연합군 가운데 조조는 세력이 가장 약했고, 유비는 비교할 처지조차 되지 않았다.

이것은 무엇을 말하는가? 조조, 유비, 손권 세 사람은 한번 수립한 이미지 전략을 지속적으로 추진했기에 경쟁자들 틈에서 꿋꿋이 살아남았다는 방증이다. 특히 조조와 유비는 자신의 이미지를 확대하기 위해 방해되는 것을 미련 없이 포기했다.

현대적 관점에서 볼 때 그들은 광고에서 이용하는 포지셔닝 전략을 추구했다고 봐도 무리가 없을 듯하다. 그렇다면 우리는 삼국지의 성공한 군웅들이 펼친 전략의 후신이랄 수 있는 현대의 포지셔닝 전략을 살펴볼 필요가 있다.

포지셔닝 전략

현대 광고의 전략은 10여 년을 주기로 변해왔다. 1950년대까지는 특유제언 전략(USP : Unique Selling Proposition), 즉 자사 상품의 탁월한 이점을 강조하는 광고 전략의 시대였다. 그것은 가격, 디자인, 품질, 성능, 구매 용이성 등 경쟁 상품에 비해 뛰어난 점을 강조해 차별화하는 광고 전략이었다.

제2차 세계대전 이후에는 군수산업의 생산시설이 민간용 상품 생산시설로 전환하고, 군사기술이 민간인한테 이전되면서 눈에 띄게 제품의 품질과 기능이 개선됐다. 새로운 기술이 반영된 상품은 금세 이전 상품과 차별화됐다. 이에 따라 광고는 신제품의 장점을 소비자에게 알리는 메신저 역할만 담당하면 그만이었다.

그런데 1960년대 들어 기술의 발달, 유통망 확충, 생산체계의 안정화 등으로 차츰 경쟁 상품끼리의 차이점을 발견하기 어려워졌다. 이미 시장에서 탄탄한 지위를 차지했던 상품은 그 상태를 유지할 수 있었지만 신상품들은 제자리를 찾기 어려워졌다.

이런 상황에서 이미지 광고 전략이 꽃피우게 됐는데, 똑같은 특징의 제품이라도 광고로서 경쟁사와 차별화할 필요가 생겼기 때문이다.

이미지 광고 전략이란 상품의 구매나 사용과 관련된 생활이나 가치를 하나의 이야기로 꾸며 상품의 사회적 이미지를 구축하는 광고 방법이다. 비슷한 상품이라도 광고에 따라 이미지가 다르게 느껴지기 때문이다. 곧 광고 차별화를 통해 상품 차별화를 유도하는 전략이라고 할 수 있다.

기술 발달로 제품의 차별화는 어려워졌지만 광고를 통한 이미지 차별화는 훨씬 간단했다. 이에 따라 광고는 상품에 퍼스낼리티personality를 부여하는 방향으로 진행되었다. 즉 상표에 품격을 부여하는 것이다.

이미지 광고 전략은 우선 상품에 어떤 이미지를 부여할 것인가를 결정한 다음 그에 걸맞은 이미지를 창조한다. 여기에는 경쟁사와의 차별화는 물론 고급 이미지를 구축하는 것이 중요한 소구점이었다.

때문에 광고인 오길비는 '광고란 아이디어를 바탕으로 상표에 퍼스낼리티를 부여하는 것'이라고 단정하기까지 했다. 일례로 파카 만년필은 세계적인 협정서에 서명하는 장면에 등장함으로써 고급 만년필이라는 이미지를 얻었다.

그러나 이와 같은 이미지 광고 전략은 시장점유율 1위인 기업에게 효과적이라는 연구 결과가 계속 발표되면서, 2위 이하의 기업이나 신상품을 개발한 기업들은 고민에 빠지게 되었다. 아무리 상표 이미지를 좋게 만들 수 있는 광고를 실행하더라도 1위 기업의 물량 공세에 소비자들은 1위 기업의 상표 이미지만 기억하는 역효과가 나타났다. 즉 이미지 광고로 상품 이미지를 차별화하는 전략은 한계에 다다랐다는 뜻이다.

그리하여 2위 이하의 기업들이 이미지 광고의 한계를 돌파하기 위해 고안한 방법이 바로 포지셔닝 광고 전략이었다. 이 방법은 상품 이미지를 구성하는 여러 가지 요소 중에서 자신의 상품이 지닌 가장 우수한 부분만 집중적으로 강조해 그 요소를 중요시하는 일부 소비자들만이라도 확실하게 확보하는 전략이다. 다시 말해 이미지 광고에서 1위 기업이 압도적으로 유리하기 때문에, 소비자에게 자신의 상품이 모든 면에서 최고라는 것보다 탁월한 어느 부분만 각인시켜 시장경쟁에서 살아남고, 차츰 시장점유율을 높여나가는 전략이다.

이 같은 포지셔닝 전략의 대표적인 성공 사례는 미국의 렌터카 업체인 아비스Avis의 2위 광고 전략이었다. 그들은 '우리는 2위다'라는 광고로 커다란 성공을 맛보았다. 당시 렌터카 업계는 1위인 헤르츠Hertz 외에도 수많은 업체들이 경합하고 있었는데, 아비스는 이런 전략으로 2위 자리를 확실하게 굳혔을 뿐만 아니라 헤르츠와 경쟁할 수 있는 수준까지 성장했다.

그런데 아비스의 광고 때문에 포지셔닝 광고 전략을 2위나 3위 자리라도 확실하게 확보하는 전략으로 오해하는 경우도 생겨났다. 하지만 아비스의 광고가 성공한 것은 2위라는 말 때문이 아니라 2위이기에 더욱 열심히 일한다는 주장 때문이었다. 2등인 회사는 1등이 되기 위해 더욱 열심히 일할 것이라는 소비자들의 기대를 역이용한 것이다.

열심히 일하면 더욱 친절할 것이고, 정비도 좀더 신경쓸 게 아닌

가. 렌터카를 빌릴 때 차량이 깨끗하고, 직원이 친절하며, 정비가 잘되어 있다는 것은 중요한 계기다. 물론 1위인 렌터카 회사를 이용하면 원하는 차를 빌릴 수 있고, 여러 곳에 대리점이 있어 이용하기 쉽다. 따라서 아비스는 렌터카에 대한 소비자의 이미지 구조 가운데 두 번째로 중요한 서비스 부문에서 1위를 차지하려는 전략을 구사한 것이었다.

1950년대부터 활발하게 이용된 특유제언 전략, 1960년대의 이미지 전략, 1970년대의 포지셔닝 전략은 퇴적암처럼 쌓여 지금은 이 세 가지 전략이 혼용되고 있다. 일례로 광고를 기획할 때는 포지셔닝 전략을 기본으로 목표를 달성하기 위해 특유제언을 할 것인지, 이미지 광고를 할 것인지를 결정하는 방식이다. 과거에는 전략이었던 것이 현재는 전략을 수행하는 전술이 되어버린 것이다.

포지셔닝 전략을 구사하려면 현재 기업이 처해 있는 위기와 기회, 시장에 대한 정확한 분석이 선행되어야 한다. 상품의 특성이 무엇이며, 각각의 특성에서 경쟁 상품과의 차별성을 평가하고, 소비자들의 구매심리도 조사해야 한다. 여기에 실제로 광고에서 이용할 수 있는 포지셔닝 전략의 기회와 한계도 분석해야 한다.

기업들은 이러한 분석에 바탕을 두고 포지셔닝 광고 전략을 수립하고 집행하지만 막상 소비자들은 마음속에 있는 그림을 쉽게 바꾸려 하지 않는다. 마음속의 그림은 세상을 보는 눈이다. 때문에 그 기준을 바꾸면 살아가는 데 왠지 혼란스럽고 어색한 느낌이 들게 마련이다. 따라서 포지셔닝 전략은 꾸준히 하나의 포지셔닝을 고수해야 효과가 있다. 짧은 기간에 효과를 욕심내어 자주 전략을 전환하면 결국은 아무런 포지셔닝도 할 수 없게 된다.

　포지셔닝 전략은 이미지 구조의 한 부분부터 확실하게 1위를 해 나가는 전략이다. 물론 욕심 같으면 모든 이미지 구성요소에서 1위를 하고 싶지만, 그것은 엄청나게 많은 노력과 비용을 요구한다.

이미지 이론으로 풀어본 삼국지의 수수께끼

조조는 결코 적벽대전에서 패하지 않았다. 애꿎게 당한 것은 수십만에 달하는 형주군이었다. 그들이 무사하다면 어차피 유비나 손권에게 편입될 가능성이 높았으므로 조조로서는 손해본 게 없었다.

이 싸움은 한편으로 천시의 주인인 조조가 서쪽의 지리를 추구하기 위해 인의의 주인인 유비를 자신을 위협할 수 없는 영역으로 쫓아냈다는 소득이 있었다. 하지만 유비로서도 자신을 따르는 민심으로 인의를 확립했고, 형주라는 근거를 마련하는 계기가 되었으며, 손권 또한 허약한 군주 상에서 내부를 확실히 장악하는 강력한 군주 상으로 이미지를 일신하는 성과를 거두었다. 한마디로 적벽대전은 패자가 없는 싸움이었다.

조조의 이미지 전략 6

"천시로써 지리와 인의를 얻는다"

첫째, 상징조작에서 우위를 점한다.

　－상징의 이용 : 붉은색 군대, 백만 대군,

　－대의명분의 활용 : 천자를 옹립, 관직의 수여

　－유리한 위치를 선점 : 십상시 공격, 동탁 토벌의 격문, 원소의 격문

둘째, 작은 것으로 큰 것을 챙긴다.

　－유비와의 영웅론

　－관우에 대한 관용, 오관육참

셋째, 항상 의심한다. 위험에 미리 대처한다.

　－2인자 견제 : 모사(순유, 순욱, 곽가, 정욱)와 장수(조인과 하후돈)

　－위험에 미리 대처 : 배후세력(마등, 장수의 정벌), 내부의 적(잠버릇)

넷째, 지지 않는 전략과 지더라도 다음을 위해 얻을 것을 생각한다.

　－결정적 승리보다 결정적 패배를 조심(연주와 서주, 관도 싸움)

　－외부에서 지더라도 내부에서는 이길 수 있도록 준비(적벽대전)

다섯째, 부하들을 경쟁시킨다.

　－동작대 준공잔치에서의 장수와 책사들의 경쟁

●●●

조조는 천시를 먼저 확보하고, 그것을 바탕으로 지리를 얻으면 인의가 자연스럽게 쌓이거나 강제력으로 인의를 쌓을 수 있다고 생각했다.

천시를 기다리는 조조

조조는 삼국지에서 가장 성공적으로 이미지를 구축한 인물에 속한다. 일반적으로 조조는 간웅으로 묘사되지만, 그는 환관 가문의 한계를 뛰어넘어 승상을 거쳐 위왕에 올랐으며 아들을 황제로 키워낸 영웅 중의 영웅이다.

조조는 화려하고, 치밀하게 자신의 이미지를 구축한 전략가였다. 그는 이미지 전략의 핵심 속성인 천시, 지리, 인의 가운데 천시를 택해 쟁취한 다음 그것을 바탕으로 지리와 인의를 추구하는 전략을 사용했다.

천시는 한마디로 국가의 정통성이다. 그것은 두 가지 방법으로 확보할 수 있는데, 하나는 기존 질서와 권위를 이용하는 것이다. 조조가 활약했던 삼국시대는 천자의 권위가 천시였다. 즉 천자를 마음대로 조종할 수 있으면 천시를 장악하는 것이 된다. 또 다른 하나는

스스로 천자가 되는 것이다. 그것은 역성혁명, 즉 기존의 질서를 뒤
엎을 때만 가능하다.

조조는 전자의 경우를 취한 경우인데, 그는 오랫동안 때를 기다
렸다가 기회가 주어지자 망설임 없이 천시를 움켜쥐었다. 그리고 그
것을 바탕으로 지리로 나아가는 데 주저하지 않았다. 천시보다 먼저
빼앗길 것이 있어야 천시를 잃지 않는다.

대세를 정확히 읽는다

조조는 황건적의 난을 통해 4백 년간 이어온 한나라의 힘을 확인
했다. 아무리 천자가 무력하다 해도 그의 권위는 황건적의 엄청난
힘을 와해시킬 수 있었다. 천자로 상징되는 하늘의 뜻은 수백만에
달하는 황건적의 힘보다 월등했다.

조조는 환관의 후예였다. 그의 부친인 조숭은 본래 하후씨였으나
낙양의 유력한 환관이었던 조등의 양자로 들어가면서 조씨 성을 얻
었다. 조등은 황후의 시종장격인 대장추大長秋란 직위에 있었고, 그
덕에 조숭은 짧은 기간이나마 태위 벼슬을 지냈다. 당시에는 환관이
빛을 보던 시절이라 양자에게 벼슬을 사줄 수 있었다.

이런 배경을 지닌 조조가 낙양에서 벼슬을 했지만 환관을 멸시하
는 세상 사람들의 시선에서 벗어나기는 어려웠다. 때문에 조조는 평
생 가문의 멍에를 벗겨내기 위해 고심했다. 초기에 그의 가장 강력
한 경쟁자였던 원소가 사대삼공이라는 명문가의 후예라는 점도 그
를 괴롭혔다. 조조는 이런 자신의 약점이 낙양에서 활동하는 데 커
다란 장애가 된다는 점을 알고 스스로 천하를 쟁취하는 데 걸맞은

자격을 갖추려고 애쓴다.

사실 어떤 일을 하는 사람의 자격을 따지는 것은 모호한 면이 없지 않다. 하지만 '인사人事가 만사萬事'라는 말처럼 사람마다 맞는 일의 궁합이 있다. 더구나 세상에서는 일의 부피가 크면 클수록 그것을 맡은 사람의 자격을 따지는 것이 일반적이다. 그런데 조조가 노리고 있는 것은 다름 아닌 천하가 아닌가.

이런 난제를 안고 있던 조조의 고민을 풀어줄 수 있는 유일한 탈출구는 바로 천시였다. 곧 천시의 상징인 천자를 옹립하면 복잡한 매듭이 한꺼번에 풀릴 가능성이 있었다. 하지만 거기에도 문제가 있었다. 후한이 기울어지기 시작한 것은 환관과 외척의 발호에서 비롯됐기 때문에 그들은 백성들의 원성을 사고 있었다. 한마디로 자격 미달이었다. 그런 만큼 조조가 얻으려 하는 천시는 거꾸로 자신을 위기로 몰아넣을 수도 있는 위험한 목표였다.

조조의 고민은 또 있었다. 자신이 처한 상황이 치세인지 난세인지를 판단하고, 난세라고 하더라도 치세로 돌릴 수 있는 일시적 난세인지, 아니면 역성혁명이 가능한 완벽한 난세인지를 정확히 가늠해야 했다. 그래야만 천자를 이용만 할 것인지, 스스로 그 자리를 노려도 될 것인지를 결정할 수 있었기 때문이다. 이런 판단은 향후 그의 행동방식에 중요한 기제로 작용했다.

도전할 자격을 갖춘다

삼국지의 현장인 후한 말기의 정치 난맥상의 가장 큰 원인은 천자와 관료로 지탱되던 통치체제가 환관과 외척의 발호로 흐트러진 데 있었다.

한 고조 유방이 일으킨 전한前漢이 외척인 왕망에 의해 무너지자 남양의 호족 출신이었던 광무제는 황하 유역의 호족들과 힘을 합쳐 왕망을 물리치고 후한을 세웠다. 즉 한나라의 기본 골격은 중앙권력과 지방호족의 연합체였다.

당시 호족들은 향거이선鄕擧里選이라는 관리등용법으로 중앙에 진출하거나 유명한 학자의 추천으로 중앙의 관리로 등용될 수 있었다. 또 대장군, 대사마, 태부 등 중앙의 최고 관직자들의 천거로 낭관郎官이 될 수 있었다. 낭관은 고급관료가 되기 위해 반드시 거쳐야 하는 자리였다. 그런데 후한 말기에는 이 같은 관리등용체계가 흔들리면서 조정의 힘이 극도로 쇠약해졌다.

후한의 통치체제는 중앙과 지방으로 구분되고, 중앙관료와 지방관료가 명확히 구분되어 있었다. 때문에 중앙과 지방의 관료는 직접 소통을 하지 않았다. 다만 중앙과 지방을 통합하기 위해 지방의 수장은 중앙에서 임명해 내려보냈고, 중앙에서 내려온 수장은 그 지역의 호족 중에서 유능한 인물을 지방관료로 임명했고, 지방관료 중에서 유능한 인물을 중앙관료로 추천했다.

지방 관제는 현縣＞군郡＞주州의 순서로 이루어져 있었는데, 현의 수장은 현령('승'이라고도 불렀음), 군의 수장은 태수, 주의 수장은 자사였다. 중앙에서 임명하는 관리는 승(현령이나 군의 차장)까지이고, 그 아래의 관직은 지역의 수장이 임명했다. 낭관이 되면 지방의 수장이 될 수 있었다. 그런데 여기에는 회피제도가 있어, 중앙관리를 고향이나 그 인근 지역의 수장으로 임명하지 않았다.

그런데 후한 말기 환관과 외척들이 정권을 장악하면서 이러한 관리등용제도가 사유화되기 시작했다. 권력자와의 친분이나 뇌물의 양이 관직의 우등을 결정하는 기준이 되었다. 조조도 이런 과정을 통해 벼슬을 얻었다.

한나라에 외척이 발호하기 시작한 것은 제4대 황제인 화제和帝 때부터였다. 즉위 당시 화제의 나이는 열 살에 불과했으므로 두 태후가 수렴청정을 하면서 외척인 두 일가가 권력을 휘둘렀다. 이후 화제가 환관들의 힘을 빌려 정권을 되찾았지만, 그뒤에는 환관들이 득세했다.

삼국지의 시점인 제10대 환제 역시 이와 비슷한 과정을 거쳐 즉위한 황제였다. 그는 무소불위하던 외척 양기 일당을 환관 단초單超의 도움으로 물리쳤지만, 이는 환관들에게 힘을 실어준 꼴이 되었다.

이렇듯 황제를 등에 업은 환관과 외척이 국가 권력을 농락해 나라가 어지러워지자 정통 관료들이 들고일어났다. 하지만 전제사회에서 황제의 총애는 바로 대세였다. 때문에 환제에서 영제에 이르기까지 정통 관료들은 대대적으로 숙청되었다. 그 과정에서 비워진 자리는 권력자들의 사복을 채워주는 '매관매직'의 도구로 전락했다.

이런 시점에서 남들과 마찬가지로 벼슬을 사서 낙양의 관리가 된 조조는 무너지는 한나라를 일으키고 관료로 입신하려는 야망을 품고 있었다. 하지만 그러려면 나라를 파탄지경으로 몰고 온 환관의 후예라는 짐을 반드시 벗어야 했다.

그의 조부인 조등은 순제, 질제, 환제 등 황제 3대를 모셨으며, 특히 환제가 즉위하는 데 크게 기여한 인물이었기에 조조의 부담은 더욱 컸다. 때문에 그의 급선무는 자신이 능력 있는 관료이자 장수라는 사실을 인정받는 것이었다. 그럼으로써 천자를 제대로 보좌할 수 있는 사람이라는 이미지를 세상에 알려야 했다.

당시 실세는 십상시라 불리는 환관 집단이었다. 조조는 낙양도위라는 벼슬을 하면서 십상시의 인척을 엄벌하여 원칙에 충실한 젊은 장수라는 이름을 얻었고, 다른 한편으로 정통 관료 출신들과 교류해 환관의 후예라는 이미지를 지워갔다. 이때 원소는 조조가 정통 관료 출신들과 어울리는 다리 역할을 했다. 원소는 4대에 걸쳐 삼공을 지낸 명문가의 후예였으므로, 그가 조조를 인정해준다면 다른 사람들도 조조를 부인하기 힘들었다.

이들을 통해 이미지를 일신하려 했던 조조의 생각은 시간이 지나면서 바뀌었다. 황건적의 난, 십상시의 발호, 동탁의 철권정치에 제대로 대응하지 못하는 황실과 정통 관료들에게 실망했을 뿐만 아니라 무력한 황제와 우유부단한 관료 집단은 천하를 안정시키는 데 아무런 도움이 되지 않는다고 확신했던 것이다. 조조는 난세를 치세로 바꾸기보다 아예 하늘을 바꾸어 천시를 바로잡는 쪽으로 방향을 전환했다.

그렇지만 천시는 정통성이자 대의명분이기 때문에 함부로 움직일 수 없었다. 황제의 권위는 이미 땅에 떨어졌지만 그 상징의 위력은 여전히 가공할 만한 탄성을 가지고 있었다. 황건적 진압과 동탁 토벌군이 바로 그것이었다.

새로운 하늘이 열리기 전에는 어제의 하늘이 오늘도 하늘이라는 점을 조조는 확실히 깨달았다. 천자가 있는 곳은 권력의 핵심이었다. 천하 제후들의 공격을 받은 동탁이 천자를 이끌고 도읍을 장안으로 옮겨가자 권력의 핵심은 낙양에서 장안이 됐다. 또 천자가 낙양으로 도망가자 권력의 중심지는 다시 낙양으로 이동했다. 이러한 권력의 속성을 직시했던 조조는 훗날 천자를 자신의 근거지와 가까운 허도로 데리고 왔다.

조조는 호족 출신도 아니었고 지리적 기반도 미약했다. 고향인 패沛는 중앙과 너무 가까워 독자적인 세력을 구축하는 데 불리했다. 또 성격이 직선적이고 공격적이었으므로 남에게 겸손하거나 양보하는 것을 잘 할 수 있는 인물도 아니었다. 때문에 그가 기대할 수 있는 것은 오로지 천시밖에 없었다.

낙양에서의 관직 생활과, 황건적 토벌을 통해 환관의 후예라는 점보다는 정통 관료와 장수로 인정받았던 조조는 이후 중앙과 고향을 오가며 주도면밀하게 자신의 기반을 강화했다. 또한 산동반도 근처에 있는 동군태수가 되자 안팎으로 동지들을 규합해 군사를 조련하면서 미구에 닥칠 기회를 움켜쥐고자 했다.

이때 그의 부친 조숭은 환관들에게 돈을 주고 삼공의 하나인 태위라는 벼슬을 얻었다. 이렇게 해서 아들은 고향에서 기반을 다졌고, 아버지는 중앙으로 진출해 위험에 대비하고 중앙권력의 동태를 감시했다.

준비한 자에게만 기회가 온다

189년, 영제가 죽고 소제가 14세의 어린 나이로 즉위했다. 그리고 소제의 모친인 하 태후가 섭정을 맡은 뒤, 그녀의 오빠인 대장군 하진이 정권을 장악했다. 이로써 그동안 환관의 이목을 피해 있던 사람들이 낙양으로 복귀하기 시작했다. 이때 조조는 하진 밑에서 전군교위를, 원소는 중군교위를 맡고 있었다.

그런데 하진은 갑작스레 얻은 권력을 유지할 능력이 없는 인물이었다. 그는 섣불리 환관들을 죽이려다 역습을 받아 목숨을 잃고 말았다. 이 사건으로 낙양성이 대혼란에 빠지자 서량의 군벌이었던 동탁이 낙양을 점령하고 권력을 틀어줘었다.

얼마 뒤 어린 소제를 폐위시키고, 더 어린 헌제를 즉위시킨 동탁은 조조를 효기교위로 삼고 대사를 의논하려 했다. 하지만 동탁의 그릇을 알아본 조조는 그를 죽이려다 실패하고 도망쳤다.

그때부터 조조는 본격적으로 새로운 하늘을 열기 위한 준비작업에 착수했다. 1단계는 천자를 옹립해 대의명분을 확보하는 것이고, 2단계는 스스로 천자가 되는 것이었다. 이를 위해 그는 동탁을 토벌하자는 격문을 돌리며 의병을 모집해 스스로의 입지를 강화했고, 제후군에서는 원소에 이어 전략가로서의 자신을 한껏 드러냈다.

이후 조조는 차츰 세력을 확장해 이듬해인 192년 연주를 함락시키고 동평까지 세력을 뻗쳤던 황건적을 토벌하면서 막강한 힘을 갖추었다. 그는 연주목이 되어 항복한 황건적 가운데 정예병을 뽑아 청주병이라는 대군을 조직했다. 이로써 그는 태산을 중심으로 한 산동 지역에서 기반을 확고히 다졌다.

이런 가운데서도 그는 지속적으로 자신의 공로를 천자에게 보고하는 신하로서의 자세를 갖추었다. 이런 치밀한 준비를 바탕으로 196년 드디어 조조는 천시를 움켜쥐었다. 장안의 난리를 피해 산동의 안읍까지 도망쳐온 헌제를 맞아들인 것이었다.

이때 경쟁자 원소는 동탁 토벌군이 성과 없이 해산되고, 동탁이 여포에게 죽어 중앙권력이 혼란에 빠지자 천시 대신 하북의 지리를 얻는 쪽으로 방향을 선회했다. 하지만 조조는 천자의 요청에 응한다는 대의명분을 가지고 자연스럽게 천시를 얻었다.

오랜 노력 끝에 얻은 천시를 조조는 낭비하지 않았다. 이전의 동탁이나 이각, 곽사는 권력을 즐기려고 했지만 그는 미래를 보고 달렸다. 천시는 수비용이 아니라 공격용 속성임을 그는 잘 알고 있었다.

이제 그의 모든 움직임은 천자의 이름으로 정당화되었다. 제후들에게 작위를 내릴 수 있고, 역적으로 몰아 토벌할 수도 있었다. 이것이 바로 조조가 얻은 천시의 힘이었다. 이때부터 그는 가까운 곳을 공격하고 먼 곳과 동맹을 맺는 '근공원교近功遠交'의 원칙을 착실히 지키며 천하제패의 두 번째 핵심 속성인 지리를 확장해가기 시작했다.

천시가 모든 것이다

조조는 병법서를 쓸 만큼 매우 뛰어난 장수이자 전략가였지만 전쟁에서 패배한 적도 많았다. 그런데 조조의 장점은 승패에 있었던 것이 아니라 그 결과를 자신에게 유리하게 이용할 줄 알았다는 점이다.

그는 승세를 타면 끝까지 추적해 뿌리를 뽑았고, 패세를 타면 피해를 최소화하는 방법을 찾았다. 또한 이기기 힘들다고 판단되면 과감하게 철수하는 결단력이 있었다. 승리했을 때는 잘못된 점을 찾아 반성하고, 패배했을 때는 그 과정에서 얻은 교훈을 강조하면서 하늘의 뜻이 조조에게 있음을 선전하는 데 게을리 하지 않았다. 천시를 가진 자가 지리를 얻으려다 성공하면 승리한 것이고, 실패하더라도 천시를 유지하고 있으면 결코 패배가 아니라는 것이 조조의 전략관이었다.

천시를 이용한 이미지 전략

천시를 얻기 위해 천자의 중요성을 인식

맹자에 따르면, 중국의 지배 이데올로기는 '인의＞지리＞천시'의 순으로 중요도를 규정할 수 있다. 그렇다면 조조는 가장 낮은 가치를 추구했다고 할 수 있을까?

공자와 맹자가 인의의 중요성을 강조하긴 했지만 실제로 그들의 사상이 수용된 시점은 춘추전국시대가 진으로 통합되고, 초·한시대를 거쳐 다시 한으로 통합된 때였다. 이처럼 평화시에는 인의가 가장 중요하게 수용될 수 있었지만 혼란기에는 상황이 달랐다.

항우와 유방이 쟁패전을 벌일 때는 진나라의 수도인 함양을 누가 먼저 점령하느냐가 천하제패의 상징이었다. 당시 힘이 미약했던 유방은 항우보다 먼저 함양에 입성했지만 그 공을 포기함으로써 경쟁자 항우의 경계심을 완화시켰다. 이것이 훗날 항우를 꺾고 천하를 거머쥐는 먼 원인이 되었고, 한나라를 세운 뒤에는 인의를 베풀어 백성들의 마음을 얻는 데 전력을 다했다. 그가 진나라의 엄격한 법을 없애고 단 세 가지의 법만 공표한 것이 증거다.

이후 삼국지의 배경인 후한 말기에 이르면 천자에게 모든 권력이 집중되어 있었다. 당시 실질적 권력이 십상시를 비롯해 동탁이나 조조에게 넘어간 상태라고 하더라도, 이들은 전한과 후한을 통틀어 4백여 년간 이어져온 한나라의 저력을 한순간에 뒤집을 수는 없었다. 때문에 이들 권력자들은 자신들의 명령이나 결정에 반드시 천자의 명령을 끼워넣었다. 때문에 천시를 얻지 못한다면 천하제패의 꿈은 공염불에 불과했다.

이미지 전략가로서 조조의 장점은 천자로 대표되는 천시를 우연히 얻은 것이 아니라 철저한 분석에 의해 쟁취했다는 점이다. 치밀한 계획을 통해 조조가 천자를 옹위한 일은 이전의 십상시, 동탁, 이각과 곽사 등의 경우와 완연히 달랐다.

다른 제후들도 천시의 중요성을 알고 있었던 듯하다. 그것은 전국옥새를 둘러싼 여러 사건을 통해 드러났다. 옥새는 십상시의 난 중에 궁중에서 사라졌다가 우연히 동탁을 공격하던 손견이 처음 수중에 넣었다. 그후 손견의 아들 손책에게서 군사를 담보로 전국옥새를 얻은 원술은 스스로 황제를 칭하며 희희낙락했다. 전국옥새란 일견 옥으로 만든 도장에 불과했지만 천시의 상징이기도 한 까닭이었다.

조조는 일찍부터 천시의 중요성을 감지하고, 다른 제후들보다 앞서 노력한 끝에 중원의 지배력을 획득할 수 있었다. 그는 천시를 확보하기 위해 다음과 같은 두 차례의 전략 변화를 꾀했다.

첫 번째 전략은 천자에 대한 충성을 통해 관료로 최고의 자리에 오르는 것이었다.

환관의 후예였던 그는 십상시가 권력을 농단하는 시대 상황에서 그들과 뿌리가 같다는 약점으로 말미암아 고위직에 오르는 데는 한계가 있었다. 그리하여 조조는 의를 강조하며 자신의 이미지 개선을 시도했다.

낙양의 북부도위 시절, 십상시의 한 명이었던 건석의 아저씨가 한밤중에 도성을 통과하자 조조는 국법을 행하는 데 사심이 있을 수 없다며 그 자리에서 때려죽이게 했다.

이 사건을 기화로 조조는 자신을 백안시하던 명문가의 후예들과 어울렸다. 또한 황건적과 싸울 때는 부대를 온통 붉은색으로 치장해 자신의 존재를 분명하게 알리는 이미지 전략을 구사했다.

이 같은 전략은 동탁 토벌군의 작전 과정에서 원소에 비해 현실적으로 미흡한 자신의 세력을 확인한 다음 깨끗이 포기됐다. 그리고 실질적인 기반을 닦기 위해 낙양에 가까운 진현으로 근거지를 옮긴 다음 자신의 세력을 확장해갔다.

두 번째 전략은 스스로 천자를 끼고 천시를 잡는 것이었다.

이것은 그가 후한의 도읍을 허도로 옮기면서 가시화되었고, 죽을 때까지 계속됐다. 결국 조조는 천자로 대변되는 천시를 움켜쥠으로써 출신 가문의 불리함, 지리의 협소함 등을 극복하고 천하제패 경쟁에서 앞서나갈 수 있었다.

그가 이처럼 발빠르게 움직인 반면 다른 제후들은 지리에만 연연했다. 이는 자칫하면 동탁처럼 천하 제후들의 공적으로 몰릴까봐 두려워한 까닭이었다. 그러나 조조는 천시의 장점과 그 운용 방법까지 알고 있었다.

과연 조조는 천자를 보호한다는 명분으로 수많은 실리를 챙겼다. 일차적으로 그는 여러 제후들에게 관직을 내려주면서 불리한 여건들도 하나하나 극복해갔다.

우선 원소에게 대사마의 직위를 내려 천도 이후의 혼란을 수습할 시간을 벌었다. 이 잠시 동안의 여유는 관도 싸움의 승리로 이어졌다. 또한 손권과 유비가 형주를 두고 다툴 때도 손권측의 주유에게 남군태수라는 관직을 내려 은밀히 오를 자극했다. 천자의 명령으로 형주의 주인을 '유표→유기→유비'의 순이 아니라, '유표→주유'로 이어졌음을 선언한 것이었다. 이로써 두 진영이 이전투구를 벌이자

조조는 내심 쾌재를 부르며 양측의 에너지가 소진되기를 기다릴 뿐
이었다.

천시를 얻기 위한 청주 경영

다른 제후들과 달리 변변한 지리를 확보하지 못했던 조조에게는
고향인 패나 한때 머물던 진현도 거주지로서의 의미만 있을 뿐, 힘
의 근간은 되지 못했다. 이때까지만 하더라도 조조는 땅보다 그 땅
에서 태어난 인물들을 모으는 데 주력했다. 하후돈과 하우연, 조인
과 조홍 등 친인척은 물론 허유, 이전 같은 인물들과 교류하면서 부
수적 속성인 장수와 전략 등에서라도 우위를 점하기 위해 노력했다.

당시 그가 머물던 지역은 도읍에 가까웠으므로 중앙에 소속되어
지리적인 기반으로 삼기에는 한계가 있었다. 그러므로 조조는 때를
엿보다 청주와 연주, 서주 등지를 확보함으로써 지방제후의 일원이
되었다. 조조의 군사를 청주병이라고 불렀던 것도 바로 청주가 지리
로서 조조에게 주는 의미 때문이었다. 하지만 청주와 인근 지역은
원소, 공손찬, 유표, 원술, 여포 등의 근거지에 둘러싸여 있는 불안정
한 지역이었다.

이 시기에 조조의 주된 관심은 천자를 둘러싸고 있는 낙양이었다.
때문에 이각과 곽사가 조정을 휘어잡았을 때 경쟁하다시피 영토 확
장을 했던 여타 제후들과 달리 그는 제자리를 지키며 사태의 추이
를 예의 주시했다.

이런 인내심의 결과 조조는 혼란 중에 천자를 구원할 인물로 낙
점받았고, 다른 제후들도 이에 즉각적으로 반대하지 않는 상황을 창
출했다. 즉 땅을 놓고 원소는 공손찬과 싸우고 원술은 유표, 손견과

다투는 상황에서 조조는 도움을 요청받은 지역(청주, 연주, 서주)의 어려움을 해소하는 방식으로 땅을 확보했다. 그러면서도 조조는 제후들에게 자신이 다른 경쟁자의 편을 들지 않는 것만 해도 다행이라는 생각을 품게 만들었다.

허전 사냥터의 이해득실

천시를 움켜쥔 조조는 즉시 도읍을 허도로 옮기고 황제와 관료를 자신의 세력 아래에 편입시켰다. 그렇지만 조조는 동탁이 권좌에 있을 때 많은 조정 관료들이 무수히 거사를 도모했던 일을 잊지 않았다. 조조 자신도 그런 자객의 역할을 수행하지 않았던가. 때문에 그는 자신의 신변을 보장할 만한 모종의 조치를 취하기로 결심했다.

내정이 어느 정도 안정되자 조조는 그 결심을 행동으로 옮겼다. 이때는 유비가 여포에게 서주를 잃고 조조에게 의지하고 있을 무렵이었다. 조조는 천자와 함께 허전이란 사냥터로 나갔다. 사냥이 시작되자 조조는 실력을 유감없이 발휘해 많은 사냥감들을 포획했지만 황제는 한 마리도 잡지 못했다. 그러자 황제는 조조에게 자신의 활과 화살을 건네며 대리 사격을 요청했다. 이에 조조는 황제의 활로 멀리 있는 사슴을 명중시켰다. 신하들은 이것이 황제의 실력인 줄 알고 환호성을 질렀다. 이때 조조는 황제의 활과 화살을 치켜들면서 말을 몰고 앞으로 나아가며 희희낙락했다.

이런 조조의 불충한 행동에 많은 신하들이 분개했다. 당시 유비와 함께 사냥터에 갔던 관우는 대노해 조조를 베려 했지만 유비가 재빨리 저지했다. 심상찮은 분위기를 감지한 조조는 즉시 천자에게 활과 화살을 돌려드리며 그의 은덕을 칭송했다.

허전 사냥터에서 조조가 보여준 의도된 도발은 조정 내에 있는 자신의 세력과 반발 세력을 가늠하기 위한 주도면밀한 사건이었다. 천자의 활과 화살로 신하들의 환호를 가로채자 반조조파는 격분했지만 친조조파는 별다른 이의를 제기하지 않았다.

그런데 조조의 시야에 분개하는 신하들의 수가 훨씬 많았다. 이에 조조는 허도로 돌아온 뒤 그들에 대한 경계를 강화했다. 그렇지만 망외의 소득은 있었다. 그의 무리한 행동에 대해 그 누구도 직접적으로 항의하지 않았다. 이는 조조가 천시를 장악하고 있다는 반증이었다.

사실 이 사건은 조조에게도 위험한 시도였다. 장소가 사냥터였으므로 대부분의 참가자들이 무장을 하고 있었다. 만일 그때 유비가 제지하지 않았더라면 관우의 손에 목숨을 잃었을 수도 있었다. 관우는 원소의 총대장인 안량과 문추조차 단칼에 목을 베는 실력자가 아니었던가. 만일 상황이 이렇게 전개되었다면 조정의 간웅은 사라지고 천하는 태평해졌을 텐데, 왜 유비는 그 행동을 애써 막았을까?

첫째, 관우가 조조를 죽일 수 있는 확률은 절반에 불과했다. 이는 나중에 불만을 토로하는 관우에게 유비가 설명한 이유다. 당시 사냥터에는 조조의 맹장들로 가득 차 있었다. 이들에게 조조의 안전은 자신들의 영화와 직결되기 때문에 의심의 눈초리로 주변을 감시하고 있었다.

둘째, 설사 관우가 조조를 죽였더라도 유비에게는 실익보다 난제가 겹쳐 있었다. 조정의 실권을 장악하기는커녕 마치 여포가 동탁을 죽였을 때와 비슷한 상황이 전개될 가능성이 농후했다. 주군을 잃은 조조의 부하들이 분노해 유비 일행을 격살했을 것이고, 이미 조조

일파가 군권을 장악한 상황에서 이각과 곽사 같은 인물이 부상했을 것이다. 그렇게 되면 그 혼란의 원죄는 고스란히 유비의 몫이 된다.

만일 유비 일행이 목숨을 건지더라도 유리걸식을 면할 수가 없었다. 그가 의탁할 수 있는 제후라면 공손찬, 원소, 유표 등이었는데, 공손찬의 영역은 원소에게 막혀 있었고, 유표는 중앙권력의 목표가 되었을 그를 탐탁찮게 여길 게 분명했다. 원소 역시 당시에는 공손찬과 황하 북쪽 땅을 놓고 겨루고 있었으므로 그를 받아줄 리 만무했다. 자칫하면 원소는 앞뒤에서 공손찬과 조조군의 협공을 받을 수 있었기 때문이다. 결국 유비는 조조를 죽이더라도 갈 곳이 없다는 계산이 나온다.

셋째, 원소가 만일 도망쳐온 유비를 받아준다고 해도 문제는 그리 간단하지 않았다.

원소는 천하에 뜻을 두고 있었으므로 공손찬과의 지리 경쟁을 유보하고 임자 없는 허도를 도모했을지도 모른다. 그렇게 되면 승리의 가능성은 매우 높았다. 과거 이각과 곽사가 동탁의 뒤를 이어 한동안 실권을 잡았던 것은 여러 제후들이 자신들의 안정을 위해 군대를 동원하지 않았기 때문이다. 또 거병해 이각과 곽사를 물리쳤다 해도 다른 제후들이 연합해 공격해오면 대항할 만한 힘을 가진 제후가 드물었다. 그러나 당시 원소는 명문가의 후손인데다 기주를 바탕으로 한 막강한 군사력을 가지고 있었으므로 천시를 쥐는 데는 아무런 장애가 되지 않았을 것이다.

이렇게 원소가 실권을 잡으면 유비에게는 어떤 이해득실이 있었을까? 유비는 허전 사냥터에서 천자를 모시고 나가는 조조의 속셈을 파악했을 것이다. 암중에 천하를 바라보고 있던 유비는 자신의 경쟁자로 원소보다 조조가 훨씬 더 유리했다. 그 이유는 다음과 같다.

첫째, 조조는 환관의 후예인 반면 원소는 사대삼공을 지낸 명문가의 후예다. 이런 원소가 천자를 옹위하는 것은 극히 자연스럽다. 그러나 조조는 다르다. 유비 자신이 그때까지 별다른 기반이나 관직을 갖지 못한 상태에서 세상이 안정되면 더 이상 꿈을 좇을 수 없게 된다. 때문에 그가 성장하려면 확실한 공격 목표가 있어야 한다. 그러한 인물로 조조가 가장 적격이었다.

둘째, 세 사람의 이미지를 비교하면 유비는 조조보다 원소에 가깝다. 따라서 원소가 천자를 옹위하면 그는 자연스럽게 원소의 이미지에 묻힐 가능성이 크다. 그러나 조조는 유비와 대비되는 면이 많다. 이미지가 대칭적인 인물이 크면 클수록 그 반대 이미지를 가진 사람도 반사이익을 얻는다.

굳이 원소와 유비의 대비점을 찾는다면 엘리트주의와 서민주의라고 할 수 있겠지만, 원소가 실권을 쥐면 그의 엘리트주의는 장점이 되고 유비의 서민주의는 약점으로 작용할 가능성이 컸다.

이렇듯 조조 살해에 대한 이해득실을 따져보면 유비가 분개한 관우를 제지하는 것은 당연한 처사였다. 유비가 허전 사냥터에서 해야할 일은 조조를 죽이는 것이 아니라 훗날 그를 공격할 명분을 쌓는 것이었고, 간악한 조조의 이미지에 대비되는 자신의 이미지를 만들어가는 일이었다.

이미 조조가 천자를 움켜쥔 만큼, 그를 통해 자신의 인의를 확고부동하게 다지는 것이 유비가 취할 수 있는 실질적 이익이었다. 더구나 유비가 추구하는 핵심 속성인 인의에서 가장 강력한 경쟁자는 조조가 아니라 원소와 유표였다. 그러므로 유비로서는 조조를 놓아

둘 수밖에 없었다.

허전 사냥터에서 관우의 행동은 실로 섣불렀다. 분노에 찬 그의 움직임은 주변의 신하들이나 감시자들에게 포착되었을 것이다. 이로써 조조의 반대 세력이 유비에게 기울어질 가능성이 있었지만 반대로 조조의 경계 인물로 낙인찍히는 계기가 되었다. 때문에 허도로 돌아온 유비는 그때부터 조조의 의심을 피하기 위해 무진 애를 써야 했다.

조조의 영웅관

조조가 다른 인물들을 제쳐두고 유비를 영웅시한 대목은 선뜻 이해하기 힘들다. 유비가 촉의 주인이 되는 것은 먼 훗날이었고, 당시 그는 조조에게 매여 있는 힘없는 손님에 불과했다.

어느 날 조조는 매실을 안주로 술이나 한잔하자며 후원으로 유비를 초대했다. 그 자리에서 조조가 영웅론을 화제로 이끌어내자 유비는 당대의 여러 제후들을 거명했다. 그때 조조는 고개를 저으면서 자신과 유비만이 천하를 좌지우지할 수 있는 영웅이라고 말했다.

그런데 마침 뇌성벽력이 내리치자 유비는 깜짝 놀라 젓가락을 떨어뜨리고 몸을 떨면서 자신을 소인배로 위장했다. 그 자리에서 자신이 영웅의 풍모를 조금이라도 내보이면 곧 경쟁자의 직접적인 제거 대상이 되기 때문이었다. 그런데 여기에서 몇 가지 의문이 생긴다.

첫째, 공식적인 직위도 없고 변변한 땅이나 군사도 없으며, 장수라고는 고작 의형제인 관우, 장비뿐이었던 유비를 조조는 왜 영웅으로 보았을까?

둘째, 그와 같은 처지의 유비를 영웅시했던 조조가 왜 뇌성벽력에 잠시 몸을 떨었다 해서 자신의 판단을 거둬들였을까?

왜 유비를 영웅으로 보았나

조조가 보잘것없는 처지의 유비를 자신과 함께 천하를 도모할 영웅이라고 한 까닭은 첫째, 유비가 거명한 제후들이 그 자리에 없었기 때문이다. 한편으로 그들은 조조에게 경쟁자가 아니라 정벌해야 할 대상이었을 뿐이다. 실제로 유비가 거명한 인물들은 손권을 제외하고 조조 생전에 모두 멸망했다. 그러나 그들이 영웅이 아니라 해서 유비가 영웅이 될 수는 없다. 그렇다면 조조는 왜 유비를 영웅이라고 했을까?

조조는 유비가 매번 패하면서 얻은 데 관심을 가졌다. 다른 군웅은 패하면 금세 세력이 꺾이는데 왜 유비는 반대로 세력이 커지는가? 가진 것도 없으면서 인의의 점수는 자꾸 상승하기만 한다. 기이한 현상이 아닐 수 없었다. 이는 조조만이 아니라 일찍이 그의 책사인 순욱과 곽가의 시야에도 포착된 내용이었다.

조조는 천시의 중요성을 알고 이미 그것을 확보한 지 오래였다. 하지만 그 천시가 정당성을 가지려면 인의가 필수적이었다. 그런데 여러 제후들이 자신과 마찬가지로 천시와 지리를 추구할 때 유일하게 인의를 추구한 인물이 유비였다. 이 때문에 조조는 천하쟁패전에서 전혀 다른 전략을 구사했던 유비를 영웅으로 판단했을 것이다. 당시 조조의 속마음은 아마 이게 아니었을까 싶다.

'천시, 지리, 인의라는 보물은 이미 천하에 흩어져 많은 제후들의 목표가 되고 있다. 하지만 나는 이미 천시를 차지했으니 영웅의 반열에 올랐고, 남은 것은 지리와 인의뿐이다. 그런데 제후들이 저마다 지리를 차지하기 위해 동분서주하는 마당에 유독 유비만은 인의의 덧없음을 알면서도 차곡차곡 쌓아가고 있다. 그가 가진 인의는 힘으로 빼앗을 수도, 빼앗기지도 않는 속성을 가지고 있다. 나는 그것을 천시나 지리의 부속물 정도로 알고 있었다. 그런데 지금 유비가 가진 인의는 구체적인 보물의 형태를 보여주고 있다. 아무도 가지 않는 길을 홀로 꿋꿋이 걸어가는 저자야말로 영웅이 아닐까?'

때문에 조조는 유비를 붙잡아두고 그가 쌓아둔 인의에 무임승차하려 했을지도 모른다. 자신은 명색이 한나라의 승상으로, 천자의 인의를 실제로 집행할 수 있다. 때문에 그는 천자가 있는 허도 안에서는 유비의 인의가 힘을 발휘하지 못할 것이라고 예측했다.

그렇더라도 인의의 주인은 유비였고, 황숙이라는 명망까지 얻고 있었으니 주도면밀한 조조로서는 소홀할 수 없었다. 그런데 유비를 가까이에서 관찰하다 보니 실로 웃음이 나올 지경이었다. 채마밭에 거름을 주고 방 안에서 모자나 뜨면서 소일하고 있었다. 이로써 조조는 경계의 끈을 늘어뜨리고 만다.

어쩌면 유비는 천하를 목표로 인의를 쌓은 것이 아니라 세상의 뒤뜰을 돌아다니다 엉겁결에 인의란 보물을 주운 것인지도 모른다는 방심이었다. 하지만 자신의 눈을 속이려는 수작이라면 어떤 결정을 내리는 것이 현명하다. 천하의 주인은 오직 한 명이어야 한다. 때문에 그는 잘 익은 매실을 핑계로 유비를 불렀다.

이에 대응하는 유비 역시 상황이 상황인지라 몹시 긴장하지 않을 수 없었다. 조조는 자연스럽게 술을 권했지만 그 안에 자신의 앞날이 담겨 있다는 걸 유비는 잘 알고 있었다.

과연 조조는 웃으면서 칼을 내밀었다. 우리 두 사람만이 천하의 영웅이라는 것이었다. 그 말이 농이 아니라면 그는 이미 죽은 목숨이었다. 여기에는 세 가지 대답이 있을 수 있었다.

첫째, '그렇다'라고 대답하면 천자에게 불충이 된다. 외견상 천하의 영웅은 천자여야 한다. 그런데 그 철칙을 건드리면 천자를 능멸했다는 이유로 죽음을 면키 어렵다. 죄과에서는 조조도 마찬가지지만 그는 천시를 실행하는 권력자이므로 큰 문제가 되지 않는다.

둘째, '그렇다'라고 대답하면 조조는 즉시 유비를 죽일 것이다. 그는 경쟁자와 동행하는 사람이 아니다.

셋째, '아니다'라고 대답해도 결과는 마찬가지다. 조조는 유비가 자기를 속이고 있다고 생각할 것이다. 조조는 의심스러운 인물을 살려두지 않는다. 여백사가 그 좋은 예다.

결국 유비는 대답할 말이 없었다. 완벽한 패배였다. 순간 하늘에서 뇌성벽력이 울려왔다. 그는 본능적으로 몸을 떨며 젓가락을 떨어뜨리곤 탁자 밑으로 숨었다.

이와 함께 조조의 호탕한 웃음소리가 들려왔다. '알고 보니 너는 바보였구나'라는 조소였다. 그렇다면 살았다. 바보를 죽이는 영웅은 없기 때문이다. 포기했던 미래의 천하가 찰나에 다시 유비에게 돌아왔다.

조조는 유비의 연극에 속았을까

과연 유비의 연극에 천하의 조조가 속아넘어간 것일까? 진실로 조조는 유비를 영웅이 아니라 바보라 여기며 살려둔 것일까?

만일 이것이 사실이라면 조조란 인물에 대한 평가가 달라져야 한다. 오랫동안 인의를 쌓아온 보물의 주인을 관찰하며, 경계하던 그였다. 그런데 한순간에 그 모든 걸 깨끗이 잊고 살생부에서 지워버렸다는 건 이해되지 않는 부분이다. 어쩌면 조조는 이런 생각을 하지 않았을까.

'역시 천하를 노리는 인물답게 교활하구나. 아직 세력이 없으니 그동안 인의를 쌓으며 절치부심하고 있는 게 분명하다. 지금 즉시 죽여 후환을 끊어버릴 수도 있다. 하지만 유비를 곁에 오래 잡아둘수록 나에게도 인의가 쌓일 것이다. 반대로 목숨을 취한다면 저자의 인의에 대한 반작용으로 내가 가진 천시의 의미가 훼손될 수도 있다. 그러니 아직은 살려두는 것이 이익이다. 더구나 내 질문에 할 말이 없으니 바보 행세까지 하지 않는가. 저것은 나에게 굴복한다는 표시일 것이다. 그렇다. 저런 인물은 나의 경쟁자가 아니다. 그렇다면 구태여 목숨을 빼앗을 것까진 없겠지.'

그리하여 조조는 아무 일도 없는 것처럼 껄껄 웃으며 술자리를 끝냈다.

조조는 왜 유비에게 군사 5만 명을 내주었을까

조조는 유비에게 허도에서 가까운 예주를 맡겼다. 유비가 '유 예주'라 불리던 이유도 이 때문이었다. 조조는 왜 유비에게 그런 벼슬을 주었으며, 원술을 치겠다는 핑계로 출전을 원하자 5만 명의 군사를 내주었을까?

유비가 허도를 빠져나간 다음 책사들이 그 부당함을 거론하자 조조 역시 후회하는 모습을 보였지만 속마음은 그게 아니었던 듯싶다. 조조는 혼자서 이렇게 생각하지 않았을까.

'내가 유비에게 군사를 줘 내보낸 건 그가 후덕한 인물이 아니라 남을 공격해 땅을 빼앗으려는 욕심도 있는 자임을 세상에 내보이려는 뜻이다. 그가 가진 인의를 훼손시키는 데 군사 5만 명쯤은 아무것도 아니다. 설사 유비가 원술을 이겨 서주를 차지하더라도 그만이다. 그 땅은 유비의 뜻에 비해 너무도 좁다. 그러기에 그는 과거 서주태수 도겸이 통째로 서주를 권했을 때도 받지 않았다. 설사 유비가 서주에서 우리를 적대시한다면 그 죄를 물어 단숨에 쳐부수면 된다. 이젠 우리에게 그만한 명분이 서게 되었으니 말이다. 다만 그의 인의를 내 것으로 만들지 못한 것이 아까울 뿐이다.'

조조에게는 이런 복안이 있었기 때문에 의도적으로 두 명의 우둔한 장수를 유비에게 딸려 보냈다. 그들을 시켜 유비를 감시하는 한편, 유비에게 주도적으로 군사를 움직여 그가 자신의 명에 따른다는 걸 소문내기 위해서였다.

조조는 유비가 추구하는 인의가 자신이 차지한 천시에 버금가는 요소라는 점을 잘 알고 있었다. 더구나 천시나 지리를 탐하는 자는 인의를 얻기 어렵다. 이 점이 조조가 유비를 함부로 처리하기 힘들었던 가장 직접적인 이유였다.

조조는 관우를 왜 죽이지 않았을까

조조는 위기에 처한 천자를 구했다는 점에서 이미지 구조의 핵심 속성 중 하나인 인의 부문에서 상당한 이익을 취했다. 하지만 천자를 옹위했던 신하들이 그동안 무소불위의 횡포를 저지른 전력이 있었으므로 세간에는 그에 대한 부정적인 인식이 팽배해 있었다. 그러므로 조조에게 온 인의는 자신의 이미지 구축에 별다른 도움이 되지 못했다.

이런 상황을 잘 인식했던 조조는 인의를 맨 나중에 취하는 전략을 구사할 수밖에 없었다. 그러므로 유비는 조조의 가장 마지막 경쟁자가 될 운명이었다. 하지만 인의와 싸우려면 그 자신도 어느 정도의 인의를 구축해놓아야 했다. 그렇지 않으면 둘 사이의 싸움이 선악의 대결구도로 펼쳐질 위험이 있었다.

때문에 조조는 나름대로 인의를 쌓으려는 노력을 보였다. 예를 들어 서주에서 유비를 격파한 그는 소패성에 남아 있던 유비의 가족을 허도로 데려가는 한편, 사로잡은 관우에게 그들을 돌봐주게 했다.

서주를 공략할 무렵, 조조는 천시를 상당히 안정시켰고, 세력을 여남까지 평정해 황하 남쪽과 양자강 북쪽까지 확보했다. 그에 견줄 만한 지리를 확보한 군웅은 원소 정도였다. 그러므로 천시와 지리를 어느 정도 확고하게 자리매김했다. 하지만 그는 현재의 위치에 걸맞은 인의를 확보하지 못했으므로 이에 대한 대처가 절실했다. 여기에서 사로잡은 관우를 활용할 필요성이 대두됐다.

관우는 충의를 강조하는 장수라는 점에서 조조의 이미지 구축 전략에 부합되는 인물이었다. 그를 환대하면 장수를 사랑하는 일인자의 후덕함이 돋보이게 된다. 더불어 휘하 장수들의 충성 경쟁을 유발시킬 수도 있다. 하지만 가장 중요한 건 인의의 대표인 유비의 최측근 관우를 곁에 둠으로써 유비에 버금가는 인의를 얻을 수 있다는 점이다. 또한 관우가 유비를 찾아 떠나겠다면 과감히 보내줘 자신의 인덕이 최고조에 달했음을 세상에 널리 알릴 수 있다. 이러한 조조의 '삼모원려深謀遠慮'는 훗날 그대로 실행된다.

소패성에서 관우는 조조에게 항복하면서 다음과 같은 세 가지 조건을 내세웠다.

첫째, 조조에게 항복하는 것이 아니라 천자에게 항복하는 것이다.

둘째, 유비의 가족에게 아무런 위해를 가하지 않는다.

셋째, 유비가 있는 곳을 알면 바로 떠난다.

조조는 어쩌면 무례하기까지 한 관우의 항복 조건을 선뜻 받아들였다. 그 까닭은 무엇일까? 사실 그 조건들의 실질적 의미를 살펴보면 부수적 속성을 얻기 위해 핵심적 속성이 다치는 방법을 택하지 않았음을 알 수 있다.

한나라의 천자에게 항복하는 것이라는 첫째 조건을 분석해보면, 조조로서는 자신이 한나라의 승상이기 때문에 관우의 항복은 곧 자신에게 항복하는 것이나 마찬가지였다. 여기에서 지킨 것은 관우의 자존심이었지만, 거꾸로 보면 유비가 반역자라는 의미도 이끌어내는 것이라 조조로서는 손해볼 게 없었다.

유비의 가족을 보호한다는 둘째 조건도 마찬가지였다. 당시 전쟁에서 패한 장수의 가족은 몰살되거나 관대한 처분을 받는 게 관례였다. 그런데 유비는 천자의 황숙으로 공인된 상태였으므로 그의 가족을 살려주는 건 문제될 게 없었다. 게다가 조조의 후덕함을 돋보이게 하는 효과도 있었다.

사실 조조는 유비가 있는 곳을 알면 바로 떠난다는 세 번째 조건이 가장 껄끄러웠다. 이 조건은 훗날 관우가 떠나면 현재의 항복이 의미 없게 될 위험성이 농후했다. 또한 명장인 그를 유비 곁으로 돌려보낸다는 건 이중의 손해였다. 그렇지만 조조에게는 많은 장수들이 있었으므로 관우 같은 장수가 한 사람 더하거나 빠진다고 크게 문제될 건 없었다. 그렇다면 조조가 관우를 받아들여 후하게 대접한 이유는 다른 곳에서 찾아야 한다. 그 이유를 알아보자.

흔쾌히 세 가지 항복 조건을 수락하고 관우를 받아들여 허도로 데려온 조조는 그에게 온갖 애정을 쏟아부었다. 재산과 미녀는 물론 천자에게 주청해 수정후라는 직위까지 내렸다.

그러나 관우의 마음은 요지부동이었다. 애가 탄 조조는 여포가 탔던 적토마를 관우에게 선물했다. 이에 처음으로 관우가 고마워했다. 하루에 천 리를 달릴 수 있는 명마이니, 유비의 소식을 들으면 금방 달려갈 수 있다는 이유에서였다.

관우의 노골적인 태도에도 조조는 화내지 않았다. 휘하 장수들이 부추겨도 그에게 관우는 환대의 대상이지 적대시하는 인물이 아니었다. 그것은 유비의 소식을 듣고 허도를 떠난 관우가 다섯 개의 관문을 통과하면서 여섯 명의 장수를 죽여도 용서해줄 만큼 상상을 초월했다. 여기에서 의문이 생긴다. 조조 같은 냉철한 인물이 일개 장수에 불과한 관우를 통해 무엇을 얻으려 했을까?

그 해답은 바로 인의였다. 유비의 인의는 관우와 장비 등을 통해 세상에 알려진 바가 매우 컸다. 의제들은 기회가 있을 때마다 세력 확장을 요구했지만 그때마다 유비는 그들을 달래며 오히려 가진 걸 내주며 인의를 얻었다. 그런 소문이 백성들 사이에 퍼지자 유비는 자연스럽게 후덕한 인물로 인정받았다.

이러한 사실을 제대로 알고 있었던 조조는 관우를 통해 유비와 인의 부문에서 경쟁하고 싶어했다. 조조는 관우라는 명장을 심복으로 두려는 의도보다 유비의 장점인 인의의 영역에서 자신도 유비

못지않다는 점을 세상에 보여주고자 한 것이었다.

그것은 부수적 속성인 장수로서의 관우를 통해 얻는 이익보다 핵심 속성인 인의에서 이득을 보는 게 자신의 전체 이미지 전략에서 유리하다고 판단했기 때문이다. 이런 까닭에 관우가 오관육참하는 동안에도 일부러 뒤늦게 사자를 보내 그의 앞길을 열어주었다.

이런 노력에도 불구하고 조조는 인의 면에서 유비를 넘어서는 데 실패했다. 주공에게 충성하는 장수로서의 관우의 점수가 오히려 부각되었다. 그렇지만 조조는 내부를 단속하는 성과를 거두었다. 부하들에게 자신의 인의가 수준 이상이라는 점을 상기시켰다. 따라서 그가 관우와의 거래에서 잃은 건 적토마와 여섯 명의 장수뿐이었다.

조조는 적벽대전에서 지지 않았다

조조는 하북의 원소를 정벌하고, 그 여세를 몰아 형주의 유표를 공격했다. 양자강 북쪽을 평정해 기세도 높았지만, 당시 유비가 유표에게 의탁하고 있었으므로 자칫 형주를 유비에게 빼앗길 위험이 있었기 때문이다.

조조는 조인에게 소패성에 있던 유비를 공격하게 했지만, 서서의 도움을 받은 유비군에게 패하고 말았다. 이에 조조는 서서의 모친을 이용해 서서를 유비에게서 떼어낸 다음 형주를 공격했다. 그러나 그때는 이미 유비가 공명을 군사로 맞이한 뒤였다.

조조는 하후돈을 선봉장으로 삼아 대규모로 형주를 공략하기 시작했다. 초전에는 공명의 신출귀몰한 전략에 당하기도 했지만, 군사

면에서 월등한 조조군은 어렵잖게 형주를 점령했다. 유표의 후계자
로 나선 유종이 겁을 집어먹고 항복했던 것이다.

이에 유비군은 유표의 큰아들 유기의 도움을 받아 강하와 하구에
진을 치고 조조군과 맞섰다. 그러자 조조는 유비군부터 궤멸시킨 뒤
강동의 손권을 치려는 계획을 세웠다. 이른바 '원교근공遠交近攻'의
전략이었다. 이에 따라 조조는 손권에게 동맹을 제의했지만, 그의
속셈을 간파한 손권은 유비와 손을 잡았다.

손권의 입장에서 보면, 유비는 명성만 요란할 뿐 실제 전쟁에서
는 별로 도움되지 않는 존재였다. 하지만 그가 조조와 함께 자신을
공격한다면 불리해질 게 뻔했다. 인의의 주인 유비는 천시의 주인
조조에게 커다란 힘이 되기 때문이었다. 또 조조가 장악한 형주군의
운용에 커다란 영향력을 발휘할 가능성이 컸다.

형주군은 당시 조조군에게 편입된 상태였지만 조조에게 진정으
로 충성하고 있진 않았다. 이는 유비군을 공격하던 형주군의 장수
괴월이 충의를 묻는 유비의 힐난에 얼굴을 붉히며 물러선 걸 봐도
잘 알 수 있다. 또한 조조가 항복한 유종을 청주로 보내다 죽여버렸
기 때문에 조조의 영이 잘 서지 않는 형편이었다.

사실 형주의 상징적 주인은 장자인 유기였다. 그런 유기가 유비
에게 기대고 있었으므로, 유비가 손권과 동맹을 맺으면 형주군의 전
력을 약화시킬 수 있는 반면 조조와 손을 잡으면 형주군은 조조군
의 주력으로 변신할 위험이 있었다.

때문에 손권이 조조의 제안을 거절하고 전면전을 선언하자 조조
군은 창끝을 곧장 강동으로 향했다. 전략상 유비군은 이제 잔가지가
되었고, 손권의 오군이 큰 줄기가 되었기 때문이다. 줄기를 꺾으면

잔가지는 저절로 말라죽게 된다. 이애 따라 조조군과 근접해 있던 유비군은 전장에서 비켜났고, 멀리 있던 손권군이 전면에 나서게 됐다.

신야성의 박망파에서 시작해 화용도의 산길에서 끝나는 조조의 형주 정벌은 적벽대전에서 큰 전환점을 맞았다. 적벽에서 조조, 유비, 손권의 이미지 전략은 첨예하게 부딪혔다. 적벽대전은 기본적으로 강북 세력과 강남 세력이 자웅을 겨룬 싸움이었다. 리더는 리더대로, 전략가와 장수는 그들대로 자웅을 겨루었다. 유비는 강북과 강남의 세력이 합쳐진 복합적인 세력이었는데, 강남 세력과 손을 잡은 형국이었다.

결과적으로 조조는 유비와 손권에게 패배하고 형주를 잃었으며 자신의 영역을 양자강 북쪽으로 확정짓게 됐다. 그런데 이 싸움에는 많은 의문점이 남는다.

유비와 손권의 연합군보다 전체 군사력에서 우위에 있었던 조조가 왜 패했을까? 조조군이 지상전을 벌였더라면 결과가 어떻게 되었을까? 조조는 왜 충성심이 미약한 형주군에게 의존할 수밖에 없는 수전을 택했을까?

조조의 패인은 아군의 약점으로 적군의 장점을 공격했다는 점이다. 그런데 조조는 전투에서 패했지만 전략에서 실패한 것은 아니었다.

애초에 형주 공략에 나섰던 조조의 목표는 유비를 괴멸시킴으로써 양자강 북쪽의 지리를 확보해 자신들의 영역을 확정짓기 위해서였다. 실제로 적벽대전 전에 조조는 양자강 북쪽의 형주 영역을 완전히 확보했다. 그러므로 적벽대전은 목적 달성 후의 연장전 같은 성격의 전쟁이었다.

양자강 남쪽에 있는 형주는 당시의 조조에게 부담스러운 지역이었다. 그곳 백성들은 이미 마음속으로 유비를 따르고 있었다. 때문에 조조의 공격을 받고 유비가 신야성에서 후퇴할 때 함께 움직인 것이었다. 민심이 이렇다면 무력으로도 그들을 다스리기가 쉽지 않다. 그렇다고 무한정 군사를 동원하기엔 사방에 위험 요소가 너무 많았다.

그렇다면 조조는 왜 형주를 차지한 다음 방어로 전환하지 않고 계속 공격적인 자세를 취했을까?

그 해답은 적벽대전 이후 허도로 돌아간 조조의 행보에서 찾아볼 수 있다. 조조의 고민은 서량과 한중 때문이었다. 강북에서도 서쪽에 치우쳐 있는 두 지역은 조조가 군사를 일으켜 정벌하고 싶어도 강남의 세력이 허도의 턱밑에서 창을 겨누고 있는 형국이라 그리 쉽지 않았다. 실제로 유비가 머물던 소패성은 허도와 근접해 있었다. 다시 말해 서쪽으로 군사를 움직이면 허도에 있는 천시가 위협받는 것이다.

때문에 조조는 총력을 기울여 유비를 강남으로 몰아냈고, 손권에게는 일전을 벌여 함부로 건드리면 다친다는 위협을 보였다. 더구나 적벽대전에서 전멸하다시피 한 병력은 형주의 수군이 대부분이었다. 당시 조조의 본대는 고스란히 남군과 양양, 하비성에 남아 있었다.

이런 추리는 조조가 적벽에서 패배한 뒤 조인에게 번성을 맡기고, 장요를 하비성에 남겨두어 형주의 유비와 강동의 손권을 견제케 한 다음 입 안의 가시 같은 서량과 한중을 도모했음을 볼 때 충분히 가능하다.

이런 결과를 볼 때 조조는 결코 적벽대전에서 패한 게 아니었다.

애꿎게 당한 것은 수십만에 달하는 형주군이었다. 그들이 무사하다면 어차피 유비나 손권에게 편입될 가능성이 높았으므로 조조로서는 손해본 게 없었다.

이 싸움은 한편으로 천시의 주인 조조가 서쪽의 지리를 추구하기 위해 인의의 주인 유비를 자신을 위협할 수 없는 영역으로 쫓아냈다는 소득이 있었다. 하지만 유비도 자신을 따르는 민심으로 인의를 확립하고 형주라는 근거를 마련하는 계기가 되었으며, 손권 또한 허약한 군주상에서 내부를 확실히 장악하는 강력한 군주상으로 이미지를 일신하는 성과를 거두었다. 한마디로 적벽대전은 패자가 없는 싸움이었다.

조조에게 배운다

조조는 양자강 북쪽 땅을 완전히 확보해 삼국 중에서 가장 넓은 땅과 인구를 갖게 되었으며, 후대에 황제로 추증될 정도로 성공을 거둔 인물이었다. 그런데 그의 성공은 외형보다 목적한 바를 차근차근 이루어갔다는 점에서 더욱 높이 평가되어야 한다. 그의 성공 요건은 세 가지로 살펴볼 수 있다.

젊은 시절부터 조조는 자신의 목표를 확고하게 설정했고, 단계적으로 그것을 달성해갔다. 일차적으로 가문의 굴레에서 벗어나는 데 성공했으며, 강력한 군대를 유지하는 군량의 중요성을 인지해 유랑민에게 토지를 주고 이들을 군대처럼 조직하는 둔전제를 실시함으로써 군사적 기반을 튼튼히 했다. 이런 준비가 20만 청주군이라는 정예병을 운용할 수 있는 기틀이 되었다.

이 같은 사전 포석이 있었기에 천자를 옹위해 천시를 얻은 뒤에도 조조는 두려움 없이 주변 제후들에게 공격적인 태도를 취할 수 있었다.

예나 지금이나 사람들은 양에 집착한다. 하지만 세상을 바꾸는 것은 양이 아니라 시간이다. 하루에 10시간 일해 한 개를 만들면, 하나를 만드는 데 10시간이 걸린 것이다. 하루에 20시간을 일해 100개를 생산하면, 하나를 만드는 데 걸린 시간이 불과 12분이다. 대량생산과 대량소비의 이점은 양의 많고 적음에 있는 게 아니라 시간의 효율성에 있다. 조조는 이 점을 잘 알고 있었다.

조조는 경쟁자들과의 속도 면에서 월등하게 빨랐다. 가까운 적에겐 재빠르게 달려들었지만, 멀리 있는 적은 달래며 시간을 끌었다. 의사결정에서도 신속히 판단하고 움직였다. 한번 방향을 정하면 망설이는 법이 없었다.

천자의 부름을 받자마자 그는 즉시 하후돈에게 5만의 병력을 줘 달려가게 했다. 목표가 눈에 보이자 그 즉시 가속페달을 밟은 것이었다. 이것이 조조가 천시를 움켜쥔 비결이었다. 원소와 자웅을 겨룬 관도 싸움에서도 마찬가지였다. 그는 불과 5천 명의 경기병대를 출동시켜 원소의 병참기지인 오소를 일거에 불태운 끝에 대승을 거두었다.

이런 속도전은 한정없이 느린 유비와 대조된다. 유비가 소패성에서 강릉으로 퇴각할 때 뒤따르는 백성들 때문에 하루에 십 리를 채 가지 못할 정도였다. 하지만 조조는 경기병대를 동원해 재빠르게 유비의 뒤를 쫓았다.

강릉은 형주군의 병참기지였다. 양양성에 이르기까지 서두르지 않던 조조가 유비군의 행보를 알고 속력을 낸 것은 바로 그 때문이었다. 이로써 유비는 어쩔 수 없이 강릉행을 포기하고 강하로 방향을 바꾸었다.

이런 조조도 실수는 있었다. 적벽에서 큰 배와 작은 배를 묶어 속도를 현저히 줄였던 일이다. 자신의 특성을 간과했던 결과는 역사에 남을 엄청난 패전이었다.

조조는 천하를 평정하는 데 필요한 핵심 속성과 부수적 속성을 잘 구별했다. 천시, 지리, 인의라는 핵심적 속성 모두를 얻는 것이 가장 좋겠지만, 그것은 사실상 불가능했다.

예를 들어 천시를 대세라고 한다면, 대세의 흐름은 모든 사람에게 동일하게 적용된다. 다만 그 흐름을 잡을 수 있는 특정한 사건을 포착하는 능력 유무, 또 잡은 대세를 지킬 능력이 반드시 필요하다. 그러므로 천시만 놓고 보면 수많은 사람들 중에 천시를 잡을 수 있는 사람은 한 명에 불과하다. 결국 나머지는 대세의 흐름에 뒤지게 된다는 뜻이다.

또 지리로 대변되는 땅은 반드시 주인이 있게 마련이다. 그것을 차지하려면 전쟁이 불가피한데, 그 과정에서 인심까지 얻기란 어렵다.

곧 어떤 인물이라도 세 가지 속성을 한꺼번에 거머쥐기는 어렵다는 말이다. 따라서 천하를 얻으려면 자신의 상황을 고려해 먼저 얻어야 할 목표를 설정하는 것이 중요하다. 이런 면에서 조조와 유비, 손권은 각자에게 걸맞은 적절한 선택을 했다고 볼 수 있다.

그런데 핵심 속성 세 가지 중 어느 하나만으로 천하를 도모할 수는 없다. 거기에는 장수, 군사, 전략이라는 부수적 속성이 조화를 이뤄야 한다.

천시를 자신의 성공 조건으로 상정한 조조가 천자의 부름을 받았을 때, 그의 근거가 완전한 건 아니었다. 일례로 그의 부친 조숭이 동군으로 오다가 서주태수 도겸의 부하에게 죽음을 당했을 만큼 취약한 면이 없지 않았다. 하지만 그는 과감히 근거를 비우고 군대를 움직였다. 그것은 천시를 위해 또 다른 핵심적 속성인 지리를 잃을 위험을 감수했던 것이다.

당시 다른 제후들도 천자의 움직임을 알고 있었지만 애써 얻은 지리를 잃을까봐 움직이지 않았다. 그러나 조조에게 지리적 기반은 천시를 대표하는 천자를 옹립하기 위한 수단이었지, 자신이 추구해야 할 핵심 속성은 아니었다. 그러므로 그는 작은 것을 과감하게 포기하고 큰 것을 취했다.

이 같은 모험을 통해 얻어낸 천시를 유지하기 위해 조조는 지리를 추구하기 시작했다. 그러려면 인의 쌓기를 포기해야 했다. 적을 죽이고 영토를 확장하는 과정에서 발휘하는 덕행은 한계가 있다. 하지만 인의를 잃으면 이미 확보한 천시와 지리를 제대로 활용하는 데 어려움이 있다. 때문에 조조는 유비를 허도에 불러들여 천자의 황숙이 되게 하고, 관우의 항복을 받아들이는 등 자신의 인의를 최대한 확장하려 했다.

이로써 유비는 일개 의병대장에서 황제의 숙부로 신분이 급상승했다. 그만큼 유비는 천시 부문에서 이득을 얻었으며, 중앙관료들과 친분을 다지는 부수적인 효과도 누렸다. 하지만 유비의 소득은 그를 통해 인의를 다졌던 조조에 비해 상대적으로 적었다. 관우도 그와 다를 바 없었다.

본래 일인자들은 핵심적 속성을 해치지 않는 방법으로 장수를 구하려 하게 마련이다. 일찍이 공손찬의 진영에서 조자룡을 발견한 유비도 마찬가지였다. 하지만 그는 장수를 위해 인의를 위험하게 하지 않았다. 손님인 자신이 주인인 공손찬의 장수를 포섭하는 일은 자신의 명성을 깎아내리는 일이 되었기 때문이다. 관우에 대한 조조의 태도도 이와 다를 바 없었다. 그는 자신이 갖고 있는 천시와 부각시켜야 할 인의를 위해 관우쯤은 얼마든지 포기할 수 있는 인물이었다.

조조의 이미지 전략에서 최대 약점이었던 인의 구축은 어쩔 수 없는 것이었다. 분명히 그는 천시, 지리 다음으로 인의를 평가했거나 혼란스런 시대 상황에서 인의라는 허명보다 천시와 지리라는 실익을 선택했다고 할 수 있다. 이는 인의를 위해 천시와 지리를 포기한 유비, 지리를 얻기 위해 천시와 인의를 포기한 손권과 대비된다.

즉 조조는 세 가지 핵심 속성 중에서 하나만 포기한 반면 유비와 손권은 두 가지를 포기했다는 점이다. 이러한 전략적 차이는 조조가 천시에 가까운 위치에 있었다는 행운 때문에 생겼지만 결국 삼국 가운데 가장 큰 세력인 위나라를 차지하게끔 했다.

조조의 이미지 전략은 이미지의 구조를 먼저 파악하고, 또 이미지를 구성하는 속성의 영향력 차이를 꿰뚫고 있었다는 점에서 유비와 손권보다 우위에 있었다. 특히 죽을 때까지 천자를 모시는 신하의 위치에 머묾으로써 인의를 쌓아둔 결과 다음 세대에 조비가 황제로 등극할 수 있었다. 결국 그의 이미지 전략이 전체적으로 성공했음을 증명해주고 있다.

유비의 이미지 전략 7

"인의를 끝까지 잃지 않는다"

첫째, 손해볼 일에 욕심을 내지 않는다.

둘째, 남이 예상한 것보다 더 겸손하게 한다.

셋째, 자신의 처지를 철저하게 인정한다.

넷째, 주공과 군사의 역할분담을 완벽하게 한다.

●•

유비는 인의를 먼저 쌓고, 천시를 보완하며, 그 다음에 지리를 얻는 이미지 전략을 추구했다.

유비는 삼국지에서 진로를 선택할 수 있는 범위가 가장 좁은 인물이었다. 유비는 자신이 추구할 이미지를 선택할 여지가 없었다.

탁현 누상촌에 살던 그는 친척의 도움으로 공부했고, 호구지책으로 돗자리를 짜고 짚신을 삼아야 할 만큼 빈곤했다.

중산정왕의 후예라는 증거로 보석이 박힌 명검을 지니고 있었지만 실제로는 별볼일없는 인물이었다. 팔이 무릎 아래까지 내려오고, 귓밥이 긴 특이한 외모가 타인들의 이목을 끌 수 있었는지는 몰라도 그에게서 삼국지의 주요 인물이 될 만한 배경은 전혀 찾아볼 수 없었다.

이런 상황이었지만 유비는 감히 천하를 꿈꾸었다. 하지만 천하를 얻기 위해 확보해야 할 천시와 지리, 인의는 유비가 접근조차 하기 어려운 것이었다. 그나마 도전해볼 수 있는 건 인의뿐이었다.

그렇다면 유비가 추구한 인의는 무엇인가? 그것에 대한 정의는 상산초옹과의 대화에서 잘 드러난다. 상산초옹은 개울물을 거의 건넌 유비를 부르더니 자기를 업고 건너라고 한다. 유비가 끙끙대며 겨우 개울을 건너가자 초옹은 건너편에 보따리를 놓고 왔다고 다시 한 번 자신을 업고 개울을 건너갔다 오도록 한다. 이렇듯 유비로 하여금 초가을의 차가운 개울물을 건너게 해 그의 끈기를 시험한 상산초옹이 묻는다.15)

"네 이름이 무엇이냐?"

"유비라고 합니다."

"좋은 상이다."

"무슨 말씀이온지……."

"만 가지 상 가운데서도 심상이 제일 중하다는 뜻이다."

---

15) 이문열 평역, 『삼국지(제1권)』(서울 : 민음사, 1988), 45～48쪽

상산초옹은 유비에게 장자방에 얽힌 이야기를 잠깐 하고 난 다음 다시 묻는다.

"너는 어째서 두 번째도 나를 업고 건널 생각을 했느냐? 무엇을 바라고 한 번 더 수고로움을 참았더냐?"

이 질문에 대한 유비의 답변은 삼국지 전체에서 유비가 어떤 인물로 규정되는지를 상징적으로 보여준다.

"잃어버리는 것과 두 배로 늘어나는 차이 때문입니다. 제가 두 번째도 건너기를 마다하게 되면 첫 번째의 수고로움마저 값을 잃게 됩니다. 그러나 한 번 더 건너면 앞서의 수고로움도 두 배로 셈쳐 받게 되지 않겠습니까?"

"그게 바로 개 같은 선비들이 입만 열면 말하는 인의의 본체다. 그걸로 빚을 주면 빚진 자는 열 배를 갚고도 아직 모자란다고 생각하며, 그걸로 다른 사람을 부리려 들면 그 사람은 목숨을 돌보지 않고 일하게 된다. 내가 하나 일러주마, 그걸 쓸 때는 결코 남이 네가 그걸 쓰고 있다는 걸 알게 해서는 안 된다."

그리고 잠시 후 상산초옹은 다시 묻는다.

"그래 이제 네가 하고자 하는 바가 무엇이냐?"

"장부가 품은 뜻 중에 제세안민濟世安民보다 더 큰 것이 어디에 있겠습니까? 어지러운 천하를 바로잡고 백성을 편안케 하는 것이 제 뜻입니다."

그 말대로 유비는 평생 인의라는 자신의 이미지를 부각시키면서 제세안민의 기치를 내걸고 천하를 도모했다. 이와 같은 그의 의지는 적벽대전 직후 형주를 얻은 뒤 장차 서촉을 취하려 할 때, 부군사인 방통과 나눈 대화에서 잘 드러난다.

그때 유비는 자신이 평생을 인의를 무기로 살아왔는데 같은 한실
종친인 유장의 영지를 빼앗음으로써 애써 쌓은 명망을 잃게 되지
않을까 불안했던 것이다. 세상의 칭송을 받아온 유비의 인의는 본래
부터 전략이었음을 알 수 있는 대목이다.

실로 당시에 유비가 추구할 수 있는 것은 인의뿐이었고 다행스럽
게도 그의 성격은 인의를 펴기에 알맞았다. 하지만 그는 인의 때문
에 무던히도 양보하면서 손해를 감수해야 했다. 인의를 주무기로 택
한 이상 자칫 욕심을 부려 그것을 물거품으로 만들 수는 없었기 때
문이다. 그러므로 유비는 최후의 한순간까지도 계산하고 또 계산하
면서 인의를 쌓아갔다.

인의의 특성 – 버려야 쌓이지만, 줘야 얻을 수 있다

인의는 베푸는 데서 출발한다. 그러나 베풀 게 없었던 유비는 욕
심내지 않는 것으로 그것을 대신하는 수밖에 없었다. 때문에 그는
자신에게 주어진 모든 것을 탐내는 이들에게 아낌없이 내주었다.

유비는 천하를 평정할 만한 기반이나 자리가 아닌 다음에야 잃고
나서도 미련을 두지 않았다. 남들의 시선으로는 미련한 행동 같아
보였지만 그에게는 어차피 미래에 도움이 되지 않을 것들이었기에
버리는 데 주저하지 않았다. 그것이 백성들에게 겸양의 미덕으로 비
쳐지면서 그의 인의는 계속 공고히 쌓여갔다.

이러한 유비의 행로는 탁현에서 의병을 모집하던 초기부터 조조

에게 빼앗겼던 형주를 차지할 때까지 변치 않았다. 황건적을 토벌한 공로로 안희현의 현위 자리를 얻었을 때 그는 자리에 연연하지 않고 백성들의 생활을 살피는 데 최선을 다했다.

따지고 보면 일개 돗자리 장수가 한 고을의 수령이 되었다는 건 매우 영광스런 일이었다. 하지만 유비는 현위 정도에 만족할 사람이 아니었다. 때문에 감찰관 독우가 횡포를 부리자 그를 응징한 다음 미련 없이 뛰쳐나갔다. 그러다 북쪽의 제후인 공손찬의 도움으로 평원현령이 되었다.

얼마 뒤 도겸의 부하에게 부친을 잃은 조조가 서주를 공격하자 유비는 공손찬을 따라 서주로 달려갔다. 세가 불리함을 느낀 조조가 물러나자 유비는 서주에 머물렀다. 얼마 뒤 늙은 도겸이 유비의 인물됨을 높이 평가해 서주를 건네려 했지만 그는 극구 사양했다. 그러나 도겸이 죽은 뒤 백성들이 몰려와 서주의 주인이 되어달라고 간청하자 못 이기는 체 받아들였다.

하지만 유비에게 서주도 천하제패의 입지로는 함량미달이었던 모양이다. 세간의 평이 좋지 않았던 여포가 욕심을 부리자 그는 선선히 소패성은 물론 서주성까지 내주었다. 이때도 유비는 자신이 서주의 주인이라고 강변하지 않았다. 그 와중에 벌어진 여포와의 일전은 오로지 자신의 목숨을 보전하기 위한 싸움일 뿐이었다.

이후 허도로 도망쳐 조조와 합류했던 그는 잠시 인고의 세월을 보내다 조조에게 빌린 5만 명의 군사로 원술을 평정한 다음 서주로 다시 돌아왔다. 하지만 조조가 공격해오자 그는 또 미련 없이 서주를 버리고 형주의 유표에게 의탁했다.

늙고 병든 유표가 도겸과 마찬가지로 형주를 유비에게 맡기려 하지만 그는 고개를 저을 뿐이었다. 당시 형주의 실권은 후처인 채씨 일가가 쥐고 있었으므로 그 제안을 받아들인다고 결코 가능한 상황이 아니었다. 다만 자신의 인의를 해칠 뿐이었다. 그러다 유종에게서 형주를 얻은 조조가 적벽대전에서 손권에게 패하자 비로소 군사를 일으켜 형주를 차지했다. 유표의 형주는 껄끄러운 땅이었지만 조조의 형주는 역신을 진압했다는 의미가 있었으므로 인의에 전혀 거리낄 것이 없었다.

유비는 버림으로써 얻는 운명이었다. 작은 걸 버리면 버릴수록 큰 게 수중에 들어왔다. 그는 얻은 것에 끝까지 초연한 태도를 견지했기 때문에 결국 천하의 3분의 1을 차지하고 황제에 오를 수 있었다.

그가 버릴 때의 태도 역시 괄목할 만했다. 한껏 자신을 낮추며 양보하는 데야 경쟁자들로서는 도저히 비난의 화살을 쏠 수가 없었다. 자칫하면 그 화살이 자신을 향해 되돌아올지 모르는 노릇이었기 때문이다. 이런 세간의 분위기가 있었기에 미력한 힘으로도 유비는 능히 자신을 지켜갔고, 명성을 높일 수 있었다.

삼국지에서 유비에 대한 호칭은 유 황숙(헌제의 숙부), 유 예주(예주목), 유 사군(서주를 임시로 맡을 때의 칭호) 등으로 매우 다양하다. 그 중에서 인의를 바탕으로 하는 것이 유 사군이고, 천시를 바탕으로 하는 것이 유 황숙과 유 예주다. 두 가지 호칭 가운데 한실의 부흥과 관련된 이름으로는 유 황숙이 더 큰 의미를 지녔고, 특정 지역을 차지할 수 있는 인물이라는 의미로는 유 예주가 쓰였다.

예를 들어 제후로서 조조와 대적하는 유비를 표현할 때는 유 예주라고 표현했다. 공명이 오나라의 손권이나 그 신하들과 논쟁을 벌였을 때 그를 유 예주라고 칭한 것도 한나라의 신하인 조조, 손권과 유비를 동렬에 놓기 위해서였다.

아무튼 유비로서는 아무리 양보하더라도 잃을 게 별로 없으니 양보하기 쉬웠다. 또 잃을 게 크더라도 본래 자신의 것이 아니었으므로 손해볼 게 없었다. 역경을 참고 견디는 것도 이와 마찬가지였다. 본래 그는 역경 속에 살고 있었으니, 참는 것은 힘들지 않았다.

이런 까닭에 삼국지 전체에서 유비는 항상 양보하고 참았다는 느낌을 주지만, 이 때문에 커다란 고통을 느낀 적은 한 번도 없었다. 오히려 이런 환경 탓에 그는 자신의 그릇에 비해 훨씬 후한 대접을 받았다고 보는 편이 옳다.

유비는 기다림으로 자신의 이미지를 구축한 사람이었다. 원하는 것이 있어도 말하지 않았고, 상대방이 주지 못해 애가 탈 정도의 분위기를 조성했다. 그리하여 극적인 상황에서 어쩔 수 없이 받아들이는 것처럼 행동했다. 유비의 전략은 실로 주도면밀했다. 그는 자신에게 줄 것이 있는 사람만 찾아 몸을 의탁했다.

최초 황건적을 소탕하기 위해 의병을 모을 때도 마찬가지였다. 장비가 재산을 내놓고 관우가 도울 때 그가 한 일이라곤 약간의 군자금을 얻어왔을 뿐이었다. 그러고는 의병 5백 명을 준비해 황건적을 토벌하던 스승 노식을 찾아간다.

그때 노식을 매개로 유비는 훗날 경쟁자들이 될 조조와 원소 등을 만난다. 조조는 반갑게 인사하지만 원소는 그리 달가워하지 않는다. 그도 그럴 것이 아무리 노식의 제자라지만, 이렇다 할 배경이나 관직도 없는 천둥벌거숭이 유비를 명문가의 후예인 원소가 반가워할 까닭이 없다.

물론 원소가 넓은 아량을 가졌다면 달랐겠지만, 당시만 하더라도 황건적 소탕은 정식 군대의 몫이지, 훈련도 안 된 소수의 의병으로 할 수 있는 일이 아니었다. 때문에 원소의 입장에서는 유비가 아무리 의병대장이라지만 휘하의 부장들보다도 격이 낮아 보였을 것이다.

원소의 대응은 조조와 현격한 차이가 있었다. 당시 조조가 상대방을 보는 관점은 천자가 임명한 장수냐 아니냐를 떠나 황건적을 소탕하는 군대냐 아니냐였다. 유연한 사고를 갖춘 조조는 유비를 긍정적으로 평가했다. 이처럼 상반된 두 사람의 반응에 대해 유비는 마냥 공손할 뿐이었다. 조조는 반갑게 대해주었으니 고마웠고, 원소는 당연한 반응을 보였으니 별로 마음 쓸 일이 아니었다.

아무튼 유비는 실제로 한 일도 없으면서 시간이 갈수록 인의를 대표하는 인물로 묘사되어갔다. 삼국지에서 가장 불가사의한 부분이 바로 이런 부분이 아닐까 싶다.

황건적 토벌 후 유비에게는 변방의 현위 자리가 내려졌다. 이에 장비는 불만을 토로하지만 유비는 감내하는 것으로 삼국지에서 묘사된다. 하지만 그것은 당시 상황을 오해한 탓이다. 유비의 군대가 어느 정도 공을 세운 것은 사실이지만, 가장 큰 공은 전쟁을 승리로 이끈 지휘관일 수밖에 없다. 부조리한 측면이지만 예나 지금이나 공은 윗사람 몫이요, 아랫사람은 그저 칭찬이나 한마디 듣게 되어 있다.

특히 혼란스런 당시 정세 속에서 유비가 효렴을 거치지 않고도 현의 수령 자리를 차지한 것은 억울한 일이 아니라 오히려 행운이었다. 이런 면에서 유비와 관우, 장비는 이상만 원대했지 공직사회의 논리에는 문외한이라고밖에 말할 수 없다.

그래서 유비는 감찰관 독고를 잘 달래 보내지 못하고 거꾸로 의를 빙자해 징벌한 뒤 애초부터 관심이 없었던 현위직을 팽개쳐버렸다. 이러한 무모한 행각은 백성을 잘 보살폈다는 결과로 가려지고, 여기에 인의와 정의로움까지 덧씌워진다.

이때부터 유비는 얻고 버리고, 얻고 빼앗기고, 얻고 돌려주는 행동을 되풀이했다. 얻으려고 노력하지도, 지키려고 애쓰지도 않았다. 이 같은 행동은 오로지 백성들을 위한 것으로 미화된다. 그런데 유비가 양보했던 모든 것들은 자신의 능력으로 지킬 수 없는 것들이었다.

이것이 유비의 이미지 전략의 탁월한 점이었다. 삼국지에서 패망한 군웅들의 공통점은 자신이 얻을 수 없는 걸 얻으려 했거나 지킬 수 없는 걸 지키려고 했다는 점이다. 동탁을 비롯해 원술, 여포, 공손찬 등이 이런 유형의 인물들이었다.

인의로는 지리를 차지할 수 없다

유비는 작은 땅(지리)과 관직(천시)을 버려 인의를 얻고 그것을 바탕으로 더 큰 땅과 더 높은 자리를 얻으려 했다. 하지만 그러한 시도는 한계가 있었다. 아무리 인의로 명성을 높였어도 천하를 평정하겠다는 그의 뜻에 걸맞은 지리나 천시는 주어지지 않았다. 남들이 주는 걸 챙겨야 하는 입장에서 진실로 그가 원하는 것을 주는 사람은 없었다.

남들이 주지 않는 걸 얻지도, 빼앗을 힘도 없었던 유비는 인의의 작전이 한계 상황에 이르자 어쩔 수 없이 자신의 욕망을 실현해줄 공명을 찾아갈 수밖에 없었다.

그 시점은 군소 군웅들이 모두 패망하고 신야성에 머물며 형주의 유표에게 의지하고 있을 무렵이었다. 유비는 애써 쌓은 인의를 고스란히 보전하면서 땅을 빼앗아줄 군사가 절실했고, 그 적격자가 바로 공명이었다.

유비는 얻을 수 있을 때 얻고, 지킬 수 없을 때 버리는 전략으로 인의를 얻었다. 당시 강력한 제후로는 유표, 손권, 마등, 유장, 장로 등이 있었지만 실제로 조조와 경쟁할 수 있는 군웅은 유표와 손권 뿐이었다. 이 같은 현실에 유비는 내심 전율했다.

얻을 것도 희귀한 판에 버려야 될 것조차 주어지지 않는 상황이었다. 그렇다면 무력으로 빼앗는 수밖에 없었다. 하지만 그에게는 군사는 물론 장수도 빈곤했고, 이 모든 걸 덮어줄 만한 전략가가 없었다. 때문에 그는 모든 일을 제쳐두고 전략가를 찾아나섰다.

그 결과 서서란 인물을 얻었지만 유비는 만족할 수 없었다. 서서는 전투에서 이기게 해줄 수 있어도 인의가 훼손되는 걸 막으면서 지리를 확보해줄 만한 역량은 아니었다. 유비의 다급함이 삼고초려의 필연성을 설명해줄 수 있는 대목이다.

이런 유비의 내심을 꿰뚫어보고 있던 공명은 두 차례나 찾아온 그를 피해 자신의 주가를 높이며, 유비에게 지리 추구에 대한 부담감을 지워주는 '양수겸장兩手兼將'의 수를 두었다. 그래야만 이후 공명은 인의의 상징인 유비를 제쳐두고 전면에 나서서 칼을 휘두를 수가 있게 된다.

이후 두 사람은 찰떡궁합처럼 박자를 맞춰간다. 유표가 유비에게 경주를 권하자 공명은 수락의 눈짓을 보내지만 유비는 간곡히 거절하고 도망친다. 이런 작전은 백성들이 유비를 따라나서게 하고, 인의를 이용해 적벽대전 이후 공명은 자연스럽게 무력으로 형주를 접수한다.

익주를 차지할 때도 마찬가지다. 부군사 방통은 유장을 죽이라고 권하고, 유비는 인의를 앞세워 거절한다. 하지만 이 같은 움직임은 모두가 계산된 것이었다. 그리하여 유비는 익주를 손에 넣었지만 결코 무력으로 빼앗은 것이 아니라 기증받은 것이었다. 이처럼 공명 등장 이후 유비는 인의를 펴는 척하면서 맹렬한 기세로 지리를 취한다.

익주와 한중을 손에 넣은 뒤에도 유비는 형주에서 물러나지 않는다. 적벽대전 이후 손권은 승자의 권리로서 형주의 소유권을 주장한다. 하지만 유비는 온갖 구실을 대며 돌려주지 않는다. 형주는 주유가 양양을 공격하는 틈을 타 차지했지만 본래 주인인 유표의 장남 유기가 살아 있으니 그 누구도 소유권을 주장할 수 없다는 것이었다. 그곳에 둥지를 틀고 있는 자신은 다만 조카인 유기를 도와줄 뿐이라는 논리를 구사한다. 그러면서 조조와 싸워 이긴 쪽은 손권이니 후계자인 유기가 죽으면 반드시 돌려주겠다고 약속한다. 그러나 얼마 뒤 유기가 병사하자 유비는 자신이 갈 곳을 마련할 때까지 형주를 빌려쓰겠다고 버틴다.

이렇듯 억지를 쓰는 유비를 손권은 놓아둘 수밖에 없었다. 형주의 군사력이 만만치 않았을 뿐더러 주유를 농락할 만한 전략가인 공명의 술책도 두려웠다. 더구나 유비 뒤에는 조조가 있었다. 오나라가 군대를 움직이면 금세 조조군이 움직이게 되어 있었다. 그렇게 되면 또다시 국가의 존망을 건 대회전을 벌여야 하는데, 이는 손권으로서도 감행할 수 없는 모험이었다.

손권의 입장에서 보면, 유비는 언제라도 조조와 손잡을 수 있는 인물이었다. 둘 사이에 일전을 벌인 적도 있지만 한때 허도에서 함께 지냈으며, 유비의 장수들은 패퇴하는 조조군을 섬멸하려 하지 않았다. 또 관우는 적벽에서 패하고 쫓기던 조조를 잡았다가 놓아주지 않았던가.

그러니 섣불리 움직일 수 없다. 자칫 유비가 형주를 조조에게 내주면 손권에게는 영원히 기회가 사라진다. 때문에 그는 노숙의 지리한 외교를 핑계삼아 유비의 형주 점유 구실이 사라지기만 기다렸다.

훗날 손권은 조조와 유비가 적대관계가 되고 나서야 군사를 움직인다. 손권은 방심한 관우의 허를 찔러 일거에 형주를 점령하고, 관우까지 죽이는 전과를 올린다. 이어 관우의 목을 조조에게 보내 책임을 떠넘기는 작전까지 벌인다. 관우에 대한 유비의 마음을 잘 알기에 촉과의 전면전을 피하려 한 것이었다.

손권의 의도를 알아챈 조조는 그를 비웃으며 관우의 장례식을 성대하게 치러줌으로써 그 문제와 자신은 아무런 관계가 없음을 내외에 천명한다. 그 결과 오나라는 분노한 유비의 대군과 맞닥뜨리는 국가 존망의 위기를 맞는다.

유비는 왜 공명과 방통을 차별했을까

공명은 조조, 유비, 손권 가운데 유비의 입장이 가장 취약하다는 점을 잘 알고 있었다. 그런데 왜 조조나 손권이 아닌 유비를 선택했을까?

그 답은 수경선생 사마휘의 한마디에서 찾아볼 수 있다. 곧 '와룡이 주인을 얻었으나 천시를 얻지 못했다'는 말이다.

공명의 입장에서 보면 자신의 꿈을 펼칠 수 있는 주공은 유비뿐이었다. 왜냐하면 천시, 지리, 인의라는 삼국지의 이미지 구조 속성 중에서 인의로 나머지를 추구하는 사람만 이 같은 전략가가 필요했기 때문이다. 그런 점에서 공명이나 방통, 서서의 주인은 유비일 수밖에 없었다. 유비가 형주에 나타나자 그들은 차례대로 유비에게 귀의했다.

천시에서 우위에 있던 조조는 자신을 대신할 이인자가 필요치 않았다. 이인자는 언제든지 자신의 자리를 위협할 수 있기 때문에 조조는 장수의 실수를 눈감아주면서도 전략가들에게는 관용을 베풀지 않았다. 대표적인 희생자가 순욱과 순유, 양수였다.

한편 지리를 바탕으로 천시와 인의를 추구하는 손권은 공명과 같은 이인자가 전혀 필요치 않았다. 지리를 확대하는 역할을 해야 할 이인자의 일을 그 자신이 수행했기 때문이다. 따라서 공명이 손권에게 귀의해 얻을 수 있는 것은 전혀 없다고 해도 무방했다.

손권이 추하다고 방통을 등용하지 않은 건 구실에 불과했다. 손권이 인재를 몰라본 게 아니라 필요치 않은 인물을 쓰지 않았다고 봐야 한다.

조조의 천시, 손권의 지리에 비해 거의 무용지물인 인의의 주인 유비는 당시 매우 절박한 상황이었다. 인의의 속성상 지리를 얻어주는 이인자가 없다면 천하제패의 꿈은 공염불에 불과했다. 때문에 복룡이라 불리는, 탁월한 전략가 제갈량의 소식을 듣자 만사를 팽개치고 달려갈 수밖에 없었다.

　이런 관점에서 보면 봉추로 지칭되는 방통 역시 유비에게 환대받
아야 마땅했다. 그런데 유비는 왜 그를 조그만 현의 수령으로 내쳤
을까?

　일찍이 그는 수경선생에게서 복룡과 봉추 가운데 한 명만 얻어도
천하를 얻을 수 있다는 말을 들은 적이 있었다. 그래서 공명을 초빙
할 때 스승의 예까지 취하지 않았던가. 그런데 무슨 이유로 방통을
보자 손권처럼 탐탁찮은 태도를 취했을까?

　사실 유비의 내심은 반가워 춤이라도 추고 싶은 심정이었다. 하
지만 세상에 인의를 내보여야 할 그로서는 복룡을 취한 마당에 봉
추까지 요란하게 맞이한다면 지리를 탐한다는 말을 들을 수도 있었
기 때문이다.

　방통 역시 유비의 마음을 파악했기에 선선히 지방으로 내려갔다.
그리하여 잠시 술꾼으로 변신, 주변의 관심을 흩으려놓은 뒤 때가
되자 순진한 장비가 자신을 천거하게끔 연극을 한 게 분명했다. 그
가 유비에게 합류하는 것이 어쩔 수 없는 대세라면 보다 유연한 과
정을 거치는 게 여러모로 유리했다.

　이러한 과정은 방통의 행보에서 잘 알 수 있다. 방통은 적벽대전
에서 연환계를 성사시킨 공로자였다. 그런 그가 손권을 만났을 때는
일부러 무뚝뚝한 자세를 취했고, 손권 역시 그에게 미련을 갖지 않
았다. 반면 유비를 만났을 때는 달랐다. 유비의 시큰둥한 태도에도
개의치 않고 순순히 보잘것없는 현령 자리를 수락했다.

　이 같은 과정을 거친 끝에 방통을 끌어들인 유비는 즉시 그를 공
명 다음 가는 부군사로 임명했다. 유비는 어눌한 듯하면서도 매우
뛰어난 전략을 수행했음을 알 수 있다.

이런 유비의 이미지 전략은 결과적으로 커다란 성공을 거두었다. 아무것도 없었던 그가 형주에 이어 서촉과 한중까지 움켜쥔 뒤 황제까지 되었던 것이다. 이는 그보다 훨씬 나은 위치에서 경쟁했던 군웅들의 실패와 비교할 때 더욱 빛난다.

특히 삼국지의 등장인물들 가운데 가장 상반되는 평가를 받을 수 있는 인물이 유비라는 점을 감안하면, 유비의 이미지 전략은 조조나 손권에 비해 더욱 정교했고, 성공적이었다.

유비의 전략적 성공은 초기의 무조건적인 인의에서, 후기에는 자신을 인의를 취하고 공명에게 지리를 취하도록 하는 방법으로 바꾼 데 있었다. 그러면서 끝까지 자신을 인의의 화신으로 세상에 비춤으로써 천시와 지리를 얻을 수 있는 토대를 마련했다.

관우는 화용도에서 왜 조조를 죽이지 않았을까

유비가 자신을 대신해 지리를 빼앗을 전략가를 구한 이유는 적벽대전의 진행 과정에서 확연히 드러났다.

남병산에서 동남풍을 일으키는 이벤트를 연출한 다음 공명은 조자룡과 함께 진영으로 돌아와 조조군 궤멸 작전에 돌입한다.

먼저 조자룡에게 군사 3천 명을 줘 오림에 매복해 있다가 조조가 나타나면 중간을 공격하되 반쯤만 죽이고 철수하라고 이른다. 또 장비에게는 이릉 건너 호로곡에 매복했다가 쫓겨오는 조조를 공격하되 뒤쫓지는 말라고 명한다. 한편 미축, 미방, 유봉에게 배를 타고 강가를 돌면서 조조의 패잔병을 사로잡게 하고, 유기에게는 안구에 진을 치고 도망쳐오는 조조군을 사로잡되 성을 떠나지는 말라고 명한다. 이렇게 모든 조치를 취한 공명은 유비에게 번구로 가 싸움 구경이나 하자며 너스레를 떤다.

그때 작전에서 소외된 관우가 강하게 항의한다. 그러자 공명은 일찍이 허도에서 조조에게 은혜를 입은 관우이기에 그를 잡아도 살려줄 것이라며 고개를 젓는다. 이에 관우는 그때의 신세는 관도에서 원소의 장수인 안량과 문추를 죽인 것으로 이미 갚았다고 강변한다. 그래도 공명이 못미더운 표정을 짓자 관우는 조조를 살려준다면 군법에 따라 참형에 처해도 좋다는 군령장을 쓴다. 그제야 공명은 그를 화용도로 보내며 조조를 잡을 계책을 알려준다.

관우가 그 계책에 의문을 표시하자 공명은 눈꼬리를 세우며, 조조는 반드시 그리로 올 것이니 조조에게 쓸데없는 인정이나 베풀지 말라고 힐난한다. 이렇게 해서 관우가 군사를 이끌고 출동하자 유비는 올곧은 관우의 성정상 분명 조조를 잡아도 놓아줄 것이라며 걱정한다.

이에 공명은 천문을 빙자하며 조조는 아직 죽을 때가 아니라고 위로한다. 그런데도 관우를 보낸 건 과거의 신세를 갚도록 하기 위한 배려였다는 것이다. 이 말을 들은 유비는 공명이 관우를 군령대로 행하지 않을 거라고 생각하고 안심한다. 과연 공명의 예측대로 조자룡과 장비는 조조를 공격하지만 놓아주고, 화용도에서 관우는 조조를 살려보낸다.

삼국지를 읽으며 유비를 응원하던 독자들은 화용도에서 관우가 조조를 놓아줄 때 안타까운 한숨을 내쉬었을 것이다. 그때 관우가 단칼에 조조의 목을 베었다면 유비는 욱일승천 천하를 제패했을 것이고, 관우 역시 비명에 죽지 않았을 것이기 때문이다. 그런데 왜 관우는 그 난세의 간웅인 조조를 살려줘야 했을까?

하지만 적벽대전 당시 유비가 처한 상황은 그게 아니었다. 조조가 그때 죽었으면 유비는 천하에 발붙일 곳 없는 신세가 됐을 것이다. 유비가 조조와 손권의 싸움을 부추긴 것은 형주를 얻기 위해서였다. 하지만 손권은 손권대로 그 싸움에서 이기면 자연히 형주는 자기 몫이라고 여겼다.

그런데 조조가 사로잡히거나 죽는 상황이 벌어지면 유비는 도저히 형주를 차지할 수 없게 된다. 유비군은 오나라 군대를 당해낼 수 없었기 때문이다. 그러므로 조조는 그 싸움에서 지고 반드시 살아가야 유비는 목적한 바를 이룰 수 있었다. 조조가 버티고 있는 한 유비가 형주를 차지해도 손권은 감히 도발할 수 없었다. 두 진영이 싸우다 힘이 약해지면 곧 조조의 칼날이 스며들 것이었기 때문이다.

사정이 이런데 하늘의 움직임까지 알고 있다는 전략가 공명이 관우를 화용도로 보내면서 조조를 놓아주면 죽이겠다는 군령장까지 쓰게 했으니, 유비는 황망스러웠다. 하지만 공명의 진심을 듣자 유비는 가슴을 쓸어내렸다.

삼국지의 백미로 일컬어지는 적벽대전은 이렇듯 삼국의 이해관계가 복잡하게 얽혀 있는 전쟁이었다. 유비에게 이 전쟁은 조조군을 궤멸시키되 조조만은 살려보내야 하는 기묘한 싸움이었다.

그렇다면 문제는 아주 간단하게 해결될 수도 있지 않은가? 공명이 장비, 조자룡, 관우에게 그만한 이치를 설명해주면 되지 않겠는가? 그런데 왜 하필이면 유비군에서 제일의 장수인 관우를 바보로 만들어야 했을까?

공명의 입장에서 보면, 그 비밀스런 전략 운용의 어려움은 관우에게 있던 것이 아니라 장비와 조자룡에게 있었다. 당시 의심스러운 동맹관계인 오나라에 자칫 이 같은 정보가 들어간다면 만사휴의萬事休矣가 된다. 그것은 수많은 부장과 군사를 거느리고 있는 장수들에게는 도저히 발설할 수 없는 기밀 사항이었다.

때문에 유비의 군사가 된 지 얼마 안 되는 공명으로서 이런 작전을 믿음직스럽게 수행할 수 있는 장수는 관우뿐이었다. 그는 관우가 지용을 겸비했으므로 이 싸움에 담긴 유비의 기회를 감지할 거라고 믿었다. 하지만 장비나 조자룡은 그런 면에서 신뢰하기 어려웠다. 때문에 공명은 그들을 출동시키면서 끝까지 추격하지 말라고 명령했다. 만일 그들이 승리에 취해 조조까지 죽여버리면 모든 전략이 실패로 돌아가기 때문이다.

하지만 본래 무장인 그들의 성정으로 보아 이런 명령이 완벽하게 소화되지 않을 건 뻔했다. 때문에 공명은 두 사람에게 관우를 희생양으로 군령을 어기면 목숨을 잃게 된다고 위협했던 것이다. 관우의 군령장은 조조를 놓아주면 죽을 것이지만, 장비나 조자룡에게 내린 명령은 조조를 끝까지 공격하지 말라는 내용이다. 따라서 장비와 조자룡은 조조를 끝까지 공격해 군령을 어기면 죽을 것이었다.

과연 관우는 공명의 뜻을 잘 이해하고 있었다. 때문에 그는 의도적으로 공명에게 대들어 군령의 엄격함을 다시 한 번 강조하도록 조장했다. 사정을 모르는 장비와 조자룡에게 공명의 명령을 한치의 어김없이 수행하도록 강조했고, 조조의 목숨 또한 유비군 서열 1위의 장수인 관우 자신의 몫으로 챙겨두었다. 그렇게 해야 조조를 살릴 수 있었던 것이다.

이제 예정된 연극의 한 장면을 감상해보자. 제목은 적벽대전, 오림과 화용도 장면이다.

물에 빠진 생쥐꼴이 된 조조는 얼마 안 되는 병력과 함께 갈림길에 섰다. 하나는 평지로 가는 길이고, 하나는 화용도로 가는 산길이다. 화용도는 남군으로 가는 지름길이지만 지형이 험하고, 평지로 가는 길은 우회로지만 길은 넓다. 어느 쪽으로 갈 것인가? 조조가 생각에 잠겼을 때 군사들이 화용도 쪽에서 연기가 피어오른다고 보고해온다.

적벽에서 참패한 그는 오나라 군대에게 쫓기다가 연이어 유비군이 출몰하자 점점 여유를 되찾는다. 살아 돌아갈 수 있다는 확신이 생긴 것이다.

조자룡과 장비를 만났지만 그들은 자신을 쫓아오지 않았다. 그와 함께 유비와 공명의 속셈을 파악한 조조는 쓴웃음을 지었다. 이렇게 돌아가야 하는 자신의 신세가 처량했지만, 죽는 것보다는 나았다. 그래서 유비군이 매복해 있을 만한 곳에 다다르면 일부러 큰 소리로 너스레를 떨어 자신이 왔음을 알렸다. 그 뜻은 이것이었다.

'자, 내가 왔으니 어서 공격하는 척하고 떠나거라.'

조조가 웃을 때마다 유비군이 나타나자 병사들은 겁을 먹은 표정이었다. 그러나 조조는 태연했다. 이 기회에 자신의 위대한 면을 보여주는 것도 나쁘지 않았다. 목숨이 경각에 달린 상황에서도 태연자약한 그의 위상은 훗날 전설처럼 나라 안에서 떠돌 것이다.

이런 까닭에 조조는 자신있게 연기가 나는 화용도 쪽으로 가라고 명령한다. 그곳에는 분명 유비군이 있어야 하고, 그래야 무사할 수 있다. 그가 두려운 건 오나라의 군사였다. 드디어 화용도에 이른 조조는 다시금 큰 소리로 자신의 출현을 알린다. 그러자 과연 관우가 나타났다.

조조는 마음속으로 끄덕였다. 관우에게 보은의 기회를 주려는 유비의 의도를 알아챘다. 그렇다면 정해진 연기를 하는 게 도리다. 관우 역시 추상같은 태도를 짓고 있지 않은가. 조조는 처량한 목소리로 말을 건넨다.

"장군, 그간 안녕하셨소."

이 말은 곧 '장군, 허도를 떠난 후 별고 없으셨소. 허도에서는 내가 장군을 보살펴드렸는데, 여기에서는 장군이 날 보살펴주셔야겠소'라는 뜻이다.

관우 역시 주어진 대사를 읊는다.

"승상께서도 별래 무양하셨습니까?"

곧 '승상, 허도에서 많은 은혜를 입었소이다. 여기 화용도에서 그때의 은혜를 갚겠습니다. 어서 가십시오. 내가 있으니 더 이상 추격은 없을 겁니다'라는 말이다.

그러고는 몇 마디를 형식적으로 나눈 뒤 군사를 뒤로 물린다. 이렇게 조조를 살려보냄으로써 유비는 과거에 입은 은혜를 갚음과 동시에 자신의 인의를 한층 고양시키고 형주라는 실리를 챙기게 된다.

이번에는 작전을 마친 장수들이 유비와 공명에게 자신들의 전공을 보고하는 장면이다. 장수들은 모처럼 신나게 싸웠다며 즐거워한다. 하지만 관우는 배역에 따라 한 켠에 우두커니 서 있을 뿐이다. 그러자 승전을 치하하고 있던 공명이 관우를 보고 황급히 사과한다.

"내가 결례를 했소이다. 이번 싸움에서 가장 큰 공을 세운 관 장군을 진문 밖에서 영접하지 못한 걸 용서해주시오."

관우가 비장한 태도로 대답한다.

"군사, 나는 조조의 목을 베지 못했습니다."

그 말에 작은 공을 자랑하던 장수들은 깜짝 놀라 입을 다물고, 분위기가 아연 냉랭해진다. 하지만 공명은 태연하게 묻는다.

"아니, 조조가 화용도에 오지 않았단 말입니까?"

"조조는 왔지만, 제가 살려보냈소이다."

"그랬구려. 그렇다면 군령장에 쓴 내용은 기억하고 있겠지요?"

"물론입니다."

이렇게 말하고 관우는 눈을 지그시 감는다. 이에 공명이 추상같은 목소리로 주변을 돌아보며 소리친다.

"군령은 지엄한 것, 여봐라. 어서 저자를 끌어내어 목을 쳐라."

이제 유비가 나설 차례였다. 그는 이제 형주를 도모해야 한다. 그러려면 장병들에게 군령의 엄격함을 일깨워주면서 자신의 후덕함을 보여줄 필요가 있었다. 그는 소스라치게 놀라는 시늉을 하며 공명 앞에 엎드려 간청한다.

"군사, 관우가 군령을 어겼으니 죽어 마땅합니다. 하지만 그는 내아우이며, 유능한 장수가 아닙니까. 제발 내 얼굴을 봐서라도 살려주시오."

주공이 군사에게 무릎을 꿇고 비는 것은 있을 수 없는 일이다. 사면을 명하면 그뿐이다. 하지만 유비는 자신이 부하를 위해서라면 언제라도 스스로를 낮출 수 있다는 점을 보이면서 공명의 입장도 한껏 올려주는 연기를 스스럼없이 해낸다. 그러자 공명은 황급히 유비를 일으켜세운 후 엎드려 비는 시늉을 한다.

"주공께서 이러시니 공명은 죽을죄를 지었나이다. 염려 마십시오 관 장군의 목숨을 살려주겠습니다."

그런 다음 아무 일 없었다는 듯이 관우를 비롯한 장수들에게 형주를 차지할 작전명령을 하달한다.

이것은 복잡해 보이지만 매우 간단한 연극이다. 세간에 '적의 적은 친구다'라는 말이 있는데, 적벽대전 당시 유비, 손권, 조조는 그런 관계였다. 그때 조조가 패한 이유라면 수군의 열세, 연환계로 묶인 선단에 대한 화공 등으로 요약할 수 있지만, 실상은 천시만으로 인의와 지리를 꺾을 수 없다는 한계점의 노정이었다.

유비에게 배운다

유비는 무에서 유를 창조해낸 인물이었다. 그는 애초부터 가진 게 없었으므로 더욱 인내하고 더욱 양보할 수 있었다. 사람들은 대부분 가진 게 없을수록 작은 것에 집착하고, 쉽게 교만해진다. 하지만 유비는 결코 그 같은 함정에 빠지지 않았다.

유비는 어떠한 경우에도 자신의 최종 목표를 잊지 않는 인물이었다.

신야에서 조조에게 일패도지하고 강릉으로 도망칠 때 유비는 조자룡이 아두를 품에 안고 피투성이가 되어 돌아오자 하찮은 아이 때문에 귀한 장수를 잃을 뻔했다며 아두를 팽개치는 냉정한 모습을 보인다. 이에 감격한 조자룡은 평생 충성을 다할 것을 맹세한다. 그는 천하제패라는 최종 목표를 위해 인의를 미끼로 부수적 요소인

202

장수를 심복시키는 데 성공한다.

손권의 누이와 결혼할 때도 그는 결코 자신의 목표를 잊지 않는다. 적벽대전에서 조조에게 승리하고도 유비에게 형주를 빼앗긴 손권은 주유의 계략에 따라 누이를 미끼로 유비를 끌어들인다. 그런다음 유비를 죽이거나 볼모로 삼아 형주를 빼앗기 위해서였다. 그런데 이런 잔꾀는 지혜로운 공명에 의해 간파되었고, 그 결과 나이 많은 유비는 어린 손권의 누이와 결혼하는 행운을 얻었다.

이에 당황한 손권은 유비에게 신혼 재미에 빠져 형주로 돌아갈 생각조차 못하도록 온갖 호사를 누리게 했다. 하지만 조자룡의 조언을 받은 유비는 즉시 본연의 모습을 되찾은 뒤, 새로 얻은 아내를 데리고 형주로 돌아왔다. 이렇게 되니 손권은 유비를 볼모로 잡으려다 거꾸로 누이를 볼모로 내준 꼴이 되고 말았다.

유비는 일을 성사시키는 데 체면과 명예 등은 아무것도 아니었다. 그는 아낌없이 버렸다. 사실 체면과 명예는 목적이 아니다. 그런 것은 목표가 달성되면 금방 회복할 수 있는 것들이다.

조조와 천하의 영웅을 논할 때는 곁에 있던 여종들이 웃을 정도로 겁쟁이가 되었고, 조조를 떠나 원소에게 의탁한 일도 체면과는 먼 일이었다. 이러한 체면불구의 결정판은 삼고초려였다.

융중의 초막에 세 번이나 찾아갔으면서도 그는 어린 공명이 낮잠에서 깨어날 때까지 공손히 서서 기다렸다. 그러고도 유비는 공명이 난색을 표하는 듯하자 스승을 모시는 제자처럼 엎드려 빌었다. 자신의 수하가 되어달라면서 아랫사람처럼 행동했던 것이다.

이렇듯 유비는 자신을 낮출 때는 상대방이 당황할 정도로 노골적이었다. 사실 상대방의 예상만큼이라면 별 효과가 없다. 그 예상을 뛰어넘어야 원하는 바를 얻을 수 있는 것이다. 예를 들어 상점에서 물건값을 깎아줄 때도 손님이 예상하는 만큼이라면 그 손님은 싸게 샀다고 생각지 않는다. 하지만 그보다 더 많이 깎아주면 감동하지 않을 수 없다.

세상 이치가 그럴진대, 천하를 내놓고 벌이는 흥정에서 상대방의 예상대로 행동하는 건 바보짓이다. 유비는 겸손해서 자신이 손해볼 게 없다는 점을 잘 알고 있었다. 그러므로 마음껏 자신을 낮추고 상대를 높여준다. 이렇게 해서 챙긴 실익이 바로 촉나라의 황제 자리였다.

유비는 여러모로 앞서 달리던 조조와 차별된다. 그는 평생 천시에는 인의로, 빠름에는 느림으로, 자신감에는 우유부단함으로 조조에 대응한다. 즉 최강의 경쟁자 조조와 대비되는 이미지를 구축한 것이다.

유비의 특징은 상대방의 예상보다 훨씬 느리게 움직인다는 점이다. 그 대표적인 예가 조조에게 쫓기면서 신야와 번성의 백성을 이끌고 하루에 십 리씩 강릉으로 이동할 때의 일이었다. 공명과 장수들이 빨리 피신하라고 권했지만, 그는 결코 서두르지 않았다. 자신을 따르는 백성을 버릴 수 없다는 것이었다.

목적지인 강릉성은 형주의 군량과 재화 중 대부분을 비축해둔 군수창고였다. 때문에 수세에 몰린 유비군으로서는 그곳으로 가서 군수물자를 확보해야 했다. 하지만 유비의 움직임은 하루에 겨우 십 리일 정도로 너무나 느렸다. 대체 무슨 까닭이 있었을까? 정말로 백성들 때문이었을까?

이미지 전략 차원에서 본다면 대답은 '아니다'이다. 적군이 뒤쫓고 있는데 군대가 백성과 함께 움직인다는 것은 보호가 아니라 인질의 차원이다. 조조군은 백성들을 함부로 죽이는 불한당들이 아니다. 그들도 조조의 인의를 확장시키는 일꾼들이 아닌가.

당시 강릉성은 주인인 유종이 이미 조조에게 항복한 뒤라 조조의 영역이라고 봐야 마땅했다. 그러므로 유비군을 고이 받아들여줄 것이란 보장이 없는 상태, 유비로서는 서둘러봤자 아무런 소용이 없었다. 하지만 그는 천연덕스럽게 자신의 행동이 백성들을 위한 것처럼 위장한다. 그리하여 기이한 상황이 연출된 것이다.

쫓기는 유비군은 주군인 유비보다 백성들을 보살피면서 느릿느릿 이동한다. 이때 만일 조조군이 당도해 백성들이 해를 입는다면, 유비의 인의는 높아지는 반면 조조의 인의는 상처를 입는다. 자신의 안위야 일이 닥친 뒤 도망치면 그만이다. 도망치는 데는 옛날부터 이골이 난 유비가 아니었던가.

결과적으로 이 작전은 성공 아닌 성공을 거둔다. 유비군의 느린 행보를 감지한 조조는 경기병대를 동원해 맹추격하게 되고, 천자의 군대가 백성들을 공격하는 상황이 되어버리고 만다. 그리하여 유비는 어차피 얻지 못할 강릉성을 포기하는 대신 인의를 쌓고, 조조는 자신이 이미 얻은 강릉성을 확보하느라 인의를 잃었다.

조조와 자신이 차별되어야 한다면, 나머지 경쟁자들에게는 자신을 방심케 하는 것이 유비의 전략이었다. 원소와 손권이 바로 유비의 이런 전략에 넘어갔다.

주변 상황이 여의치 않아 허도에 머물러 있을 때 유비는 조조와 함께 천자를 알현한다. 이는 조조에게 천자로 대변되는 천시가 있음을 추인한 셈이다. 조조로서는 인의를 가진 유비가 공개적으로 자신의 보물을 확인해준 셈이니 고맙기 이를 데 없었다. 그에 비해 유비가 조조를 통해 얻은 황숙이란 칭호는 큰 의미가 없었다. 측근인 순욱이 이런 상황을 걱정했지만 조조는 개의치 않았다. 유비보다 자신이 더 큰 걸 얻었기 때문이다.

그런데 유비의 소득은 의외로 만만치 않았다. 허도에 머물면서 유비는 예주목이라는 벼슬을 얻어 제후의 반열에 올라섰다. 이는 한나라의 부흥을 위해 나설 수 있는 명분, 즉 천시에 접근할 기회를 잡은 것이었다. 물론 이것은 그가 조조의 실체를 인정한 반대급부였다.

이후 허도에서 빠져나와 서주를 얻었다가 조조의 공격으로 모든 걸 잃어버린 유비는 하북의 원소에게 의탁하게 되었다. 여기에서도 유비는 원소라는 잠재적 경쟁자를 방심시키는 데 성공했다. 작은아들이 감기에 걸려 군대를 움직이지 못했다는 원소의 어처구니없는 변명도 인정했고, 원술을 공격했던 자신을 받아들인 원소의 후덕함조차 침이 마르도록 칭송했다. 이런 연극으로 신임을 얻은 유비는 어정쩡한 상황에서 원소를 격동시켜 조조를 공격하게 했다.

이 싸움은 결과야 어쨌든 유비로서는 손해볼 게 없는 장사였다. 두 마리의 맹수는 힘이 빠져 당분간 자신에게 관심을 기울이지 못할 것이었기 때문이다. 그러나 원소는 조조만 꺾으면 자신이 천하의 주인이 될 수 있다는 착각에 빠져 섣불리 군사를 일으켰고, 그것이 멸망으로 가는 지름길이 되었다.

세상에는 겸손의 미덕만으로 이룰 수 없는 것이 있다. 겸양의 대표인 유비 역시 형주에서 이 같은 한계에 부딪혔다. 변신하지 않으면 도태될 상황이 온 것이었다.

그러자 유비는 두리번거리기 시작했다. 자신의 인의를 고스란히 지키면서 남의 땅을 빼앗아줄 악역을 찾아내야 했다. 드디어 그는 수경선생에게서 들은 복룡 제갈량이 가까이 있음을 알게 되었다. 모든 정보를 종합해볼 때 그 사람은 대단한 전략가임에 분명했다.

그렇지만 유비에게는 좀더 까다로운 조건이 있다. 땅을 빼앗아도 자신이 쌓아온 인의를 훼손하지 않을 수 있는 인물이어야 했다. 그런데 그런 인물은 존재하는 게 아니라 그 자신이 만들어야 했다.

유비가 삼고초려를 하게 된 것은 갈 때마다 공명을 만나지 못했기 때문이다. 늦가을부터 이듬해 봄까지 유비는 공명을 세 번이나 찾아갔다. 어쩌면 유비는 열 번이라도 마다치 않았을 것이다. 왜냐하면 찾아가는 횟수가 많을수록 그가 원하는 상황이 도출되는 것이다. 그 까닭은 과연 무엇인가?

유비는 융중으로 가다가 만나는 사람마다 제갈량이냐고 물었다. 공명의 장인인 황승언, 밭에서 일하던 농부들, 공명의 동생에게도 당신이 제갈량이냐고 물었다. 유비가 노인이나 농부를 제갈량으로 착각할 만큼 멍청했을 리는 만무하다. 그의 목적은 다름 아닌 소문이었다.

황숙인 유비가 전략가인 제갈량을 애타게 찾는다는 바로 그 소문이었다. 그런데 그 소문의 목적은 제갈량이 아니라 세상이었다. 그러려면 시간이 필요했다. 이렇게 해서 만나지도 않은 두 사람은 가을부터 봄까지 시간을 낚으며 기다렸던 것이다.

그런 전제 상황이 있어야 제갈량이 전략가로서 땅을 빼앗더라도 유비의 인의를 해치지 않게 된다. 결국 겨울을 넘겨 세 번째로 초막을 찾아간 유비는 제갈량이 낮잠에서 깨어나기를 기다려 비로소 만난다. 기다림의 화신 유비는 즐겁기 한량없다. 이런 고약한 과정이 있어야 자신은 제갈량이라는 가면 뒤에 숨을 수가 있다. 물론 제갈량도 서두를 까닭이 없다. 자신은 이인자로서 한껏 높아질 수 있기 때문이다.

드디어 제갈량이 잠을 깼다. 지금까지는 유비와 제갈량이 만나기 전에 소문을 내는 일련의 이벤트였지만, 직접 만나고 난 뒤부터는 전략이 바뀌어야 했다. 즉 유비가 제갈량을 애타게 찾는 게 삼고초려의 1부였다면, 2부에서는 제갈량의 뛰어난 능력을 바탕으로 두 사람간에 역할분담을 해야 했다.

그들의 역할분담 원칙은 간단했다. 유비는 인의를 계속 추구하고, 제갈량은 그런 유비가 할 수 없는 일을 자신의 책임 하에 수행한다. 즉 유비는 인자한 아버지가 되고, 제갈량은 험한 들일을 나가는 어머니가 되자는 말이다.

이때 공명은 유비 앞에서 천하를 조조의 위, 손권의 오, 유비의 촉으로 나누는 '천하삼분대계'를 설파한다. 그런데 유비가 촉을 취하는 것은 오나라의 손권과 손을 잡고 천시를 어지럽히는 조조를 물리쳐 한나라를 바로 세우는 대의를 바탕으로 해야 한다고 강조한다. 즉 군사 행동의 명분을 정립한 것이다.

이에 적극 동의한 유비는 이러한 작업을 제갈량이 대신해달라고 요청한다. 유비 자신은 인의를 계속 확대하면서, 천시를 밝게 하는 역할을 수행한다. 반면 제갈량은 천시를 밝히는 데 필요한 힘을 기르기 위해 지리를 확대하는 일을 맡는다.

그런데 공명이 유비의 부하로서 그 일을 하게 되면 결국 모든 책임은 유비의 몫이다. 여기에서 유비가 생각해낸 것이 군사부일체君師父一體의 논리다. 즉 공명은 유비의 군사이자 스승이다. 유비는 공명의 주공이자 제자다. 그래야만 공명의 공은 유비의 공이 되고, 유비의 죄는 공명의 죄가 되는 것이다.

이 대목에서 공명은 고민에 빠질 수밖에 없다. 누군들 남의 욕먹을 짓을 대신하고 싶겠는가. 이런 망설임을 예견했던 유비는 예의 읍소 작전으로 나온다. 자신의 뜻은 천하를 안정시켜 도탄에 빠진 백성을 편안케 하려는 것이지 결코 호의호식하고자 하는 것이 아니다. 그러면서 자신을 도와 대업을 완성하면 그 공 역시 당신의 것이 될 수밖에 없지 않겠느냐는 설득이었다.

이런 제안에 공명은 결국 고개를 끄덕인다. 일인자 중의 일인자도 빛나지만 이인자 중의 일인자도 가치 있다는 걸 그 자신도 모르지 않았기 때문이다. 이로써 의기투합한 두 사람은 천하를 향한 거보를 내딛는다.

이것이 유비의 삼고초려에 숨겨져 있는 이미지 전략이다. 유비와 공명이 서로의 이미지 전략을 꿰뚫고 있었기 때문에 삼고초려라는 사건이 가능할 수 있었다.

이런 역할분담은 유비가 죽을 때까지 변치 않는다. 예를 들어 병든 유표가 형주를 맡아달라고 할 때도 유비는 사양하지만, 공명은 주는 땅이니 받으라고 권한다. 적벽대전을 앞두고 오나라의 노숙이 조조의 군대에 대해 물을 때도 유비 자신은 도망만 다녀서 모른다고 말한다. 군대에 관한 일은 공명의 일이기 때문이다. 또한 오나라로 가서 손권과 담판 짓는 일도 공명이 몫이지 유비의 몫이 아니었다.

이후 유비는 형주를 시작으로 계속 남의 땅을 빼앗으면서도 일관된 자신의 이미지를 지켰다. 공명은 공명대로 그럴듯한 명분을 만들어둔 뒤 작전을 펼쳐 자신의 탁월한 역량을 과시한다. 실로 두 사람은 손발이 척척 맞는 훌륭한 파트너였다.

유비와 공명이 일인자와 이인자의 역할을 성공적으로 유지할 수 있었던 것은 서로에 대한 믿음이라기보다 의심 때문이었다. 두 사람은 상대가 어느 한순간 자신의 역할을 파기할 가능성을 염두에 두고 항상 조심했다.

통상 일인자와 이인자가 서로 의심할 경우에는 조직이 흐트러지게 마련이다. 일인자는 빼앗길까봐 의심하고, 이인자는 쫓겨날까봐 의심하기 때문이다. 그러다 보면 일인자는 이인자에게 걸맞은 권한을 주지 못하고, 이인자는 주어진 임무에 최선을 다할 수 없다.

그러나 유비와 공명의 의심은 그런 것이 아니었다. 유비는 공명이 일인자의 자리에 욕심을 가지고 있는지를, 공명은 유비가 진정으로 천하를 평안케 하려는지를 의심했다. 이렇듯 의심의 초점이 달랐기 때문에 그들은 조심스럽게 각자의 역할에 최선을 다할 수밖에 없었다.

만약 유비가 일인자로서의 부귀영화에 빠져들었다면 공명은 반역하거나 떠나고 말았을 것이다. 그러므로 유비는 공명을 놓치지 않으려면 백성을 잘 다스려야 했다. 반대로 공명에게 일인자가 되려는 낌새가 있었다면 유비는 그를 제거할 수밖에 없었다.

하지만 공명은 그런 미끼에는 눈도 돌리지 않았다. 그는 평생 춘추시대의 관중이나 한고조를 보필했던 소하를 지향했다. 즉 이인자 그룹에서 최고가 되고자 했던 것이다. 그렇지만 유비는 죽는 날까지 자신의 의심을 버릴 수 없었으니, 그것은 어쩔 수 없는 일인자의 속성이었다.

손권의 이미지 전략 8

"지리의 이점을 확고히 한다"

첫째, 내부의 적을 경계한다.

둘째, 주공과 신하의 구분을 확실히 한다.

　－신하는 토론을 통해 서로 견제하게 하고, 결론은 주공이 내린다.

　－집단합의를 통해 내부의 이견을 없앤다.

셋째, 믿는 만큼만 권한을 준다.

넷째, 결정하면 즉시 행동하고, 결정한 것을 후회하지 않는다.

●•

손권은 지리를 먼저 확고히 하고 인의를 쌓으면서, 기회가 되면 천시를 추구하는 이미지 전략을 구축했다.

오나라는 위, 오, 촉이라는 약칭에서 볼 수 있듯 위나라에 못지않는 힘을 가졌지만 삼국지에서는 상대적으로 촉보다 비중이 약하게 다뤄진다. 오주 손권은 조조나 유비에 비해 훨씬 뒤에 등장한다. 그는 선대에서 물려준 안정을 바탕으로 양자강 남쪽의 강동을 굳게 지켰지만 그다지 뚜렷한 이미지를 남기지 못했다.

아무튼 당시 양자강 북쪽은 숱한 군웅들의 쟁투로 어지러웠지만 손권은 지리적인 이점을 최대한 살려 기반을 다지는 한편, 내부의 반심을 다스리는 데 심혈을 기울였다. 때문에 그는 장수보다 장소, 노숙, 제갈근 등의 현신들을 등용해 내부의 위협을 감소시켜갔다.

내부의 도전을 제압한다

손권에게 외부의 압력이 밀려든 것은 형주를 빼앗은 조조가 유비를 협격하자는 편지를 보냈을 때가 처음이었다. 당시 손권의 입장은 조조에게 굴복해도 위험하고, 저항해도 위험한 진퇴유곡進退維谷의 상황이었다. 내정이 불안한 상태에서 강맹한 적과 마주치면 반란의 기운이 싹트기 쉽다. 이에 손권은 노숙을 파견해 조조군의 실체를 파악하게 했다.

노숙이 떠난 뒤 손권은 신하들을 불러모아 의견을 물었다. 그러자 예상대로 대부분의 신하들이 조조에게 항복하자는 의견을 내놓았다. 손권의 의심이 현실로 드러나고 있었다. 내부에 믿을 사람이 없던 그는 초조한 마음으로 노숙이 돌아오기만을 손꼽아 기다린다.

드디어 노숙이 유비의 군사인 공명과 함께 돌아왔다. 공명이 직접 오나라에 온 것은 분명 조조와의 싸움을 부추기기 위해서일 것이다. 어차피 심중에 일전을 불사하겠다는 결심이 선 손권은 공명을 이용해 내부의 동요를 정리하고자 한다. 공명 역시 오나라의 분위기를 감지하고 마다하지 않는다.

다음날 손권이 배석한 자리에서 공명은 오나라의 신하들과 치열한 논쟁을 벌여 승리를 거둔다. 공명은 조조에 비해 턱없이 약한 유비의 신하들조차 결사항전 태세를 갖추고 있는데, 자원도 풍부하고 군사력도 뒤질 게 없는 오나라 신하들은 조조군이 온다는 말에 지레 겁부터 집어먹고 항복하려 하니 부끄럽지 않느냐며 질타한다.

손권은 공명이 언변으로 소란스런 신하들의 의견을 제압하자 비로소 조조군에 대한 대처 방법을 묻는다. 그러자 공명은 냉정하게 항복하면 된다고 대답한다. 유비는 천하의 영웅이므로 조조 따위에게 항복하는 건 커다란 수치가 되지만, 손권 당신은 사실 별볼일없는 인물이니 무슨 문제가 있겠느냐는 것이다. 더구나 당신의 신하들이 모두 항복하자고 하니 그들의 의견을 따르라는 것이다.

그 말을 들은 손권은 어리둥절해한다. 신하들에게는 싸워야 된다고 하고, 자신에게는 항복하라고 하니 이게 대체 무슨 수작인가? 그는 내심 공명이 오나라의 분열을 노리는 게 아닌가 의심이 들었다.

하지만 그때 공명의 생각은 이런 것이었다. 자신이 논쟁에서 승리한 것만으론 완전하지 않다. 그들의 주인인 당신이 직접 강력한 어조로 전쟁을 선언하지 않으면 그들은 언제라도 지금의 태도를 바꿀 수 있다. 그래야만 적전 분열을 사전에 예방할 수 있다는 뜻이었다.

영민한 손권이었기에 이런 공명의 의도는 어렴풋이나마 알아채고 있었다. 하지만 그는 여전히 조조군의 실체가 두려웠다. 때문에 선뜻 결심하지 못하고 화를 내는 척하며 안으로 들어가버렸다. 다시 한 번 조용히 이야기해보자는 뜻이었다.

조정의 분위기가 이상해지자 노숙은 혼란을 조장한 공명을 원망한다. 이에 공명은 웃으며, 오주께서 자신에게 조조를 이길 수 있는 방법에 대해 묻지 않으니 항복을 권유할 수밖에 없었다며 가볍게 응수한다.

이에 마음을 푼 노숙은 공명을 손권과 독대하게 한다. 그 자리에서 공명은 손권이 궁금해하던 조조군의 실체를 설명해준다. 현재 조조가 이끌고 있는 군대는 형주의 수군이 대부분이고, 친위대인 청주군은 오랜 전투로 지쳐 있으므로 막강한 수군이 있는 오나라로서는 겁낼 게 없다는 것이었다. 그제야 손권은 마음을 정한다.

이때 도읍으로 달려온 주유 역시 신하들의 의견을 예의 주시한 끝에 손권을 만나 주전론을 편다. 손권은 자신의 보검을 주유에게 내줘 전쟁 수행의 책임자로 임명한 다음 조하에서 다시금 항복을 거론하는 자는 목을 베라고 명한다. 그리하여 내부의 동요를 완전히 틀어막는다.

이렇듯 손권은 공명의 지혜를 빌려 오나라의 임전태세를 확립했다. 그럼으로써 외적의 도전을 좌시하지 않겠다는 주공의 역량을 내외에 천명했다. 이제 전쟁 수행은 전적으로 주유의 책임이었다. 그리고 설사 전쟁에서 패하더라도 내정을 공고히 한 이상 오나라를 빼앗길 위험은 없었다.

손권이 전쟁을 결정하기까지의 과정에서 우리가 눈여겨봐야 할 대목은 신하들의 공개토론을 조장한 부분이다. 이것은 내부의 반발 세력을 파악하고 제압하려는 뜻도 있었지만 강력한 외적에 맞서 공개적으로 의견을 통일할 필요가 있었기 때문이다.

사회심리학에서는 집단이 토론을 통해 의견을 합의하면 그 결정을 따르게 하는 데 효과적이라는 이론이 많다. 미국의 사회심리학자 레빈K. Lewin은 여러 차례 실험을 거쳐 식생활을 개선하는 데 주부들이 공개된 자리에서 토론하게 하고, 거기서 결정된 사항을 따르겠다고 발표하게 하면 실제로 집단이 결정한 대로 행동하는 경우가 많다는 연구 결과를 발표했다. 손권은 조조와의 싸움을 앞두고 이런 효과를 노렸다.

이후 대도독 주유의 지휘를 받는 오나라 군사들은 일사불란하게 협동하고 복종해 조조군을 물리친다. 이는 주유의 전술·전략이 뛰어나기도 했지만 무엇보다도 손권의 통치 역량이 발휘한 결과다.

손권은 조조와의 전쟁에 앞서, 누가 주공이고 누가 신하인지를 분명히 밝혔다. 역할을 분명히 하는 방법으로 선택한 것이 신하들의 토론이다.

국가나 개인의 흥망을 놓고 신하들은 격론을 벌인다. 주공인 손권은 보고만 있다. 신하들은 드디어 다양한 의견을 두 갈래로 만든다. 항복하는 것과 싸우는 것이다. 이제 주공이 신하들의 의견 중에서 선택할 때다. 그러나 손권은 한번 더 주공과 신하를 구분한다. 제갈공명을 이용하는 것이다.

신하들을 이긴 공명에게도 의견을 묻는다. 결정을 주공인 손권이 하는 것임을 다시 보여주는 것이다. 그리고 다음날 싸울 것을 결정한다. 드디어 주공의 결단이 내린다. 신하들은 명령을 받아 행하면 될 뿐이다. 이것이 손권이 내부의 적을 누르고 지리를 지키는 통치 방식이다.

지키기만 할 때는 이인자를 곁에 두지 않는다

손권은 주유를 대도독에 임명한 뒤 노숙, 여몽, 육손의 순서로 그 직책을 임명해 군사 지휘권을 위임했다. 이렇게 보면 손권은 지속적으로 이인자에게 군권을 맡겼던 것이 되지만 그 기준은 유비의 경우와 판이했다.

이는 오나라의 지리적인 상황과 관계가 깊었다. 오나라는 주력군을 도읍에서 멀리 떨어진 파양호에 배치했는데, 이는 적의 공격로를 사전에 차단한다는 의미가 있었다. 도읍 근처에 군대를 주둔시켰다가 적이 경계를 넘어오면 군대를 편성해 대응하는 조조나 유비의 전술과 전혀 달랐다. 이는 양자강이라는 천연의 방어공간이 있었기 때문에 가능한 전략이었다.

그 외에도 오나라 내부 사정도 있었다. 손권은 외침보다 내란에 먼저 대비해야 했다. 군권을 가진 이인자가 도읍과 가까운 곳에 있다는 것은 일인자로서 불안하기 짝이 없는 노릇이다. 때문에 손권은 도읍 근처에는 자신의 친위대만 머물게 했다. 그래서 손권은 조조와 싸울 때 휘하의 군사를 이끌고 따로 참전했다. 즉 주유의 군대와 손권의 군대는 철저하게 분리되어 있었다.

이것은 공명에게 군권을 넘겨주고도 군대를 가까이에 배치시켰던 유비와 대조된다. 한마디로 이인자를 믿지 못한다는 뜻이다. 주유 사후 대도독이 된 노숙은 문신이다. 전략 면에서 주유는커녕 정보나 여몽 등에도 미치지 못하는 인물이다. 하지만 손권으로서 대도독의 첫 번째 자격은 반란의 주장이 될 가능성이 없는 인물이어야 한다.

그러기에 적벽대전에 앞서 손권에게 보검을 받은 주유는 대도독의 위세를 보이기보다 주군에 대한 충성을 먼저 맹세한다. 손권의 마음속에 존재하고 있을 막연한 의심이라도 해소시키고자 하는 행동이다.

주유는 손권의 형인 손책의 친구였으며 오나라 건국의 일등공신이었다. 이처럼 큰 인물이 절대 충성을 맹세하지 않았으면 손권으로서는 감히 전쟁을 수행할 생각을 못했을 것이다.

오나라를 지키기 위해 먼저 주유를 죽여야 하는 사태가 벌어질지도 모르는 일이었다. 공명 못지않은 이인자였던 주유는 손권의 갈등을 잘 이해했다. 때문에 주유는 자신의 후임으로 노숙을 추천했다. 자신이 사라진 오나라에는 공명과 군사적으로 대응할 수 있는 인물이 없었다. 그렇다면 유연한 외교력을 지닌 노숙이 적격이었다. 더불어 그는 아무런 욕심이 없는 사람이었다.

그런데 얼마 뒤 노숙이 숨을 거둬 후임자로 무장인 여몽을 추천하자 손권은 고민에 빠졌다. 여몽은 주유나 노숙과 전혀 다른 인물이었다. 그는 이인자의 처신을 알지 못하며, 인간적인 믿음도 가지지 않는다. 숙고 끝에 내린 손권의 결론은 그가 적어도 자신을 배반할 그릇은 못 된다는 것이었다.

한편으로 손권은 여몽에 대한 감시의 시선을 놓지 않았다. 때문에 여몽은 대도독이면서도 주유나 노숙 같은 전략의 자유로움을 갖지 못했다. 그때부터 오나라의 주력군을 지휘하는 것은 손권이었고, 여몽은 소극적인 수비 책임만 떠맡았다.

여기에서 명확하게 드러나는 것은 손권이 주력군을 지휘하는 이인자를 곁에 두지 않았다는 점이다. 어쩔 수 없이 그럴 경우가 생기

면 군대를 도성의 외곽에 머물게 했다. 그러나 못내 의심스러울 때
는 이인자를 소외시키고 자신이 직접 군대를 지휘했다.

이렇듯 손권과 유비의 이인자론이 다른 점은 손권이 이인자와 역
할분담을 할 수 있는 인물이 아니었기 때문이다. 유비는 일인자로서
인의를 쌓았고, 이인자인 공명은 제일의 전략가로서 지리를 확충했
다. 그러나 손권은 지리를 추구하는 인물이었으므로 유비와 입장이
달랐다. 땅을 지킨다는 면에서 이인자와의 역할분담이 불가능했다.

일인자와 이인자가 추구하는 방향이 같을 때는 공과를 구분하기
어렵고, 갈등이 불거지기 쉽다. 또 이인자에게 보이지 않는 세력이
형성될 위험성도 많아진다. 따라서 손권은 이인자를 임명하기는 하
지만 자신에게서 멀리 떼어놓을 수밖에 없었다.

대세의 흐름에 따라 움직인다

손권은 형주에 대해 다양하면서도 기이한 전략을 구사했다. 그는
형주에 있는 유비의 세력이 약할 때는 공격하지 않다가, 유비가 익
주와 한중까지 손아귀에 넣어 오나라와 대등한 힘을 갖추자 비로소
군사를 움직여 형주를 차지했다. 이는 병법의 이치에 전혀 맞지 않
는 행동이었다. 손권은 상대방의 힘이 약할 때 공격하지 않다가 상
대방의 힘이 강해졌을 때 공격했다.

대저 싸움에서는 상대방의 힘만이 아니라 그 배경까지 모든 것을
고려해야 이긴다. 우리는 어린 시절 힘이 센 형이 있는 아이에게는
감히 도전하지 못했다. 잘못 건드렸다간 그 형에게 더욱 혼날 것이

기 때문이다. 세상의 이치는 이런 동심의 법칙에서 그리 어긋나지 않는다. 상대를 확실하게 이길 수 있을 때의 싸움이 현명한 법이다.

형주에만 있던 유비는 제갈공명이란 특출한 전략가가 있었지만 분명 손권보다 무약했다. 때문에 전면전을 펼쳤다면 오나라가 이길 가능성이 높았다. 하지만 손권은 움직이지 않았다. 다만 그 사이에 잔꾀를 부리다가 여동생을 빼앗기긴 했지만, 그것은 해프닝이라고 봐도 무방하다. 그런데 당시에 손권은 왜 군대를 동원하지 않았을 까? 그 이유는 다음과 같이 분석할 수 있다.

첫째, 유비와 공명을 꺾는 데는 너무나 많은 희생이 따른다. 하지 만 그것만으로는 충분치 않다. 그렇다면 다른 이유가 필요할 것이다.

둘째, 유비의 뒤에 있는 조조가 두려웠다. 유비를 꺾은 뒤에 충돌 하게 될 조조의 힘은 당시 손권이 감당하기 힘들었다. 자칫하면 오 나라가 멸망할 수도 있었다. 다른 한편 유비를 쳤다가 그가 조조와 손잡고 역습해오면 결과는 뻔했다.

때문에 손권은 하염없이 기다렸다. 유비가 익주를 공략한 뒤에도 끝없이 장고했다. 오히려 관우와 혼사를 맺으려다 모욕을 당하기까 지 했다. 그런데 유비가 조조의 영역이었던 한중을 공략하면서 둘 사이의 관계는 돌이킬 수 없는 적대관계가 되었다. 드디어 손권에게 기회가 온 것이었다.

손권은 즉시 조조에게 형주를 쳐서 함께 나누어 갖자고 제안했다. 손해볼 게 없었던 조조는 번성에 있던 조인에게 형주를 공격하라고 명했다. 조인의 움직임을 감지한 관우가 선공에 나서는 사이, 손권 은 육손의 작전에 따라 순식간에 형주를 점령했고, 혈로가 막혀 방 황하는 관우까지 생포해 목을 벴다. 이는 실로 대단한 전과였다.

조조가 유비 편이 될 수 없는 상황이 되자, 손권은 단 한 번의 공격으로 목표를 달성했다. 이런 면에서 볼 때 손권이 두려워한 인물은 유비가 아니라 조조였다. 그러나 이것은 입 속의 독이었다. 그는 유비와의 관계를 포기함으로써 중원에 대한 미련은 접어야 했다.

다른 측면에서 촉의 이인자였던 관우는 오나라의 일인자인 손권의 손아귀에 있었다. 그는 자신의 힘으로도 손권쯤은 충분히 다룰 수 있다고 여겼지만 그것은 오판이었다. 당시 형주를 다스리던 관우는 일인자의 성격을 공유하고 있었지만 절대적인 일인자였던 조조나 손권을 당해낼 수 없었다.

손권에게 배운다

손권의 이미지는 시종일관 오나라의 주공으로서의 위치만 드러낼 뿐 특별한 게 별로 없다. 벽안자염碧眼紫髥의 외모는 손권의 주요 특징으로 부각되지만 눈이 푸르고 수염이 붉다는 것만으로는 영웅적인 이미지 구축에 도움되지 않는다.

그런데 어린 나이에 오주가 되어 장소로 대표되는 화전파를 누르고, 주전파인 주유와 함께 막강한 조조의 백만 대군을 막아냈으며, 형주를 둘러싼 유비와의 지루한 외교를 감내할 줄 알았던 손권의 능력이 없었다면 오나라는 그토록 오랫동안 유지되기 힘들었다.

그렇지만 손권의 탁월함은 그리 부각되지 않았다. 손권은 스스로 군사를 이끌고 전장에 나가면 항상 전면에 나서는 장수의 기질이 농후했다. 하지만 그의 이미지가 강력하게 드러나지 않는 것은 평생 동안 공격보다 수비 위주로 전략을 유지했기 때문이다. 형주와 합비를 몇 차례 공격한 적이 있었지만, 그것은 경쟁자를 제압하기 위한 것이 아니라 강동을 지키는 데 필요한 최소한의 방벽을 만들기 위해서였다.

이러한 전략·전술 때문에 손권은 천시나 인의에 소홀했다. 그런 요소에 관심을 기울였다간 애써 지켜야 할 지리조차 위험해지기 때문이었다. 이러한 이유로 그는 중앙권력을 손에 쥔 조조가 관직을 내려도 순순히 받아들였다. 훗날 조조와 유비가 각기 위왕과 한중왕을 칭하자 자신도 비로소 오왕을 칭한 것도 이런 맥락에서였다.

또 손권의 이미지는 조조의 이미지와 유사하다. 그러니 적극적이고 활동적인 조조에 비해 자꾸만 작아 보일 수밖에 없다. 때문에 손권이 양자강을 건너 천하를 꿈꾸었다면 이미지를 바꾸지 않는 한 불가능하다는 결론이 나온다. 어떤 면에서 오나라가 오랫동안 지속되었던 것은 손권 개인의 능력이라기보다 지리의 유리함 때문이라고도 할 수 있다.

애당초 손권은 지리의 이점을 유지하면서 인의를 쌓았고, 기회가 오면 천시를 노리는 것을 기본 전략으로 삼았다. 그런데 하북과 양자강 북쪽을 모두 차지한 조조에게 지리 면에서도 뒤지자 천하제패의 노력을 포기하고 오나라를 지키는 쪽에 더 많은 노력을 기울였다.

이런 현실에서 손권이 내부의 이인자의 성장을 억제하고, 신하들을 견제하기 위해 택한 전략은 토론 문화의 확대였다. 국가에 대사가 있을 때면 그는 반드시 격렬한 토론을 벌이게 해 설사 일인자의 꿈을 꾸는 사람이 있더라도 토론장에서 다른 사람들과 장단점을 겨

뤄 지치게 했다.

즉 비교 대상들이 어차피 손권의 신하들이기 때문에 결론이 아무리 좋아도 그는 손권의 신하밖에 안 되는 것이다. 이런 식으로 손권은 노신들과 유능한 이인자들의 부상을 억눌렀다.

다른 한편으로 그는 의견이 채택되지 않은 신하들의 불만을 다른 신하들에게 향하게 유도했다. 이러한 예는 능통과 감녕 사이의 원한을 처리하는 장면에서 잘 드러난다.

과거에 감녕은 능통의 아버지를 죽인 일이 있었다. 때문에 두 사람은 오나라의 신하로 복무하면서 서로를 끊임없이 위해하려 했지만 손권은 적극적으로 그들의 갈등을 중재하지 않았다. 이해 당사자들끼리 해결하게 방관했다. 결국 전장에서 감녕이 능통의 목숨을 구해주면서 이들의 원한은 풀렸지만, 손권은 그 일에 관심을 기울이지 않았다.

손권은 대외와 대내 이미지 전략을 다르게 구사했다. 대외적으로는 장강에 의존해 지리를 지키는 군웅으로, 대내적으로는 신하들의 의견을 반영하는 군주로 자신을 자리매김했다.

손권의 강점은 내적 이미지 구축에 있었는데, 이 점은 조조나 유비에 비해 돋보였다. 조조와 유비의 경우, 국가적으로 중요한 결정은 항상 한 사람에게 주어졌다. 조조는 자신이 결정했고, 유비는 공명에게 위임했다. 그런데 손권은 결코 자신이 결정하지 않았다. 다만 토론의 결과를 수용하거나 거부할 뿐이었다.

조조가 빼앗는 데 성공한 인물이고, 유비가 얻는 데 성공한 인물이라면 손권은 지키는 데 성공한 인물이다. 이에 반해 원소는 빼앗았지만 지키는 데 실패한 인물이다.

준비하고 기다리다가 차지하는 것이 천시이고, 양보하면서 얻는 것이 인의라면, 빼앗은 다음 지키는 것이 지리다. 그러므로 천시를 추구하던 조조가 지리를 추구하는 건 오히려 이미지를 강화시킨다. 하지만 인의를 추구하는 유비가 지리를 추구하면 이미지가 손상된다. 그래서 유비에게는 공명이 필요했다. 그러나 지리를 차지한 손권이 다시금 지리를 추구한다면 자신이 갖고 있는 지리적 이점마저 위험해진다. 또 그 시도가 성공하더라도 천시나 인의가 생기진 않는다. 이것이 손권의 한계였다.

실패한 인물의 공통점 9

<원소의 이미지 전략의 기본원칙>

첫째, 손해보는 것이 있어서는 안 된다.

둘째, 명분과 실리가 균형을 이루어야 한다.

<원소가 실패한 이유>

첫째, 손해볼 일을 하지 않았다.

둘째, 움직일 때와 쉴 때를 구분하지 못했다.

셋째, 핵심적 속성과 부수적 속성의 중요성을 혼동했다.

넷째, 남을 의심했다.

다섯째, 실패를 남의 탓으로 돌렸다(이겼을 때의 상보다 졌을 때의 벌을 두렵게 했다).

여섯째, 후회를 잘해서 결정의 힘을 약화시켰다.

삼국지에서 성공한 사람은 적고, 실패한 사람은 많다. 일인자 가운데 성공한 사람은 조조, 유비, 손권뿐이고 원소, 원술, 유표, 유장, 여포, 공손찬, 마등, 장로 등은 모두 실패한다.

이인자 중에서 성공한 사람은 제갈공명, 사마의, 주유 등이고 실패한 사람은 순욱, 순유, 진궁, 전풍, 양수 등 이루 헤아릴 수조차 없다.

왜 이렇듯 성공한 사람보다 실패한 사람이 많을까? 기쁨보다 슬픔이 많고, 성공보다 실패가 많은 게 세상의 이치지만 이들은 모두 성공을 위해 노력하지 않았는가.

모두가 성공하려 했지만 실패한 사람이 더 많다는 이야기는 실패하는 방법을 선택한 사람이 더 많다는 방증이다. 이는 실패하는 방법이 더 매력적이라는 뜻으로 풀이할 수도 있다. 매력이 없다면 아무도 그 길을 선택하지 않을 것이기 때문이다.

여기에서는 삼국지에서 실패한 사람들이 택한 매력적인 방법을 살펴보고자 한다. 그 매력에 담긴 실패의 지름길을 안다면 성공이 그리 멀지 않다. 성공에서 배우기는 어렵다. 그들은 희귀하기 때문이다. 하지만 실패자들에게서 배우기는 쉽다. 그들이 밟아간 길을 피해가면 될 것이기 때문이다. 물론 이마저 간단하지 않다. 피하는 것이 쉬우면 그토록 많은 인물들이 실패하지 않았을 것이다. 하지만 그것은 희귀한 성공 사례를 흉내내기보다 덜 어렵지 않을까 싶다.

너무 유리했기에 욕심을 부리다 실패한 원소

삼국지의 군웅들 중에서 가장 화려하게 출발했지만, 가장 비참하게 끝을 맺은 인물이 원소다. 초기에 동탁을 토벌하는 18로 제후 연합군의 총대장으로 추대될 만큼 신망받던 인물, 원소. 하지만 그는 10여 년간에 걸친 조조와의 경쟁에서 거꾸러지면서 역사 속으로 사라져버린다. 강력한 군벌이던 공손찬을 패망시킬 정도의 전략과 인의, 그리고 천시를 가진 사대삼공의 후예인 원소가 보잘것없는 환관의 후예 조조에게 패배한 것이다.

이길 수 있을 때 확실히 이겨두지 않으면 진다

원소가 실패한 가장 큰 이유는 경쟁자를 이길 수 있을 때 확실히 이겨두지 않았기 때문이다. 원소에게는 그런 기회가 참으로 많았다. 꾀 많은 조조가 제후군의 총대장으로 원소를 추천하고, 그 공으로 전략을 책임진 이인자가 되었을 때 그는 자연스럽게 조조를 누를 수 있었지만 실행하지 않았다.

또 동탁이 낙양을 불태우고 장안으로 도망쳤을 때 조조의 말대로 총공격을 감행했더라면 절대 우위에 설 수 있었다. 하지만 우유부단한 그는 조조에게 더 큰 공이 돌아갈까봐 망설였다. 그 와중에 토벌군이 해체되자 총대장인 그의 이미지만 실추되고 말았다. 반대로 조조는 전략가라는 이미지를 얻었다.

이렇듯 동탁 토벌군의 결성과 해체 이후 원소는 기주를 얻었지만, 조조는 그때 얻은 명성을 바탕으로 동군태수라는 직함과 함께 연주와 청주를 얻었다. 이때까지도 원소와 조조의 힘을 우열을 가릴 수 없었다.

조조는 천자를 등에 업고 승상이 된 후에도 실질적인 영지는 예주, 연주, 청주에 불과했다. 당시 원소는 공손찬을 멸망시켜 하북의

4개 주를 얻었으니 땅으로는 절대 우위에 있었다. 그러나 조조에게
는 조정을 좌지우지할 수 있는 천시가 있었으므로 둘은 서로 비슷
한 힘을 가졌다고 할 수 있었다.

이때 서주에 있던 유비가 원소에게 힘을 합쳐 조조를 치자는 제
안을 해왔다. 원소가 이 제안을 받아들였다면 그는 조조를 꺾을 수
있었을 것이다. 하지만 원소는 아들이 아프다는 이해할 수 없는 평
계로 그 제안을 거절했다.

이후 원소는 손권에게서 배워야 했다. 그가 내실을 기하고 하북
만큼은 지키려 했다면 조조 역시 그를 꺾기 힘들었을 것이다. 하지
만 그는 모든 기회를 놓치고 나서야 뒤늦게 조조를 공격했다. 타이
밍을 잃은 공격은 하지 않은 것보다 못하다. 그는 기다리던 조조의
카운터 펀치를 맞고 일격에 무너지고 말았다.

너무 많은 것을 원했다

원소는 승산이 있었는데도 왜 조조를 공격하지 않았을까? 그도
분명 승리를 원했다. 하지만 그가 쉽게 군대를 움직이지 않았던 건
너무 많은 걸 원했기 때문이다. 천시와 지리, 인의 모두를 욕심낸 것
이었다.

한나라의 명문거족 출신으로 동탁 토벌군의 맹주에 만장일치로
추대된 걸 보더라도 원소는 천시에서 앞서가고 있었다. 또한 그는
젊었을 때부터 탁월한 능력을 인정받은 장수이자 관료로 기주, 유주
등 하북의 4개 주를 차지했으므로 지리에서도 남부러울 게 없었다.

더구나 그 비옥하고 인구가 많은 영지를 다스리며 원소는 후덕한
인품으로 칭송받았다. 그만큼 인의에서도 타의추종을 불허했다. 그

런데 이 인의는 그의 말년에는 우유부단함으로 변색되고 말았다.

그것은 모든 핵심 속성을 차지하려 했기에 일어난 정신적 혼란이었다. 천시를 얻으려면 지리를 빼앗길 것 같고, 지리를 얻으려면 인의를 망칠 것 같고, 인의를 추구하려니 땅과 천시를 잃을 것 같아 이러지도 저러지도 못하다가 그만 수렁에 빠져버린 것이다.

예를 들어, 예주목이 된 유비가 조조와 힘을 합쳐 친척 동생인 원술을 공격하지만 원소는 원술을 도와주지 않는다. 또 조조에게 공격받은 유비가 도망쳐오자 죽이지 않고 후대한다. 적의 적은 친구라는 논리다. 게다가 자신이 명망 높은 유비를 죽이면 누가 항복하러 오겠는가를 걱정하는 척한다.

그에게도 천하제패의 야망이 있었기에 인의를 더욱 높이려는 술책이었다. 동생을 죽인 원수라도 받아들인다는 점을 통해 자신의 인의를 높이고 싶었던 것이다.

하지만 그의 행보는 이후 계속 미궁을 헤맸다. 과거 서주의 주인이었던 유비가 조조를 협격하자고 제안해왔을 때는 꼼짝도 하지 않던 그였다. 그런데 유비가 모든 것을 잃고 자신의 그늘로 들어오자 비로소 조조를 공격하기 시작했다. 결국 그는 조조 막하에 있던 관우에게 아까운 장수 안량과 문추만 잃는 손해만 보았다.

이렇듯 원소는 기이하게도 예약해놓은 듯 실패를 향해 달려가고 있었다. 공격해야 할 때는 지켰고, 지켜야 할 때는 공격했고, 냉정해야 할 때는 다정했고, 다정해야 할 때는 냉정했다. 그러고도 원소가 망하지 않았다면 그것이 오히려 이상할 정도였다.

애당초 원소는 천시에 개의치 않았다. 그 스스로 천시의 높은 위치에 있었기 때문에 조조가 아무리 천자를 끼고 있더라도 자신이 지리에서 우위를 점한 뒤에는 동탁이나 이각, 곽사의 예처럼 간단히 처리할 수 있을 것으로 예상했다.

동탁을 칠 때 그는 제후 중에서 압도적 우위를 차지하지 않으면 맹주로서의 명령이 통하지 않는다는 점을 경험했다. 그러므로 허명 뿐인 천자보다는 땅을 선택했다. 승상이 된 조조가 대사마라는 직위를 내렸어도 참고 그와의 정면승부를 뒤로 미루었다. 즉 조조가 천시를 확고하게 다지는 동안 원소는 자신이 가장 부족하다고 여겼던 지리를 확충하는 데 모든 것을 투자했다.

이런 인내 덕분에 그가 북방을 차지한 뒤의 상황을 살펴보면 여섯 개의 이미지 속성에서 지리와 인의, 장수와 군사 면에서 원소는 조조보다 월등한 위치에 설 수 있었다. 당시 조조의 갖고 있는 건 천시뿐이었다.

전략 면에서도 원소는 조조에게 뒤지지 않았다. 그에게는 수많은 인재들이 포진하고 있었다. 그러나 원소는 여섯 가지 속성을 모두 추구했으므로 인재들의 의견을 하나로 결집시킬 수 없었다. 조조가 천시에 모든 의지를 집중시켜 책사들의 결집력을 높인 것과 대조되는 현상이었다.

원소의 책사들은 주군의 우유부단함에 장단을 맞추듯 천시와 지리, 인의에서 목표를 정하지 못했다. 중요한 시점에 적전 분열 현상을 내보였다. 관우가 안량과 문추를 죽일 때마다 유비의 생사를 놓고 신하들간의 논쟁이 벌어지는 것도 이 때문이었다. 이에 인의라는 원소 개인의 이미지 구축 전략까지 가세했다. 그 결과 원소는 장수만 잃었을 뿐 아무런 속성도 강화하지 못하고 말았다.

조조는 관우를 통해 원소의 장수를 제거하는 이익을 얻었지만,

원소는 관우를 장수라는 부수적 속성으로 보고 취하려 했기에, 유비가 떠나자 닭 쫓던 개 신세가 되고 말았다. 이는 원소가 인의에서 앞선 유비의 장점을 무시했기 때문이다. 하지만 조조는 유비의 진면목을 알고 있었으므로 그 아우인 관우를 통해 자신의 인의를 보강했다.

책임을 남에게 돌렸다

원소와 유비의 공통점이라면 '인의후덕仁義厚德'했다는 점이다. 그런데 왜 원소는 망하고 유비는 성공했을까?

앞서 밝혔듯이 원소의 실패 이유는 자신의 모든 장점을 확대하려 했기 때문에 급격하게 변하는 천하의 흐름을 따라잡지 못한 까닭이다. 그는 인의란 면을 표현하는 방식에서도 유비와 큰 차이가 있었다. 원소는 외향형이었고, 유비는 내재형이었다.

원소는 일이 잘못되었을 때 원인을 외부에서 찾았고, 유비는 자신에게서 찾았다. 이런 차이는 일이 잘 풀릴 때는 아무런 문제가 되지 않는다. 이럴 때는 잘된 것은 내 탓이고 잘못된 것은 남의 탓이지만 용서해줄 수 있다. 그러기에 원소의 힘이 강력할 때는 많은 부하들이 따랐다. 그러나 그의 입지가 흔들리는 기미가 보이자 용서보다 처벌 쪽으로 점차 기울어졌다. 이렇게 되자 부하들은 힘을 모아 난국을 타개하는 방식을 취하기보다 자신의 목숨을 살리는 쪽으로 궁리하게 된다. 이것이 원소가 실패한 또 하나의 이유다.

결국 원소는 장점이었던 인의후덕이 우유부단이란 단점으로 변했고, 이 때문에 놓친 시기를 부하들의 탓으로 돌렸기에 회복하기 힘든 나락으로 떨어져버렸다. 사실 조조가 서주를 칠 때 비어 있는 허도를 공격할 절호의 기회를 맞고도 감기에 걸린 둘째아들 걱정 때문에 전쟁을 회피하는 주군을 보고 어떤 부하들이 충성을 다 바치겠는가.

유비는 이런 원소와 딴판이었다. 그에게 성공은 부하의 몫이었고, 실패는 자신의 탓이었다. 그럼으로써 부하들은 주군을 믿고 어떤 고난에도 도전할 수 있었다. 곧 문제의 원인을 자신에게서 찾은 유비는 성공했고, 타인에게서 찾은 원소는 실패했다.

원소는 삼국지의 이미지 전략상 아주 중요한 인물이다. 경쟁자 중에서 가장 유리했던 원소는 초기에는 전략에서도 앞서 나갔다.

원소는 천시를 잡기 위해 기주라는 지리를 얻고자 했다. 그러나 기주를 얻고 나서 전략의 일관성을 잃았다. 원소는 얻는 것보다 잃는 것을 아까워했기 때문이다. 그는 공손찬에게서 지리를 빼앗았지만 그것을 지키고 천시로 나아가는 전략에서 일관성을 잃었다. 결국 자신에게 있는 지리의 장점조차 제대로 활용하지 못했다. 만일 그가 헌제에 대한 조조의 핍박이 심해지기를 기다렸다가 유표, 손권 등 여러 제후들과 함께 일시에 일어섰다면 조조는 천시의 정당성을 잃고 무너질 가능성이 농후했다.

하지만 원소는 제후들과 천시를 나누는 것이 내키지 않았을 뿐만 아니라 현재 자신의 힘만으로도 조조 정도는 꺾을 수 있으리라 오판했다. 하지만 조조는 천시의 우월함만으로 원소와 대적한 것이 아니었다. 원소가 선점한 지리는 그리 위협적이지 못했고, 부족한 장수는 관우가 있음으로써 우위에 설 수 있었다. 또 군사적 열세는 오소의 군량미를 불태우는 전격 작전으로 만회했으니, 부수적인 속성에서조차 조조는 이미 원소의 벽을 넘어서고 있었다.

원소가 행한 이미지 전략은 평화시에는 성공적인 전략일 수 있겠지만, 하루가 다르게 상황이 급변하던 당시에는 그렇지 못했다. 아무튼 실패했지만 그는 여포, 원술, 공손찬 같은 인물과 격이 달랐다. 천하를 쥘 수 있는 여섯 가지 속성의 중요성을 잘 알고 있었기 때문이다. 이런 그가 망한 이유는 아이러니컬하게도 경쟁자들에 비해 너무나 유리했기 때문이다. 다양성이 전문성을 넘어서지 못한 예라고 할 수 있다.

그러기에 우리는 성공한 조조, 유비, 손권보다 실패한 원소에게 더 많은 것을 배울 수 있을지도 모른다. 천하를 차지할 수 있는 가장 유리한 위치에 있다가 망한 원소는 실패하는 많은 방법을 한꺼번에 보여주기 때문이다.

원술, 여포, 공손찬

여포는 장수로서의 장점만 믿었다가 망했고, 원술은 가짜 황제의 천시와 남양의 지리를 과신하다가 실패했으며, 유표는 형주의 지리에 안주하다가 나락으로 떨어졌다. 또 마등은 군사의 장점에 기댔다가 거꾸러졌다.

동탁은 여포의 무력이 자신을 지켜주었을 뿐, 천시를 확보한 것이 아니었음을 몰랐기에 무너졌고, 이각과 곽사는 멋도 모른 채 천시를 움켜쥐었다가 상황을 파악하기도 전에 쫓겨났으며, 공손찬은 장수와 군사의 우위를 고수하다 원소의 지리에 밟혀버렸다. 한편 유장은 촉의 지리적 이점에 기대어 방심하다가 가까운 한중의 장로가 공격하자 순식간에 무너졌다.

이처럼 조조, 유비, 손권을 제외한 군웅들은 이미지 구조의 여섯 가지 속성 가운데 핵심적 속성과 부수적 속성을 제대로 구별하지 못했을 뿐만 아니라 자신들이 우위에 있던 부수적인 속성으로 핵심적 속성을 얻으려 하지 않았기에 실패했다.

삼국지에서 원술, 여포, 공손찬, 유표 등의 제후들은 조조나 유비, 손권 등에 비해 역할이 두드러지지 않았지만 나름대로 독자적인 세력을 형성했다. 이들이 실패한 이유는 각기 다르지만 다음과 같은 공통점도 찾아볼 수 있다.

첫째, 이들은 전략적인 면에 충실하지 못했다. 이들은 천하를 종횡하는 데 필요한 것이 무엇이고, 자신이 어떤 면에서 경쟁자보다 유리하고 불리한지를 제대로 파악하지 못했다.

둘째, 이들은 부수적 속성에서 지나치게 한쪽으로 치우쳐 있었다.

원술은 동탁 토벌군이 해체되면서 남양에서 기반을 확고하게 다졌다. 남양은 강남과 강북을 연결하는 교통의 요지로, 물자도 풍부하고 인구도 많았다. 그래서 지척에 있는 원소에게조차 쉽게 패할 이유가 없었다.

이런 원술의 실패 원인은 작은 성공을 너무 쉽게 이루었다는 점이다. 그는 전국옥새를 얻자 더욱 우쭐해져 스스로 천자를 칭하는 바람에 다른 군웅들과 교통이 완전히 끊어져버렸다. 그는 모든 제후들이 추구하던 천시를 모독한 것이다. 원술은 실질적 천시와 허구적 천시를 구분하지 못했다.

여포는 삼국지에서 실질적으로 가장 용맹한 장수였다. 장수라는 부수적 속성에서 1위를 차지했던 여포는 관우와 장비가 협공을 해야 대등할 정도로 무용을 자랑했으나 그 용맹 때문에 실패의 길을 밟고 말았다.

그는 자신의 용맹을 수단으로 눈앞의 이익을 취하는 데 급급했다. 적토마와 황금을 얻기 위해 양부인 정원을 죽였으며, 미인 초선을 얻기 위해 동탁을 죽였다. 선의를 베푼 유비에게서 서주성을 빼앗았고, 조조가 내린 직함에 눈이 멀어 사돈이 될 뻔한 원술을 공격했다. 이렇듯 그는 눈앞의 이익을 위해 표리부동한 자신을 한껏 드러냈다.

부수적 속성인 용맹으로 핵심적 속성인 인의를 쓰레기처럼 내버린 그가 성공할 수 있는 길은 그 어디에도 없었다. 결국 여포는 자신이 행한 방법대로 부하에게 결박당한 뒤 조조에게 죽음을 당했다.

한편 북방의 거대한 군벌 공손찬은 원소의 꾀임에 빠져 기주를 공격했다가 기주성을 통째로 원소에게 빼앗겨버렸다. 이에 분개해 원소와 일전을 벌였지만 그는 이미 강력한 지리를 선점한 원소의 적수가 될 수 없었다. 그의 실패 원인은 한마디로 부수적 속성인 군사의 우위를 믿고 핵심적 속성인 지리에서 우위에 있었던 원소를 공격했기 때문이다.

이처럼 원술과 여포, 공손찬은 서로 의지한 것이 달랐다. 원술은 전국옥새라는 허구적인 천시를 믿었고, 여포는 장수로서의 용맹을 믿었으며, 공손찬은 강력한 군사를 믿었다. 그러나 이들은 자신이 확보하고 있던 장점이 핵심 속성을 추구할 때 더욱 빛나는 부수적 속성임을 깨닫지 못했기 때문에 실패했다.

이인자 중에서 최고가 되라 10

이인자로 성공하려면 일인자의 부족함을 보완해주면서 그 자리를 위협하지 않아야 한다. 즉 일인자의 의심으로 인해 자신을 제거할 명분을 줘서는 안 된다.

본래 일인자는 성공할수록 주변 사람을 의심하게 된다. 한번 그 자리를 잃으면 모든 걸 잃기 때문이다. 이인자는 일인자와의 관계를 통해 다음과 같은 세 부류로 나눌 수 있다.

첫째, 일인자의 덕목을 보다 강조해주는 이인자
둘째, 일인자의 덕목을 대신해주는 이인자
셋째, 일인자의 덕목과 상반되는 덕목을 추구하는 이인자

일인자의 덕목을 강조해주는 이인자는 추구하는 목적이 일인자

와 동일하다. 때문에 일인자가 어느 수준의 성공에 도달하면 토사구
팽 당하기가 일쑤다. 함께 고난을 헤쳐나갈 때는 둘 사이의 관계가
더없이 돈독한 것처럼 보이지만 막상 목표가 달성되고 난 뒤에는
더 이상 일인자에게 필요한 존재가 아니다. 오히려 거추장스러운 존
재가 되고 만다.

이 같은 유형의 대표적인 인물로 위나라의 순욱을 들 수 있다. 순
욱은 순유와 함께 조조가 천하를 평정하는 데 없어서는 안 될 인물
이었다. 그는 조조가 추구하던 천시를 보강해주면서 천자에 대한 조
조의 충성을 상징적으로 보여주었다. 그러나 조조 자신이 천시에 가
까워지자 그는 더 이상 필요없는, 불편한 존재가 되고 말았다. 때문
에 그의 죽음은 예정된 수순일 수밖에 없었다.

이런 순욱과 대비되는 인물은 곽가다. 그는 조조의 책사로, 순욱
과 함께 출발했지만 언제나 조조의 경계심 밖에 머물렀다. 그는 순
욱이 조조의 천시를 보강해줄 때 지리를 확보하라고 조언했고, 평소
에 술을 즐김으로써 자신이 위협적인 인물이 아니라는 점을 드러내
곤 했다. 결국 곽가는 술 때문에 숨을 거두지만 언제까지나 조조가
그리워하는 인물로 남는다.

일인자의 덕목을 대신해주는 이인자는 일인자와 동일한 것을 추
구하지만, 일인자만으로는 목적을 달성할 수 없기 때문에 이용하는
경우다. 이런 유형의 이인자는 일인자의 자리를 노리지 않는다는 점
을 일인자에게 지속적으로 확인시켜줘야 한다.

오나라의 주유가 여기에 해당한다. 주유는 일인자인 손권이 할
일을 대신했다. 신하들의 마음을 하나로 묶는 일, 군대를 지휘해 전
쟁을 수행하는 일 등이다. 손권은 부친 손견이나 형 손책처럼 외부

의 적과 맞부딪쳐 싸운 적이 없었기 때문에 전쟁에 앞서 신하들을 설득하거나 믿음을 주는 데 미진했다. 이런 점을 대신하는 것이 주유의 역할이었다.

일인자가 추구하는 것과 상반되는 목적을 추구하는 이인자는 일인자가 도저히 이루어내기에 불가능한 목적을 대신 수행하는 역할을 하는 인물이다.

이런 유형의 이인자는 일인자가 최종 목적을 달성하기 전에는 결코 제거되지 않는다. 하지만 이런 이인자는 일인자에게 가장 의심받기 쉽다. 조그만 허점을 보여도 제거되기 십상이다. 따라서 이인자들로서는 가장 선택하기 어려운 유형이다.

촉나라의 제갈량이 여기에 해당한다. 일인자 유비는 백성을 덕으로 다스리지만, 그렇게만 해서는 어지러운 시대를 헤쳐갈 수 없다. 때문에 공명은 스스로 악역을 맡아 법규에 따라 백성들을 엄격하게 다스리는 한편, 다른 나라를 공격해 영토를 확장했다.

인의를 토대로 하는 유비로서는 천하를 도모하면서도 그와 같은 일에 손을 댈 수 없는 처지였다. 실제로 공명을 만나기 전 유비가 남에게 창끝을 들이댄 적은 천자의 명이 있을 때나 천자를 해치는 역적과 싸울 때뿐이었다. 그후 삼국의 쟁패전이 본격화되자 유비는 법가法家라고 할 수 있는 공명을 전면에 내세워 남의 땅을 공격한다.

조조, 유비, 손권, 원소는 모두 일인자를 지향한 인물이다. 그런데 원소를 제외한 세 사람은 이인자에 대해 제각기 다른 특성을 보인다.

조조는 눈에 띄는 이인자를 인정하지 않았고, 손권은 내치와 군사를 분리해 이인자를 썼지만 권한은 제한적이었다. 한편 유비는 이인자인 공명에게 모든 권한을 넘겨주었다. 이는 공명의 능력이 뛰어나기도 했지만, 인의를 중시했던 유비의 이미지 전략에 따른 것이었다.

삼국지는 천시, 인의, 지리를 바탕으로 천하를 차지하려는 일인자들의 경쟁이다. 그리고 이들을 보좌하는 전략가와 장수들의 이인자 경쟁도 치열하다.

일인자는 일인자대로, 이인자는 이인자대로 경쟁한다. 그러므로 일인자들은 이미지 구조의 핵심 속성을 강화하면서, 자신의 목적 달성에 보탬이 될 뛰어난 이인자를 확보하는 데 최선을 다한다. 그런데 뛰어난 이인자일수록 선택되는 것이 아니라, 자신이 일인자를 선택한다. 그 일인자의 공간이 자신의 역량을 최대한 발휘할 수 있는지를 측량해보는 것이다. 여기에 또한 이인자들의 치밀한 이미지 전략이 등장한다.

이인자들은 중요한 역할을 담당하는 만큼 항상 일인자들의 견제 속에 있다. 그러므로 자신의 능력을 인정받으면서도 허점을 보여선 안 된다. 만일 그런 위험이 상정되면 즉시 그 자리를 포기하는 지혜도 있어야 한다. 이 같은 인물로 위나라의 사마의와 촉나라의 강유를 들 수 있다.

조조는 한나라의 승상이라는 이인자의 자리와, 위나라의 일인자라는 위치를 공유했다. 때문에 그는 자신과 닮은 인물을 특히 경계했는데, 사마의가 그런 사람이었다. 하지만 사마의는 지혜롭게 자신을 숨기며 그의 칼날을 피해갔다. 결국 사마의의 능력은 조조가 죽은 뒤 공명과 겨루면서 만개했다.

강유는 공명에 의해 발탁되었다가, 훗날 촉의 군대를 실질적으로 지휘한 인물이었다. 그러나 환관의 참언을 들은 후주 유선이 의심의 눈초리를 보내자 미련 없이 이인자의 자리를 버리고 물러나 시기를 기다릴 줄 알았다.

삼국지에는 이인자들이 매우 많다. 그러나 여기에서는 이인자들 중에서 월등한 활약상을 보인 두 인물, 두 번째 유형으로 성공한 오나라의 주유와 세 번째 유형으로 성공한 촉나라의 공명을 검토해보기로 한다.

주유론

주유에 대한 첫인상은 공명에게 번번이 당하는 실패한 이인자의 모습이다. 하지만 그와 공명의 경쟁관계는 이인자의 역할과 별개의 것으로 봐야 한다.

주유는 오주 손권의 어려움을 헤아리고, 오나라 신하들을 단결시켜 막강한 조조의 공격을 무력화한 공을 세웠다. 그러나 유비에게 빼앗긴 형주를 되찾으려다가 병사했다. 이렇듯 인생의 중도에서 좌절한 그였지만 생전에 이룬 공로만으로도 성공한 이인자로서의 자격은 충분하지 않을까 싶다.

주유는 손권에게 전략과 장수의 속성을 보완해준 인물이다. 손권은 스스로 뛰어난 장수요, 전략가라고 생각하고 있었지만 그 역량을 발휘할 수 있는 여건은 주어지지 않았다. 손권은 내부의 적과 외부의 적을 한꺼번에 방어해야 하는 힘겨운 역할을 떠맡고 있었다. 때문에 그는 별도의 조치 없이도 내부의 동요를 제어할 수 있는 권위를 확보하기 전까지는 외부의 적을 이인자에게 맡기는 전략을 구사했다.

그는 주유, 노숙, 여몽, 육손의 순으로 지휘관들을 운용했지만 항상 자신의 직할부대를 따로 두고 있었으며, 종종 직접 군대를 지휘해 전쟁에 나서기도 했다. 이러한 움직임은 외부의 적보다 내부의 적을 제압하기 위한 행동이었다.

손권의 이런 움직임까지 은밀히 도와 그의 권위를 높여주었다는 점에서 주유를 뛰어난 이인자라고 할 수 있다. 더불어 손권의 내치에는 관여하지 않는 신중함을 보였다.

손권은 가업을 이어받은 군주로, 창업공신들에 비해 전투경험이 적고 나라를 일으키는 데 기여한 바도 미미했으므로 권위가 미약했다. 그러므로 손권이 중요한 정책을 결정할 때는 신하들의 의견에 기댈 수밖에 없었다. 하나의 안건을 상정하면 신하들은 갑론을박 끝에 결론을 도출하고, 그것의 채택 여부를 손권이 결정하는 방식을 택했다. 신하들의 언로를 열어주고, 그 승자의 견해를 군주가 추인해주는 방식으로 손권은 자신의 권위를 확보해갔다.

주유는 이 같은 토론 과정을 통솔하고 제어하면서 손권의 장점을 돋보이게 했다. 조조가 강동을 공격하려 할 때 주유는 기민한 움직임으로 손권의 고민을 덜어주었다.

조조의 백만 대군이 몰려오자 손권은 평소대로 장소로 대표되던 화전파와 노숙과 정보 등으로 대표되는 주전파의 격론을 유도했다. 그때 파양호에서 군사를 조련하다가 달려온 주유는 양측의 의견을 모두 듣고 그들의 입장에 동조하는 것처럼 함으로써 전쟁에 관해서는 손권에 이어 이인자라는 점을 부각시켰다.

용의주도한 주유는 어느 한 편의 손을 들어주지 않았다. 그것은 자신이 아니라 손권의 역할임을 잘 알고 있었다. 만일 자신의 의견을 먼저 드러내면 그것은 월권 행위가 되고 만다. 그랬다면 손권은 위험한 이인자인 주유에게 군대를 맡기지 않았을 것이다.

그런 다음 주유는 손권에게 자신의 의견을 개진한 뒤 최종 결정을 해달라고 요청한다. 결국 손권의 결심이 내외에 공포되자 주유는 신하들 앞에서 보검으로 상징되는 생사여탈권을 인계 받는다. 그런데 이때에도 주유는 손권에 대한 충성을 먼저 맹세한다.

이런 절차는 주유가 신하들 앞에 군림하는 것이 아니라 손권에게 이인자로서의 충성을 다짐하는 과정이다. 그가 얼마나 손권을 의식했는가는 당시 정보가 그의 대도독 취임에 불만을 품고 식장에 대신 아들을 보내는 무례를 저질렀음에도 묵과해주는 장면에서 증명된다. 자신은 다스리는 이인자가 아니라 복종하는 이인자라는 의미다. 이런 관점에서 볼 때 주유는 이인자로서 일인자의 의심을 피하기 위해 노력한 인물이라 할 수 있다.

이후 주유는 조조군과 대치하면서도 손권에게 끊임없이 관심을 기울였다. 그가 자신이 뛰어난 장수가 아니라 전략가라는 점을 손권의 뇌리에 심어주려 애썼던 흔적은 많다.

적벽에서 오군이 조조군을 공격했을 때 주유는 손권이 직접 군대를 이끌고 적의 중심을 공격하라고 청했다. 이때는 이미 조조군의 외곽이 궤멸되었기에 손권을 위태롭게 할 만한 장애는 아무것도 없었다. 하지만 승리를 확인하는 현장에 손권을 제일 먼저 등장시킨다는 것은 매우 상징적인 의미를 담고 있었다. 이렇듯 공을 손권에게 돌려준 주유는 일부러 뒤늦게 전장에 나타났다.

이 같은 주유의 행동은 장수로서 자만하고 있는 손권이 자신을 비교선상에 놓지 않도록 조심하면서, 나아가 손권이 뛰어난 장수라는 사실을 신하로부터 추인받을 수 있게 안배한 것이었다.

기실 손권은 뛰어난 장수가 군권을 총괄하는 대도독의 자리에 앉는 것을 내켜하지 않았다. 때문에 주유가 죽어가며 노숙을 대도독으로 추천하자 흔쾌히 받아들였다. 만일 노숙이 장수였다면 손권은 허락하기 힘들었을 것이다.

당시 오나라에는 뛰어난 장수들이 많았다. 하지만 손권은 지리를 지키는 데 우선해야 했으므로 외부에 대한 방비보다 내치가 더욱 중요했다. 그러므로 그에게 필요한 이인자는 무신이 아니라 문신이었다. 더구나 손권은 오주에 오른 직후 반란을 경험했으므로 내부를 관할하는 이인자가 자신에게 도전할 만한 힘을 갖도록 할 수는 없었다. 훗날 노숙이 죽고 난 뒤 장수인 여몽을 대도독으로 임명하면서도 일말의 불안감을 비친 것은 바로 그 때문이었다.

주유가 이인자로 성공할 수 있었던 것은 이와 같은 일인자의 생리를 잘 파악하고 있었기 때문이다. 그는 등장했을 때부터 외적을 막는 데만 전념하는 이인자로 처세했고, 승리의 현장에 손권이 등장하도록 배려함으로써 군주로서의 권위를 확고히 다져주었다. 그러면서도 항상 손권의 시선을 의식했다.

퍼스낼리티 연구에서 말하는 퍼스낼리티의 특성을 비교해보면 주유와 공명의 차이를 확연하게 알 수 있다. 퍼스낼리티를 A형과 B형으로 구분한 프리드만M. Friedman은 A형의 퍼스낼리티는 참을성이 약하고, 성취 욕구가 크면서 완전주의를 지향한다고 설명했다.16) 이

---

16) M. Friedman, *Type A Behavior and Your Heart*(1974)

에 반해 B형의 퍼스낼리티는 세상사에 급한 것이 없고, 덜 경쟁적이며 매사를 신중하게 판단하고 특히 조화를 중시한다는 것이다.

A형 퍼스낼리티의 특징은 항상 바쁘게 움직이고, 사물이나 세상일이 진척되는 속도가 느리다고 조급해한다. 이런 인간형은 매우 조급하다. 때문에 한 번에 여러 가지 일을 벌이며, 막상 할 일이 없어지면 며칠씩 죄책감에 빠져 고민하고, 항상 적은 시간에 많은 일을 하면서도 삶을 즐길 시간적 여유가 없다고 말한다. 너무 바빠서 죽을 시간도 없다는 사람들이 이 유형에 해당한다.

B형 퍼스낼리티는 A형과 정반대다. 예를 들어 약속시간이 되었는데도 집에서 전화를 받으며 '나, 지금 출발했어'라고 당당하게 말하는 인간형이다. 이들은 자신의 성과보다 자신을 포함한 전체의 성과가 커질 수 있는 방법을 생각한다.

프리드만의 견해에 따르면 최고경영자에는 A형보다 B형의 퍼스낼리티가 더 많다고 한다. A형은 초기와 중반에 성취가 빠르지만, 건강을 해치고, 스트레스가 쌓여 중도에 좌절하는 경우가 많을 뿐만 아니라 단기간에 성과를 거두는 일이 아니면 도전하지 않는 성향이 있기 때문이다. 더구나 최고경영자는 다른 사람과 경쟁해 성과를 높이기보다 여러 사람을 조화시켜 조직의 성과를 높여야 하기 때문에 A형보다 B형이 적합하기 때문이라는 것이다.

B형은 스스로가 바쁜 사람이 아니다. 이 사람이 바쁜 것은 다른 사람의 능력을 하나로 엮어내는 작업을 하는 까닭이지 자신의 일 때문이 아니다. 그러므로 언뜻 보기에 그들은 노는 것처럼 보인다. 하지만 그의 수명은 매우 길다.

주유는 전형적인 A형 퍼스낼리티다. 그는 일을 적극적으로 처리한다. 항상 바쁘게 움직이며, 한꺼번에 여러 가지 일을 해야 성이 풀린다.

주유는 파양호에서 군대를 훈련시키면서 형주의 침공에 대비하고 있었는데, 조조군이 양자강 북쪽에 진을 치고 있다는 소식을 듣고 손권이 찾기도 전에 도읍으로 달려왔다. 손권이 사람을 보내기로 했는데, 그 사람이 도읍을 출발하기도 전에 주유는 도읍에 도착했다.

그는 또 조조와 싸우기도 전에 공명을 몇 차례나 죽이려고 했다. 그는 공명이 손권의 심리를 꿰뚫어보고 있음을 경계하고 그를 조조의 백만 대군보다 더 무서운 존재로 인식했다. 그리하여 공명에게 화살 10만 개를 사흘 안으로 만들어 오라는 요구를 했고, 동남풍이 불자 더욱 두려운 마음에 남병산으로 군사를 보냈던 것이다.

한편 연환계를 써서 조조의 배들을 한데 묶어놓기는 했지만, 때가 겨울이라 서북풍만 불어올 뿐 동남풍은 기대할 수조차 없음을 알고 스트레스가 쌓여 자리에 누울 만큼 급한 성정을 갖고 있었다. 그러다 공명의 말을 듣고 기운을 차리긴 했지만 이와 같은 상황들은 주유가 A형이라는 것을 여실히 보여준다. 훗날 형주를 지키고 있던 조인과 싸울 때도 급한 성격 때문에 적군을 무시하고 성안으로 들어가다가 독화살을 맞기까지 한다.

유비가 형주를 차지하자 주유는 온갖 계책을 총동원해 그 땅을 되찾으려고 한다. 손권의 여동생으로 유비를 유인한 일, 유비 대신 촉을 공격해 형주를 돌려받겠다는 일 등이 그것이다. 하지만 그는 공명의 지모를 뛰어넘지 못한 채 울화가 치밀어 목숨을 잃고 만다.

이처럼 주유는 느긋하게 기다리는 퍼스낼리티가 아니라 끊임없이 움직이면서 뭔가를 해야 하는 퍼스낼리티였다. 그가 최후의 순간에 하늘을 원망하며 숨을 거두는 것은 바로 A형 퍼스낼리티와 B형 퍼스낼리티의 차이를 극명하게 보여준다.

이런 주유와 달리 전형적인 B형 퍼스낼리티를 지닌 공명은 말년에 일을 맡길 부하들이 줄어들자 어쩔 수 없이 A형의 퍼스낼리티가 하는 방식으로 일을 처리한다. 당시 오장원에서 일전을 펼치던 사마의는 공명의 사자에게서 그와 같은 정보를 입수하고 자신있게 그의 최후를 예언했다. 곧 B형인 공명이 A형처럼 일을 하니 감당키 어려울 것임을 알아챘던 것이다.

제갈공명론

공명은 삼국지 전편에 걸쳐 다양한 방면에서 자질을 보였기 때문에 쉽게 평가하기 힘들다. 그런데 원칙을 중요시하고, 상벌을 엄격히 했다는 점을 보면 제자백가 중 '법가'에 가까운 인물이라고 할 수 있다.

반면 주군이었던 유비는 '유가'에 가까운 인물이다. 때문에 유비와 공명은 유가와 법가의 협조체제를 구축한 일인자와 이인자라 할 수 있다.

유가는 효율성을 강조하지 않지만, 법가는 효율성을 최고 덕목으로 친다. 따라서 유비와 공명은 서로 어울리지 않는 관계라고도 할 수 있다. 그렇지만 이들이 하나로 융화될 수 있었던 건 유비에게 인의를 펼 기반이 없었기 때문이다.

공명과 같은 이인자가 조조 같은 인물을 군주로 선택했다면 순욱과 같은 신세가 되고 말았을 것이다. 반대로 손권과 같은 일인자를 선택했다면 아무런 일도 주어지지 않았을 것이다. 따라서 그에겐 무능한 유비의 공간이 적격이었다.

유비도 공명 외에는 선택의 여지가 없었다. 물론 다른 전략가를 초빙할 수도 있었지만, 자신의 인의를 훼손시키지 않고도 천하를 도모할 수 있도록 기반을 만들어줄 인물은 공명밖에 없었다. 혹시 공명이 자신의 제안에 응하지 않는다손 치더라도 현인을 얻기 위해 세 차례나 몸을 굽힌 유비가 손해볼 건 없었다. 오히려 인의를 추구하는 자신의 이미지가 더욱 상승할 것이기 때문이다.

자신의 목적이 뚜렷했던 유비는 공명을 이인자로 영입하면서 역할분담을 확실하게 했다. 공명의 임무는 유비의 인의를 해치지 않는 범위 안에서 부지런히 영역을 넓혀주는 것이었다.

당시 유비의 인의는 무엇보다도 확실한 무기였고, 그런 까닭에 땅이란 불확실한 것이었다. 하지만 천하를 도모하려면 땅은 반드시 필요했다. 이런 측면에서 공명은 유비보다 더욱 돋보이는 인물이어야 했다. 그래야만 남의 땅을 빼앗으며 입어야 하는 원성을 가려줄 수 있었기 때문이다.

유비가 삼고초려로 그를 영입했을 때 가장 필요한 것은 지리였다. 하지만 그때까지 애써 쌓아온 인의가 상처를 입어서는 곤란했다. 그렇다면 공명이 탁월한 전략을 발휘해 세인들의 관심을 끌어야만 자신에게 향한 시선을 흐트러뜨릴 수 있게 된다. 그럼으로써 공명은 확고한 이인자가 되고, 유비는 확고한 일인자로 자리매김할 수 있는 것이다.

유비는 천자의 숙부인데다 예주목과 서주목을 지낸 유명인사였다. 혼란한 정세 속에서 유표에게 의지해 신야성이라는 작은 성을 맡고 있었지만, 세상이 다 아는 일인자들 중 한 명이었다. 하지만 공명은 복룡이란 소문만 무성할 뿐 세간에 알려지지 않은 인물이었다. 그러므로 유비는 그를 한시라도 빨리 유명인으로 등장시켜야 했다.

서서는 공명을 천거하면서 유비가 직접 가서 모셔와야 하는 인물이라고 조언했다. 이 말을 들은 유비는 즉시 자신의 역할을 깨달았다. 그는 이미 수경선생 사마휘에게서 충고를 들은 바 있었다. 휘하의 관우나 장비는 싸울 줄은 알지만 나라의 기반을 세우는 데 일익을 담당할 인물은 못 된다는 말이었다. 그리하여 그는 은근히 소문을 퍼뜨리며 융중으로 달려갔지만, 공명은 공명대로 유비를 단번에 만나면 안 되는 이유가 있었다.

공명은 이인자로 성공하려면 일인자를 잘 선택해야 한다는 점을 직시하고 있었다. 때문에 그는 일인자를 선택하는 과정부터 전략가로서의 면모를 여실히 보여주었다.

당시 천하에 일인자의 명함을 지니고 있던 인물로는 유표, 손권, 조조, 유장 등이 고작이었다. 이들에 비해 유비는 비교할 수 없는 처지에 놓여 있었다. 하지만 형주의 유표는 노쇠했고, 강동의 손권은 지리를 지키는 입장이라 공명이 해야 할 역할이 없었다. 한편 서촉의 유장은 주군으로서 자격 미달이었고, 조조는 자신과 비슷한 속성을 지녔기 때문에 공존할 수 없는 인물이었다.

이로써 그의 선택은 자명해졌다. 하지만 자신의 가치를 낮출 수는 없는 노릇이다. 때문에 그는 유비의 방문을 알면서도 자리를 피했다.

결국 공명은 자신의 가치를 대폭 끌어올린 다음에야 유비의 제안을 받아들였다. 이는 유비로서도 원하던 바였으므로 두 사람의 만남은 아무런 장애 없이 자연스럽게 이루어질 수 있었다. 그럼으로써 유비는 겸손한 일인자의 명망을 높였고, 공명 역시 자신의 가치를 상승시키는 데 성공했다.

서로의 이해가 맞아떨어진 유비와 공명은 종종 일인자와 이인자의 관계를 역전시키는 형식을 연출한다. 지리를 확장시키면서 쏟아지는 비난의 화살을 공명에게 돌림으로써 유비가 가진 천하제패의 핵심 속성인 인의를 보호하기 위해서다.

때문에 두 사람의 공식적인 관계는 주공과 군사였지만 형식적으로는 제자와 스승의 관계로 내보인다. 만일 유비와 공명이 군신관계로 보인다면 도저히 인의를 지켜낼 수 없게 된다. 때문에 공명은 유비가 신하인 자신에게 허리를 굽혀도 모른 척 받아들인다.

당시 유비의 이인자 그룹에 속해 있던 관우나 장비로서는 이와 같은 교묘한 전략을 이해할 수 없었다. 이들은 유비에게 그토록 공명을 후대하는 이유를 따져 묻는다. 이에 유비는 한마디로 말한다.

"군사와 나의 관계는 물과 고기의 관계다."

수어지교水魚之交, 공명은 자신이 생존할 수 있는 바탕이란 뜻이다. 그가 없다면 유비는 자신의 야망을 달성할 수 없다는 선언이다. 이에 이르니 아무리 의형제인 관우와 장비라도 입을 다물 수밖에 없었다. 과연 유비의 의도대로 공명은 형주, 익주, 한중이라는 커다란 물을 유비에게 빼앗아주었다. 유비는 그 안에서 마음껏 활개치기만 하면 되었다.

유비는 공명을 통해 인의를 펼칠 수 있는 지리를 얻고자 했다. 삼국지 이미지 구조의 핵심 속성인 천시, 지리, 인의 중에서 타인과의 갈등이 첨예한 부문이 바로 지리다. 따라서 유비가 지리를 취하려면 어쩔 수 없이 인의를 해쳐야 했다. 시대 상황이 혼란기라고 하지만 당시에도 임자 없는 땅은 없었기 때문이다.

유비는 인의를 바탕으로 지리를 확보하고 그 위에 천시를 얻어야 했으므로, 어떻게든 자신의 꿈을 펼칠 수 있는 지리가 필요했다. 그러려면 무력을 동원할 수밖에 없었다. 하지만 인의라는 속성은 무력과 합치될 수 없는 한계가 있었다. 그로서는 한 차원 높은 전략가가 절실했다.

즉 인의를 해치지 않으면서 땅을 차지하는 전략을 구사할 수 있는 인물이 있어야 했다. 그에 합당한 인물로 낙점된 공명은 기대에 부응하듯 인의의 공든 탑을 고스란히 지켜내면서 형주와 익주, 그리고 한중까지 빼앗아주었다. 그 과정에서 공명은 스스로도 뛰어난 전략가로서의 명성을 드높였으니, 그야말로 꿩 먹고 알 먹은 셈이었다.

다른 한편으로 공명은 일인자와 이인자의 관계를 잘 파악하던 인물이었다. 삼국지에서 유비만큼 이인자에게 일인자의 권한을 넘겨준 인물은 없었다. 하지만 유비 역시 일인자인지라 이인자인 공명에 대한 경계의 끈을 결코 늦추지 않았다.

유비가 백제성에서 공명에게 남긴 유언이 바로 그런 의심을 증명해준다. 그는 유선이 황제의 그릇이 아니라면 공명이 대신 황제가 되어 촉을 지키고 천하를 통일해달라고 말했다. 이것은 엄청난 견제구였다.

공명에 대한 유비의 의심은 촉을 차지한 이후에 정교해졌다. 이 시기부터 유비와 공명의 입장에 변화가 있었기 때문이다. 유비는 삼고초려하여 공명을 군사로 초빙하면서, 한나라를 부흥시켜 도탄에 빠진 백성을 구하겠다고 공명에게 약속했다. 유비가 공명에게 주공으로서 권위를 내세우려면 이 약속을 지켜야 했다. 그러나 유비는 촉한의 황제가 된 후에 처음의 약속을 지키려는 의지가 많이 약화되었다. 관우가 오나라와 긴장상태를 유지하는데도 유비는 그것을 시정하려 하지 않았다. 형주에 남아 있던 관우를 지휘할 수 있었던 사람은 유비밖에 없었다. 관우는 스스로 1.5인자라고 여겼기 때문에 이인자인 공명의 지시를 들을 인물이 아니었다. 결국 관우는 오나라에 패해 죽었고, 그 여파로 장비도 죽게 되었다. 유비는 도원의 결의를 내세우며 촉한의 국력을 총동원해 오나라를 공격했다.

그러나 공명은 오나라와의 전쟁을 반대했다. 첫째는 촉한은 한나라를 부흥시킨다는 명분을 유지할 때 한의 천시를 이어받을 수 있다. 그런데 위나라를 공격하려면 오나라의 도움이 없으면 안 된다. 따라서 오나라를 공격하는 것은 촉한의 존재 이유를 스스로 부정하는 것이 된다.

둘째는 오나라를 공격해서 이기더라도 촉한의 국력은 크게 약화되고, 지는 경우에는 더 말할 것이 없다.

결국 관우와 장비의 원한을 갚는다는 전쟁은 명분과 실리 모두에서 손해를 보는 것이다. 공명은 천시와 인의를 잃는 전쟁이라는 이유로 이 전쟁을 강력히 반대하고 따라가지 않는다.

그러나 유비는 도원결의를 지킨다는 작은 의를 내세워 백성을 구한다는 큰 의를 저버렸다. 유비는 세상을 향해 강조해온 인의를 버리고, 결의형제라는 작은 의리를 택한 것이고, 이는 공명과의 약속을 어긴 것이 된다.

유비가 먼저 약속을 어겼다. 명분 없는 전쟁에서 참패했고, 공명이 형주를 떠나면서 만들어둔 마지노선인 팔진도의 도움으로 간신히 백제성까지 도망칠 수 있었다.

공명이 팔진도를 만들어놓고 촉으로 떠난 이유는 촉과 오가 공생할 수 있는 경계를 삼기 위한 것이었다. 즉 형주를 주더라도 오나라와의 동맹을 유지해야 위를 토벌하는 것이 가능했다. 그것이 공명이 추구한 대의명분의 근거가 된다.

일인자와 이인자의 약속을 일인자가 먼저 어겼다. 능력 없는 이인자라면 가만히 있을 수밖에 없지만, 이 경우는 반대였다. 약속을 어긴 일인자는 힘이 없고, 약속을 지킨 이인자는 힘이 있었다. 죽음을 눈앞에 둔 유비는 커다란 도박을 한다. 공명에게서 용서도 받고, 아들 유선에게 황제 자리를 물려줄 수 있는 것은 공명한테 황제가 되라고 하는 것이었다. 즉 유비의 장기인 예상을 뛰어넘는 양보를 마지막 순간에도 펼쳤던 것이다. 공명에 대한 마지막 의심이었고, 공명에게 자신의 속을 다 들어낸 협박이었다. 다시 말해 이인자로 영원한 명성을 얻을 것이냐(이것은 공명의 약속이었다), 아니면 나처럼 약속을 어긴 자가 될 것이냐를 선택하라는 주문이었다.

과거에 유비 자신에게도 이와 비슷한 유언을 한 사람이 있었다. 바로 형주의 유표였다. 당시 곁에 있던 공명이 형주를 취하라고 권했지만 유비는 도리가 아님을 강조하며 단호히 거절하지 않았던가.

그 일을 상기한다면 유비의 유언은 공녕에 대한 협박이나 마찬가지
였다.

하지만 공명은 유선에게 충성을 맹세하며 유비의 경계심을 간단
히 무마시켰다. 그로서는 일인자보다 나은 이인자로서의 명성을 버
릴 이유가 어디에도 없었다. 어쩌면 그의 권한이나 위치로 볼 때 무
능한 유선을 황제로 모시는 게 훨씬 더 편했을지도 모른다. 촉나라에
서 그는 이미 헌제를 끼고 있던 조조와 같은 입장이었기 때문이다.

공명은 일인자에게서 절대적인 권한을 넘겨받은 이인자였기 때
문에 스스로를 단속하는 데 게을리 하지 않았다. 공명은 황제의 자
리를 버려 후세에 이름을 남겼다. 최고의 권력을 가졌지만 재물을
멀리했다. 그가 죽고 나서 남긴 재산이라곤 뽕나무 8백 그루와 약간
의 전답뿐이었다. 일국의 승상이 남긴 유산이라고 보기엔 너무나 보
잘것없었다.

프리드만의 퍼스낼리티 구분에 따르면, 공명은 전형적인 B형 인
물이다. 그는 주변의 인물을 이용해 일을 성사시키는 스타일이다.
그러나 안타깝게도 대륙의 변방에 위치한 촉나라에는 공명이 거느
릴 만한 인물이 부족했다. 거기에 천하를 통일시키는 데 실패한 절
대적 이인자 공명의 외로움이 있었다. 이러한 외로움은 일인자인 유
비가 약속을 어겼기 때문에 발생했지만, 공명은 출사표에서 이것마
저 승화시켰다.

중요한 것은 자신만의 목표와 방법을 찾는 일이다

지금까지 이미지론을 분석하고, 그것을 삼국지의 주요 인물에 적용, 분석한 것은 이미지의 특성과 활용 전략을 현실에 적용하기 위한 것이었다.

'실재實在가 중요하지 이미지는 중요하지 않다'라는 말은 절반은 사실이고, 절반은 거짓이다. 이 말이 절반이라도 사실이기 위해서는 모든 사람, 아니면 중요한 대부분의 사람이 이미지와 실재가 어떻게 다르고, 유사한지를 알 수 있어야 한다. 절반이 거짓일 수밖에 없는 것은, 대부분의 경우 사람들은 실재와 이미지의 차이를 알 수 없기 때문이다.

삼국지의 배경이 되었던 2~3세기 무렵에는 정보를 전달할 수 있는 방법이 제한적이라 군웅들의 실재와 이미지의 차이를 확인하기 어려웠다. 따라서 실재보다 부족한 정보에 기초해 만들어진 이미지가 더욱 중요했을 가능성이 크다.

사실 정보사회라 불리는 현대사회도 여러 종류의 매체와 교통수단은 발달했지만, 생활 영역이 넓어져 실재보다 이미지가 더 중요한 경우가 많다. 매스미디어를 통해 전달되는 정보란 그 자체가 실재가 아니라 이미지를 구축한 것이기 때문이다.

이미지 구축과 개선은 자신이 처한 환경의 핵심적 속성과 부수적 속성을 찾아 이미지 지도를 그리는 것부터 시작된다. 이미지 지도를 그렸으면 그 안에 자신의 이미지를 그려넣어야 한다. 이때 자신이 보는 이미지와 남이 보는 이미지를 비교해넣으면 이미지의 문제점을 알 수 있다.

그런 다음 자신이 앞으로 추구할 이미지를 결정하고 이것을 달성할 수 있도록 일관되게 노력해야 한다. 중요한 것은 자신이 할 수 있는 목표와 방법을 찾는 일이다.

원소같이 경쟁력 있는 상품이 이미지 전략을 잘못 세우는 바람에 시장에서 힘없이 퇴출당하는 일을 우리는 수없이 보아왔다.

또 있다. 상품의 핵심적 속성과 부수적 속성의 차이를 알지 못해서 고생하는 경우다. 이미지를 확립시키기 전까지 상품의 가치는 제품의 가치에 바탕을 두게 된다. 그렇지만 이미지가 형성되면 그 상품의 가치는 상품 이미지에 의해서만 평가되지, 제품의 원가에 의해 평가되지 않는다.

제품과 상품에는 거의 차이가 없는 것이 있고, 반대로 큰 차이가 있는 것이 있다. 광고는 공장에서 만들어진 제품에 사회적 가치를 부가해 상품으로 만든다. 상품의 부가가치는 광고가 만들어낸다.

제품과 상품의 가격이 큰 차이가 없는 물건이라면 광고에 크게 의존할 필요가 없다. 만든 대로 그냥 팔면 된다. 그러나 제품 가격 그대로 상품 가격을 결정해서 많은 돈을 벌 수는 없다. 제품 가격보다 상품 가격을 비싸게 붙이려면 제품이 갖는 물리적 기능 외에 사회적 기능을 덧붙여야 한다.

사회적 기능 또는 사회적 가치는 그 물건을 구매하고 사용하는 사람들이 마음속으로 갖는 가치다. 물건 자체에 담겨 있는 가치가 아니라 구매자나 사용자의 마음속에 있는 가치다.

이미지 이론은 상품 이미지를 만드는 이론이다. 상품도 여러 종류가 있다. 정책도, 정당도, 정치인도 상품이다. 상품에 따라 시장도 변한다. 보통 소비재는 시장점유율이 있다. 그런데 선거를 통해 뽑는 공직자 시장은 시장점유율이 없다. 한 표라도 많으면 시장을 독점한다. 그러므로 시장점유율이 있는 상품과 시장점유율이 없는 상품의 이미지 구축 전략이 같을 수는 없다.

시장에서 물건만 좋으면 잘 팔린다는 주장은 틀린 말이다. 우리는 제품이나 정치인이나 물건은 좋은데 이미지가 나빠 퇴출되는 경우를 너무나 많이 보아왔다. 퇴출된 입장에서는 구매자나 유권자가 비합리적이라고 주장하지만, 성공한 입장에서는 구매자나 유권자가 합리적이고 현명하다고 강조한다.

이것은 둘 다 틀린 말이다. 구매자나 유권자는 철저하게 이기적이다. 자기에게 이익이 되는 물건을 사고, 이익이 되는 사람을 뽑는다. 자기에게 이익이 되는 행위를 하는 사람보고 합리나 비합리를 따지는 것은 우스운 일이다.

어떤 제품의 질이 나빠도 그 제품을 만드는 회사에 다니는 사람이 그 물건을 사용하는 것은 비합리적이어서가 아니다. 자기라도 그 물건을 사지 않으면 회사가 문을 닫게 되고, 그러면 일자리를 잃게 된다. 일자리를 잃는 것보다 조금 모자란 제품을 사용하는 것이 손해가 훨씬 덜하기 때문에 자기 회사의 물건을 사는 것이다.

어떤 정치인이 인물은 떨어지더라도, 그 사람에게 표를 주는 것은 유권자가 비합리적이어서가 아니다. 부족하나마 그 사람을 당선시키면 자기에게 이익이 되기 때문이다. 그렇다고 유권자를 비합리적이라고 비판하면 안 된다. 그 비판은 정치인, 즉 생산자들에게 있다. 그들은 좀더 나은 제품, 즉 좋은 인물을 선택하는 것이 유권자들에게 더 이익이라는 점을 제시해주지 못했기 때문이다.

또 그들은 혈연이나 지연, 학연 등에 휩쓸려 이익을 거래하는 종래의 습관을 버리지 못했으므로, 유권자들도 마찬가지로 자신에게 이익이 되는 사람을 뽑게 된다. 이로써 과거의 부조리는 퇴출되지 않고 남아 있게 된다.

핵심적 속성이 변하지 않으면 부수적 속성은 영원히 사라지지 않는다. 아무리 지역감정 해소를 외치고, 교육제도를 바꾼들 소용없다. 나라의 일을 맡고 있는 인물들이 변하지 않으면 다람쥐 쳇바퀴 돌듯 그 나라는 후진의 틀에서 벗어나지 못한다.

사실 유권자들은 자신들의 한 표가 나라의 정치에 어떤 영향을 미치는지에 대해 무관심하다. 그들의 생업, 즉 핵심적 속성은 다른 데 있기 때문이다. 하지만 정치인들은 생업이 바로 나랏일이다. 그러므로 그들이 자신의 일에 완벽을 기하지 못한다면 한 나라의 중심이 흔들리는 결과를 가져온다. 정치인의 책무나 도덕성이 더욱 강조되는 것은 바로 이러한 이유에서다.

우리의 눈앞에 펼쳐져 있는 21세기는 세계가 한 덩어리가 되어 경쟁하는 시대다. 한국시장에서 1위이고, 시장점유율이 90%인 상품은 아무런 의미가 없다. 세계시장에서 한국시장이 차지하는 비율을 생각해보라. 그것은 얼마나 미미한 것이겠는가.

그렇다면 우리는 경제 발전과 국력 신장이란 측면에서 무한경쟁하는 세계시장의 이미지 지도를 그려보자. 삼국지에서 밝혀본 핵심 속성, 즉 천시, 지리, 인의에 해당되는 21세기 경제의 핵심 속성은 무엇일까? 또 부수적 속성, 즉 장수, 군사, 전략에 해당되는 오늘날 경제의 부수적 속성은 과연 무엇일까?

지리는 쉽다. 바로 내수시장의 크기라고 할 수 있다. 한국의 내수시장은 4천5백만 명이다. 거기에 국민소득을 감안하면 실제보다 더 작은 시장일 수 있다. 따라서 지리라는 핵심적 속성에서 우리는 경쟁국들보다 결코 유리하지 않다.

천시를 요즘 유행하는 시장경쟁원리 또는 세계시장 통합이라고 할 수는 없을까? 적어도 과거와 현재, 그리고 미래의 상당 기간은 싫든 좋든 미국이 원하는 국제질서가 천시라고 해야 할 것이다. 그것이 바로 시장경쟁원리이고 세계시장을 하나로 통합하는 것이다.

인의는 문화와 기술이 아닐까 싶다. 문화의 가치는 남을 공격해 빼앗는 것이 아니라 스스로 노력해 쌓는 것이다. 문화는 아무리 가다듬고 전파해도 공격받지 않는다. 그 속성이 인의와 실로 대동소이하다. 더구나 최근에는 문화도 하나의 상품으로 자리매김하고 있음에 주목해야 한다.

장수는 바로 기업이다. 기업은 삼국시대의 전투모형처럼 세계시장으로 나아가 제일 먼저 적장과 겨루는 장수와 같다. 그러므로 우리는 내수용 장수가 아닌 국제용 장수를 키워야 한다. 국내시장에서는 주군을 위협할 정도로 뛰어난 장수를 방치하는 것은 위험할 수도 있다. 그러나 강력한 외적과 겨루려면 그에 걸맞은 장수가 있어야 한다. 이것이 바로 기업가들의 발상의 전환이 요구되는 대목이다. 주인이 내부에서 바뀌면 백성들에게는 큰 영향이 없지만 외부의 지배를 받게 되면 곧 멸망하고 말기 때문이다.

군사는 근로자라고 할 수 있다. 근로자가 많으면 많을수록 좋고, 근면하고 뛰어나다면 더욱 좋다. 그들은 이 나라를 움직이고 성장케 하는 핏줄과도 같은 존재다. 조조의 백만 대군 앞에서 경제적 안정을 누리던 강동의 손권이 벌벌 떨었듯이, 건강한 다수의 근로자는 엄청난 국력이다.

일찍이 공명은 조조의 백만 대군을 시위를 떠나 멀리 날아 종이조차 뚫을 힘도 없는 화살로 비유한 적이 있다. 우리의 근로자들에게 앞날의 희망이 없다면 곧 그와 같은 화살이 될 것이다. 그들에게 우리나라가 꿈을 실현시키는 현장임을 증명해줘야 한다. 누가 과연 그들을 다시 힘차게 하늘을 나는 화살로 만들 수 있을까?

전략은 곧 정치다. 삼국지에서 탁월한 군사들은 천시와 지리, 인의를 아울러보는 능력을 지녔다. 서서와 공명은 유비의 미미한 군세로도 조인과 하후돈의 대군을 격파했다.

뛰어난 전략가는 이상을 추구하되, 자신이 처한 현실을 부정하지 않는다. 우리는 현실을 부정하면서 자신만의 이상을 추구한 이들은 모두 실패했다는 생생한 교훈이 삼국지에 담겨 있음을 기억해야 한다.

이제 무한경쟁의 한가운데 있는 한국의 이미지맵을 그려보자.

첫째, 경쟁국과 이미지를 비교해보자.

둘째, 핵심적 속성에서 우리가 취할 수 있는 것을 먼저 검토한 다음 그 중에서 지금 우리가 할 수 있는 것이 무엇인지 생각해보자.

셋째, 부수적 속성에서 우리가 취할 수 있는 것이 무엇인지 생각해보자. 그 중에서 우리가 가장 먼저 해야 할 것이 무엇인지 알아보자.

넷째, 우리가 취할 수 없는 핵심적 속성을 획득하기 위해 우리가 취할 수 있는 핵심적 속성을 소홀히 하는 부분은 없었는지 반성해보자. 그리고 우리가 취할 수 없는 부수적 속성을 위해 우리가 내세울 수 있는 부수적 속성을 버린 것은 없었는지 돌이켜보자.

그리고 다시 한 번 생각해보자. 핵심적 속성에서 우리가 일인자가 될 수 있는 방법은 과연 없는가? 부수적 속성에서는 또 어떠한가? 어쩌면 우리는 지금 실패한 원소가 걸었던 길을 뒤좇고 있는지도 모른다. 이제는 그처럼 남의 탓을 하며 제자리를 맴돌아서는 안 된다.

한국 경제는 그동안 세계시장에서 부수적 속성의 우위를 바탕으로 발전해왔다. 그것은 곧 우수한 노동력와 저임금이었다. 중소기업보다 대기업 중심의 성장 전략을 수립한 것은 장수에서 우위를 확보하려 한 것과 같다. 그러나 이 같은 부수적 속성만으론 결코 선진국이 될 수 없다. 그러기에 전략이 필요하다.

그런데 전략이란 변화하는 시대 상황에 따라 달라지게 마련이다. 한국의 수출 위주 전략은 내수시장의 협소함을 극복하기 위한 것이었다. 그런데 상품의 변화를 주도하는 것이 천시라면, 상품에 깃들어 있는 문화가 인의이며, 시장의 크기는 곧 지리다. 여기에서 우리는 부수적 속성과 지리를 택한 경제전략을 구사했기 때문에 오늘에

와서 한계에 봉착한 것이다.

천시의 흐름에 따라 선진국은 자신들이 개발한 여러 상품을 포기했는데, 우리는 그 용도폐기된 상품으로 세계시장을 일정 부분 점유하고 나서 기고만장한 꼴이 되었다. 그리하여 실제로 천시가 바뀌자 우리는 애써 확보한 지리마저 잃어버리고 말았다. 이는 원술의 실패과정과 한치도 어긋나 보이지 않는다. 한편 우리 경제는 오랫동안 일본에 기대어왔는데, 현재 기울어지고 있는 일본 경제는 바로 원소의 복사판임을 깨달아야 한다.

미국은 80년대의 불황을 마치 조조가 천시를 기다리며 견뎌낸 것처럼 정보산업을 준비하며 참아냈다. 당시 일본은 그것을 자신들의 승리로 착각했고, 우리도 마찬가지였다. 하지만 그것이 오판임은 금세 증명되었다.

제품경제가 막을 내리고 브랜드경제가 본격적으로 출범하자 세계 경제의 흐름은 산업경제에서 정보경제로 넘어갔다. 이것은 미국이 10년 넘게 와신상담하며 만들어낸 세계경제질서의 새로운 조류였다.

그 파도는 안이하게 일본을 복습해온 우리에게도 예외없이 들이닥쳤다. 그래서 외환 위기에서 벗어났다고 장담하는 지금까지도 한국 경제는 미로를 헤매고 있다.

늦었다고 생각할 때가 가장 빠르다는 말이 있다. 지금이라도 우리는 개인과 상품, 기업과 국가의 발전을 위한 핵심적 속성과 부수적 속성을 명확하게 구분하고 각 부문에서 미흡했던 부분을 보강해 새로운 세계 질서에 발맞춰야 한다. 또한 미구에 다가올 변화를 예측하는 힘을 길러야 한다.

우리는 남들이 3백 년 걸린 산업화를 30년 만에 이루어낸 저력을
가지고 있다. 우리는 조조보다 더 빠르게 움직일 수 있는 민족이다.
또 우리는 반만년의 역사를 가지고 있다. 유비보다도 더 기다릴 줄
알고, 양보를 더 잘했다. 그런 우리에게 필요한 것은 기다림과 느림
을 이익으로 전환하는 전략이 아닐까.

이제 우리가 선택해야 할 이미지 구축 전략은 과연 무엇일까? 우
리는 성공한 일인자가 될 것인가? 아니면 패배한 일인자가 될 것인
가? 성공한 이인자가 될 것인가? 아니면 실패한 이인자가 될 것인가?